Easy Italian
STEP-BY-STEP

Master High-Frequency Grammar for Italian Proficiency—*FAST!*

Paola Nanni-Tate

Original Series Author: Barbara Bregstein

Mc
Graw
Hill

New York Chicago San Francisco Lisbon London Madrid Mexico City
Milan New Delhi San Juan Seoul Singapore Sydney Toronto

Contents

Preface

Easy Italian Step-by-Step will help you learn Italian in a short time. Written for beginner and advanced-beginner learners, it teaches grammar in a logical order that enables you to develop your language skills and the ability to converse, read, and write in a very natural way.

I advise you to study each chapter, or step, without skipping from one to another, in order to take advantage of the grammatical progression planned with you in mind. Study each chapter, and be sure you know and understand every grammatical concept before proceeding to the next. Each step will lead you to the next chapter. You have to know one in order to be able to study the next.

Try to learn the vocabulary and the verbs provided. They have been carefully selected on the basis of usefulness and frequent use. The vocabulary lists will help you enhance your ability to communicate, while complete verb conjugations are given so that you can practice the pronunciation as you learn the verbs. More than three hundred of the most common Italian verbs are presented.

Multiple and varied written exercises are included to test your progress in learning the language. The book has a complete answer key to help you check your accuracy. It is a good idea to write down your own sentences and practice them aloud. Feel free to do this as often as you please. The more you do it, the easier it becomes.

Original readings are included at the end of each chapter. They are progressively more complex in form and content. Use these reading comprehension selections to learn new vocabulary, and practice reading aloud to become familiar with the pronunciation.

Easy Italian Step-by-Step is divided into three parts. The first part gives you the basic language in the present tense. Because the word order in Italian and English in this part is basically the same, learning in the early stages is very quick. The second part explains the indirect object, direct object, reflexive verbs, and present subjunctive. The third part presents the most used tenses in the past: the preterit, the present perfect, and the imperfect.

Italian is a phonetic language. Once you learn to pronounce each vowel and consonant, you will be able to pronounce all words correctly. In this sense, Italian is easy to learn, but the grammatical rules are complex and numerous and need to be studied. If you learn these rules a few at a time, step-by-step, it will be easier to master the language. Before you begin, practice all the sounds outlined in the "Guide to Pronunciation" section in the following pages. Don't neglect the exercises, and make sure to read and answer the questions aloud as often as possible in order to develop confidence in your pronunciation and ability to speak.

This book will help you learn Italian whether you are a self-study learner or a student in a regular class. With *Easy Italian Step-by-Step*, you will be able to read and write Italian quite well. The grammar is standard to all parts of Italy, and even if the accents change from region to region, you will get used to them, and you will be able to understand and speak to everybody. Have fun and try to use what you have learned. Italians will appreciate your efforts and will feel honored by your trying to speak their language.

Acknowledgments

Writing a grammar book that is cogent and written with learners in mind is always my goal, and I think we have accomplished that with *Easy Italian Step-by-Step*. I would like to thank Barbara Bregstein, the author of *Easy Spanish Step-by-Step*, for laying the foundation on which *Easy Italian Step-by-Step* was created.

I would also like to thank Garret Lemoi, my editor at McGraw-Hill, for his assistance, patience, and guidance throughout the writing of this book.

I would also like to thank my husband, Robert Tate, for proofreading the book, and finally a big thank you to all my students who continue to inspire me to write and to all the people whose love of Italian inspired them to pick up this book.

Guide to Pronunciation

Italian is pronounced as it is written. This makes it easier to learn how to say the words in Italian. The words are pronounced by adding together the sound of each individual letter. There are only twenty-one letters in the Italian alphabet: **j**, **k**, **w**, **x**, and **y** are not part of the Italian alphabet. They belong to foreign words and they are pronounced as the word requires.

Abbreviations

The following abbreviations have been used throughout the text.

f.	feminine
fam.	familiar
form.	formal
inf.	informal
m.	masculine
pl.	plural
sing.	singular

Vowels

Italian vowels are always pronounced in a sharp or clear way regardless of stress. They are never slurred or pronounced weakly. Pronounce the examples.

Letter	Pronounced like	Examples
a	the *a* in *father*	la banana, la patata, la casa
e	two sounds:	
	closed as in *date*	teatro, sete, bene, pepe
	open like *quest*	bello, vento, presto

i	*feet*	divino, pizza, Africa
o	two sounds:	
	closed like *stone*	come, solo, dopo, mondo
	open like *for*	poco, cosa, porta, donna
u	*ruler*	buco, luna, sugo, uno

Consonants

Letter	Pronounced like	Examples
b	*banana*	banana, bambino
c	English *k* before **a**, **o**, **u**, or any consonant	colore, casa
c	English *ch* before **i** or **e**	centro, cinema
ch	English *k* (used only before **i** or **e**)	chimica, chiesa, chiamare
d	*dear*	dito, dado
f	*fit, foot*	fico, fune
g	English *g* as in *rag* (before **a**, **o**, **u**, and any consonant)	gara, gola, gufo
g	*genius, gin* before **e** or **i**	gelato, gita
gh	*get, give* before **e** or **i**	spaghetti, funghi
h	initial **h** is always silent as in *honor*	ha, ho
l	*letter, long, lip*	latte, lontano, luna
m	*map, more, mother*	mano, meno, moto
n	*nap, nest, note*	nano, nero, nota
p	*pad, pat, pope*	padre, pane, posta
q	*queen, quit*	quadro, questo, quindi
r	single **r** is always flipped or trilled	rana, Roma, rosa
s	usually like English *see, sell*	subito, suora, sul
	between two vowels like **z** in *zebra*	casa, rosa, disegno
	before **b**, **d**, **g**, **l**, **m**, **n**, **v**, **r**: like *s* in *scone*, *spider*, *stairs*	sbaglio, scala, scuola, slitta, storia, svelare

t	*take, tell, tire*	testa, tirare, topo
v	*valley, van, vote*	valle, vetro, vino
z	*zany, zipper, zone*	Firenze, zio, zanzara

Here are some more sounds that are specifically found in the Italian language.

gli	*scallion, million*	figli
glie		foglie
glia		famiglia
glio		aglio
gn	*canyon*	ragno
sc before **e/i**	*shower, show*	pesce, sci
sch	*sky, escape*	pesche, fischio
sc + **o, a, u**	*scout, scope, scam*	scatto, scopa, scuola

Stress and Written Accentuation

The majority of the Italian words are stressed on the next-to-last syllable. When the stress falls on the very last syllable, an accent mark is put on it.

| caffè | *coffee* | gioventù | *youth* |
| perchè | *because, why* | farò | *will do, make* |

Two-syllable words stress the first syllable. This does not usually affect the pronunciation.

| fame | *hunger* | padre | *father* |
| madre | *mother* | casa | *house* |

Three-syllable words have their natural stress on the next to the last syllable.

| domani | *tomorrow* | esame | *exam* |
| capire | *to understand* | giovane | *youth* |

Words of four or more syllables usually have their natural accent on the third-to-last syllable.

| scivolare | *to slip* | dimenticare | *to forget* |
| preparare | *to prepare* | | |

If a one-syllable word has a written accent, it means that there is another word in Italian that has the same spelling but a different meaning.

a	*at, to*	à	*has*
da	*from*	dà	*gives*
di	*of*	dì	*day*
do	*a musical note*	dò	*I give*
e	*and*	è	*is*
la	*the (f.)*	là	*there*
li	*them*	lì	*there*
se	*if*	sè	*oneself*
si	*reflexive pronoun*	sì	*yes*

Tips on Pronunciation

- While practicing, remember to keep vowel sounds short and clear.

- Always use the Italian **r** sound. Remember that the single and the double **r** are trilled or flipped.

- Pronounce **z** as *tz* (**stazione**).

- The letters **c** and **g** followed by an **e** or **i** have the soft sound of *church*.

- Make sure you stress the pronunciation of double consonants.

- Put extra emphasis on the accent placed on the last vowel (**lunedì**) of words.

- Do not rely on the written pronunciation of words. Get used to pronouncing words correctly by repeating them aloud.

The Alphabet

Letter	Name	Letter	Name
A	a	**N**	enne
B	b	**O**	o
C	ci	**P**	pi
D	di	**Q**	qu
E	e	**R**	erre
F	effe	**S**	esse

G	gi	**T**	ti
H	acca	**U**	u
I	i	**V**	vu (vi)
J	jei	**W**	vu doppia
K	kappa	**X**	ics
L	elle	**Y**	ipsilon
M	emme	**Z**	zeta

Greetings and Salutations

Salve.	*Hello, good-bye.*
Buon giorno.	*Good morning.*
Buon pomeriggio.	*Good afternoon.*
Buona sera.	*Good evening.*
Buona notte.	*Good night.*
Mi chiamo Barbara.	*My name is Barbara.*
Come si chiama Lei?	*What is your name?*
Mi chiamo Giovanni.	*My name is Giovanni.*
Come stai (*inf.*)?	*How are you?*
Come sta (*form.*)?	*How are you?*
Bene grazie, e tu (*inf.*)?	*Fine, thanks. And you?*
Bene grazie, e Lei (*form.*)?	*Fine, thank you. And you?*
Non c'è male.	*Not too bad.*
Arrivederci.	*So long.*
A domani.	*Until tomorrow. (See you tomorrow.)*
A presto.	*See you soon.*
Ciao.	*Good-bye.*
Grazie.	*Thank you.*
Prego.	*You're welcome.*

I

Elements of a Sentence

1

Nouns, Articles, and Descriptive Adjectives

The Gender of Nouns

A noun is a word that labels persons, animals, places, things, or concepts.

In Italian all nouns are classified as *masculine* or *feminine*. This is called grammatical gender. Gender is important because it determines the form of the articles and the adjectives that accompany nouns in sentences. Usually, a noun's gender can be identified by looking at its ending.

Most Italian nouns end in a vowel. (Nouns that end in a consonant are of foreign origin.) Usually, Italian singular masculine nouns end in -**o**, and feminine nouns end in -**a**. There are exceptions, of course.

Singular Nouns

Masculine

Most nouns that end in -**o** are masculine singular.

bagno	*bathroom*	ragazzo	*boy*
banco	*school desk*	specchio	*mirror*
gatto	*cat*	telefono	*telephone*
libro	*book*	vino	*wine*
nonno	*grandfather*	zaino	*backpack*

NOTE: Exceptions to this rule include **mano**, **foto**, **auto**, and **radio**, which end in -**o** but are feminine nouns.

Feminine

Most nouns ending in -**a** are feminine.

casa	*house*	ragazza	*girl*
mamma	*mother*	scuola	*school*
nonna	*grandmother*	stella	*star*
patata	*potato*	strada	*road*
penna	*pen*	zia	*aunt*

Nouns Ending in -*e*

Nouns ending in -**e** can be masculine or feminine. They are not too many, so they are easy to memorize.

Masculine		**Feminine**	
fiore	*flower*	canzone	*song*
giornale	*newspaper*	chiave	*key*
mare	*sea*	classe	*class*
padrone	*owner*	frase	*phrase*
pane	*bread*	lezione	*lesson*
sale	*salt*	nave	*ship*
sapone	*soap*	notte	*night*

Nouns Ending in -*amma* or -*ma*

Nouns that end in -**amma** or -**ma** are masculine.

clima	*climate*	programma	*program*
dramma	*drama*	sistema	*system*

Nouns Ending in -*zione* and -*sione*

All nouns ending in -**zione** and -**sione** are feminine.

illusione	*illusion*
pensione	*pension*
stazione	*station*

Nouns Ending in -*ale*, -*ame*, -*ile*, -*one*, and -*ore*

Almost all nouns ending in -**ale**, -**ame**, -**ile**, -**one**, and -**ore** are masculine.

animale	*animal*	dottore	*doctor*
bastone	*cane*	porcile	*pig pen*
catrame	*tar*		

Nouns Ending in *-si*

Nouns ending in **-si** are of Greek origin, and they are feminine.

analisi	*analysis*	ipotesi	*hypothesis*
crisi	*crisis*	tesi	*thesis*

Patterns Determine Gender

There are some patterns that allow you to determine the gender of the noun. In general the names of trees are masculine, while the names of fruits are feminine.

Masculine		Feminine	
arancio	*orange tree*	arancia	*orange*
ciliegio	*cherry tree*	ciliegia	*cherry*
melo	*apple tree*	mela	*apple*
pero	*pear tree*	pera	*pear*
pesco	*peach tree*	pesca	*peach*

There are a few exceptions, which are masculine and refer to both the tree and the fruit.

fico	*fig*	mandarino	*tangerine*
limone	*lemon*	mango	*mango*

Masculine *-tore* Equals Feminine *-trice*

When a masculine noun ends in **-tore**, and refers to a male person, the corresponding female ends in **-trice**.

Masculine		Feminine	
attore	*actor*	attrice	*actress*
pittore	*painter*	pittrice	*(female) painter*
scrittore	*writer*	scrittrice	*(female) writer*
scultore	*sculptor*	scultrice	*sculptress*

Masculine -ore Equals Feminine -essa

Some masculine nouns that refer to a person's profession and that end in -**ore** change to -**essa** in the feminine.

Masculine		Feminine	
dottore	*doctor*	dottoressa	*(female) doctor*
professore	*professor*	professoressa	*(female) professor*

Nouns Ending in -ista

Nouns ending in -**ista** can be either masculine or feminine, according to whether they refer to a male or a female. In this case the article differentiates masculine and feminine. These nouns generally refer to professionals.

Masculine	Feminine	
(il) dentista	(la) dentista	*dentist*
(il) farmacista	(la) farmacista	*pharmacist*
(il) pianista	(la) pianista	*pianist*

Exercise 1.1

Write the appropriate endings for the masculine and feminine nouns.

1. cas_____
2. ragazz_____ *(m.)*
3. zain_____
4. scuol_____
5. specchi_____
6. penn_____
7. giornal_____
8. sapon_____
9. pan_____
10. ciliegi_____ *(fruit)*
11. fic_____
12. sal_____

Plural Nouns

When forming the plural of Italian nouns, the final vowel changes to indicate a change in number.

Masculine Nouns

For regular masculine nouns that end in -**o**, the endings change to -**i** in the plural.

Masculine Singular

		Masculine Plural	
albero	*tree*	alberi	*trees*
fratello	*brother*	fratelli	*brothers*
gatto	*cat*	gatti	*cats*
libro	*book*	libri	*books*
ragazzo	*boy*	ragazzi	*boys*
tetto	*roof*	tetti	*roofs*
treno	*train*	treni	*trains*
vino	*wine*	vini	*wines*

The plural for **uomo** (*man*) is the irregular **uomini**.

Singular *-co* or *-go* to Plural *-ci* or *-gi*

Some masculine nouns ending in **-co** or **-go** change to **-ci** or **-gi** in the plural.

amico	*friend*	amici	*friends*
chirurgo	*surgeon*	chirurgi	*surgeons*
psicologo	*psychologist*	psicologi	*psychologists*

Singular *-co* or *-go* to Plural *-chi* or *-ghi*

Some nouns ending in **-co** or **-go** change to **-chi** or **-ghi** in the plural in order to preserve the hard sound of the consonant **c**.

fango	*mud*	fanghi	*mud*
fianco	*hip*	fianchi	*hips*

Feminine Nouns

For regular feminine nouns that end in **-a**, the endings change to **-e**.

Feminine Singular

		Feminine Plural	
altalena	*swing*	altalene	*swings*
casa	*house*	case	*houses*
lettera	*letter*	lettere	*letters*
matita	*pencil*	matite	*pencils*
sorella	*sister*	sorelle	*sisters*
statua	*statue*	statue	*statues*
stella	*star*	stelle	*stars*
strada	*street*	strade	*streets*

Singular -ca or -ga to Plural -che or -ghe

Feminine nouns ending in -**ca** or -**ga** change to -**che** or -**ghe** in the plural.

amica	*girlfriend*	amiche	*girlfriends*
stanga	*stick*	stanghe	*sticks*

Feminine -ea to -ee

Feminine nouns ending in -**ea** change to -**ee** in the plural.

idea	*idea*	idee	*ideas*

With -i Singular and Plural Retain Same Ending

Nouns ending in -**i** in the singular do not change in the plural: **crisi** (*crisis*), **analisi** (*analysis*), **ipotesi** (*hypothesis*), **tesi** (*thesis*) stay the same in the plural; only change the articles.

Plural of -e Is -i

The plural form of all nouns ending in -**e** is always -**i**, regardless of whether the noun is masculine or feminine. The distinction rests with the article, which changes according to whether the noun is masculine or feminine (see "The Definite Article").

Singular		Plural	
chiave (*f.*)	*key*	chiavi	*keys*
fiume (*m.*)	*river*	fiumi	*rivers*
giornale (*m.*)	*newspaper*	giornali	*newspapers*
lezione (*f.*)	*lesson*	lezioni	*lessons*
madre (*f.*)	*mother*	madri	*mothers*
padre (*m.*)	*father*	padri	*fathers*
sale (*m.*)	*salt*	sali	*salts*
sapone (*m.*)	*soap*	saponi	*soaps*

Change the Article Instead: Forming Plurals For Consonant-Ending Nouns

When forming the plural of nouns ending with a consonant, only the article changes.

(il) film	(i) film
(lo) smog	(gli) smog
(lo) sport	(gli) sport

Exercise 1.2

Write the plural form of each of the singular nouns.

1. lettera _____
2. pera _____
3. stella _____
4. sport _____
5. lezione _____
6. vino _____
7. albero _____
8. musica _____

9. sale _____
10. canzone _____
11. altalena _____
12. fiore _____
13. dea _____
14. amica _____
15. amico _____
16. film _____

The Indefinite Article

The Italian indefinite article corresponds to English *a* and *an* and is used with singular nouns. It also corresponds to the number one.

- **Uno** is used in front of masculine words beginning with **z** or **s** + **consonant**, **ps**, or **gn**.
- **Un** is used in front of all other masculine words beginning with any other consonant or vowel.
- **Una** is used in front of feminine words beginning with a consonant.
- **Un'** is used in front of feminine words beginning with a vowel.

Masculine Indefinite Articles		Feminine Indefinite Articles	
un aeroplano	*a plane*	un'amica	*a (female) friend*
un albero	*a tree*	un'automobile	*a car*
un amico	*a (male) friend*	una ciliegia	*a cherry*
un cane	*a dog*	una cugina	*a (female) cousin*
un cugino	*a (male) cousin*	una donna	*a woman*
uno gnomo	*a gnome*	una fata	*a fairy*
un orologio	*a clock, watch*	un'oca	*a goose*
uno psicologo	*a pyschologist*	un'ora	*an hour*
uno scrittore	*a (male) writer*	una scrittrice	*a (female) writer*
uno stadio	*a stadium*	una stazione	*a station*
uno zaino	*a backpack*	una zia	*an aunt*

Exercise 1.3

Fill in the blanks with the correct form of the indefinite article.

1. _____ dottore e _____ dottoressa
2. _____ aranciata e _____ espresso
3. _____ studente e _____ studentessa
4. _____ psicologo e _____ psicologa
5. _____ macchina e _____ treno
6. _____ autobus e _____ bicicletta
7. _____ zoo e _____ animale
8. _____ uomo e _____ donna
9. _____ giornale e _____ edicola
10. _____ stadio e _____ binario
11. _____ zio e _____ zia
12. _____ elicottero e _____ attrazione

Change Article When Adjectives Precede Noun

When an adjective precedes the noun, the indefinite article changes according to the initial sound: **uno zio** (*an uncle*) but **un caro zio** (*a dear uncle*); **un'automobile** (*a car*) but **una bella automobile** (*a beautiful car*).

The indefinite article also means **one**.

un'arancia	*an orange/one orange*
un libro	*a book/one book*

The indefinite article is not used in exclamations starting with **Che**... ! (*What . . . !*).

Che macchina elegante!	*What an elegant car!*
Che bravo bambino!	*What a good child!*

The Definite Article

In English the definite article has only one form: *the*. In Italian it has different forms according to the gender, number, and first letter of the noun or adjective it precedes.

Here are some rules for using definite articles:

- **Lo** (plural **gli**) is used before masculine nouns beginning with **s** + consonant, **z**, **ps**, and **gn**.
- **Il** (plural **i**) is used before masculine nouns beginning with all other consonants.
- **La** (plural **le**) is used before feminine nouns beginning with a consonant.
- **L'** (plural **gli**) is used before masculine nouns beginning with a vowel.
- **L'** (plural **le**) is used before feminine nouns beginning with a vowel.

Masculine Singular		**Masculine Plural**	
LO		*GLI*	
lo gnomo	*the gnome*	gli gnomi	*the gnomes*
lo psicologo	*the psychologist*	gli psicologi	the psychologists
lo specchio	*the mirror*	gli specchi	*the mirrors*
lo sport	*the sport*	gli sport	*the sports*
lo straccio	*the rag*	gli stracci	*the rags*
lo zero	*the zero*	gli zeri	*the zeros*
lo zio	*the uncle*	gli zii	*the uncles*
L'	*GLI*		
l'amico	*the friend*	gli amici	*the friends*
l'occhio	*the eye*	gli occhi	*the eyes*
l'orologio	*the clock, watch*	gli orologi	*the clocks, watches*
l'orto	*the vegetable garden*	gli orti	*the vegetable gardens*
IL	*I*		
il cielo	*the sky*	i cieli	*the skies*
il libro	*the book*	i libri	*the books*
il nonno	*the grandfather*	i nonni	*the grandfathers*
il padre	*the father*	i padri	*the fathers*
il serpente	*the snake*	i serpenti	*the snakes*

Feminine Singular		**Feminine Plural**	
LA		*LE*	
la finestra	*the window*	le finestre	*the windows*
la madre	*the mother*	le madri	*the mothers*
la nonna	*the grandmother*	le nonne	*the grandmothers*
la scrivania	*the desk*	le scrivanie	*the desks*
la sedia	*the chair*	le sedie	*the chairs*
L'		*LE*	
l'amica	*the girlfriend*	le amiche	*the girlfriends*
l'autostrada	*the highway*	le autostrade	*the highways*
l'entrata	*the entry*	le entrate	*the entries*
l'oca	*the goose*	le oche	*the geese*
l'uscita	*the exit*	le uscite	*the exits*

Notice the changes in the following phrases:

il giorno	*the day*	**l'**altro giorno	*the other day*
lo zio	*the uncle*	**il** vecchio zio	*the old uncle*
i ragazzi	*the boys*	**gli** stessi ragazzi	*the same boys*
l'amica	*the friend*	**la** giovane amica	*the young friend*
l'uomo	*the man*	**il** bell'uomo	*the handsome man*

NOTE: The gender and number of the word immediately following the article determines the article's form. For example: il nuovo orologio (*the new clock*).

 Exercise 1.4

Fill in the blanks with the correct form of the singular definite article.

1. _____ amico
2. _____ casa
3. _____ autostrada
4. _____ zio
5. _____ padre

6.   _____ automobile
7.   _____ mano
8.   _____ lezione
9.   _____ stazione
10. _____ professore

11. _____ nonno   16. _____ dottore

12. _____ entrata   17. _____ limone

13. _____ madre   18. _____ pesca

14. _____ sport   19. _____ pesco

15. _____ cielo   20. _____ scrittore

 ## Exercise 1.5

Fill in the blanks with the correct form of the plural definite article.

1. _____ amici   11. _____ automobili

2. _____ case   12. _____ mani

3. _____ zii   13. _____ lezioni

4. _____ padri   14. _____ stazioni

5. _____ nonni   15. _____ professori

6. _____ entrate   16. _____ dottori

7. _____ autostrade   17. _____ limoni

8. _____ madri   18. _____ pesche

9. _____ sport   19. _____ peschi

10. _____ cieli   20. _____ serpenti

Other Uses of the Definite Article

The definite article is used in many other ways such as in front of geographical names, with dates, with parts of the body, with the words **scorso** and **prossimo**, and with nouns that express generalizations. There are exceptions, though, so read carefully and learn the following rules.

- Always use definite articles in front of geographical names, continents, countries, rivers, mountains, islands, and states.

l'Arno	*the Arno (river)*
l'Himalaya	*the Himalaya*
l'Italia	*Italy*
la California	*California*
la Sicilia	*Sicily*

- Do not use the definite article in front of the names of cities.

  New York   *New York*
  Parigi   *Paris*
  Roma   *Rome*

- Use definite articles with dates.

  Oggi è il cinque maggio.   *Today is the fifth of May.*

- Use definite articles with the days of the week to indicate repeated action.

  La domenica guardo la partita   *On Sundays I watch the football*
      di pallone.   *game.*

- Do not use the definite article when a specific day is intended.

  Il lunedì di solito studio in   *Usually on Mondays I study at*
      biblioteca, ma lunedì prossimo   *the library, but next Monday I*
      vado da mio zio.   *am going to visit my uncle.*

- Use definite articles with parts of the body, clothing, and possessive adjectives.

  i pantaloni   *the trousers*
  la mia casa   *my house*
  la testa   *the head*

- Do not use the definite article when referring to a family member in the singular form.

  mia nonna   *my grandmother*   le mie nonne   *my grandmothers*

- Use the definite article with titles—unless the person mentioned is spoken to directly.

  il dottor Gigli   *Doctor Gigli*
  Buon giorno, Dottor Gigli.   *Good morning, Dr. Gigli.*

- Use the definite article before names of a language, except when the verbs **parlare** (*to speak*) or **studiare** (*to study*) directly precede the name of the language. In those cases, the use of the article is optional.

  L'Italiano è una lingua bella   *Italian is a beautiful language*
      ma difficile.   *but difficult.*
  Studio l'italiano.   *I study Italian.*
  Parlo italiano.   *I speak Italian.*

- Use it with the words **scorso** (*last*) and **prossimo** (*next*).

l'anno scorso	*last year*
la settimana prossima	*next week*

- Do not use the definite article after the preposition **in** or before an unmodified geographical noun.

Vivo in Italia.	*I live in Italy.*
Lei studia in Francia.	*She studies in France.*

- Use the definite article when a geography-related noun is modified.

Vado nell'Italia del Sud.	*I am going to Southern Italy.*
Maria e Paolo vivono nella Svizzera Tedesca.	*Mary and Paul live in the German part of Switzerland.*

- Use the definite article with nouns that express generalizations.

Gli italiani amano l'opera.	*Italians love opera.*
Il pane è importante per gli italiani.	*Bread is important to Italians.*
La scuola era divertente oggi.	*School was fun today.*

Exercise 1.6

Translate the nouns into English.

1. il libro   _____
2. la casa   _____
3. i fiori   _____
4. il vino   _____
5. il fratello   _____
6. il caffè   _____
7. il treno   _____
8. il dentista   _____
9. la finestra   _____
10. il melo   _____
11. gli aeroplani   _____
12. le lezioni   _____
13. l'oca   _____

14. le gambe   _____

15. la gola   _____

16. una lezione   _____

17. un'idea   _____

18. un amico   _____

19. un bambino   _____

20. un'amica   _____

21. un'automobile   _____

22. un'aereo   _____

Exercise 1.7

Fill in the blanks with the correct form of the definite and the indefinite articles, where necessary.

Definite Article	Indefinite Article	
1. _____	_____	zio
2. _____	_____	zero
3. _____	_____	amico
4. _____	_____	nonno
5. _____	_____	madre
6. _____	_____	orologio
7. _____	_____	casa
8. _____	_____	professore
9. _____	_____	psicologo
10. _____	_____	occhio
11. _____	_____	bella ragazza
12. _____	_____	brutto vestito
13. _____	_____	bell'orologio
14. _____	_____	pianta
15. _____	_____	entrata
16. _____	_____	uscita

17. _____   _____   isola

18. _____   _____   montagna

19. _____   _____   studente

20. _____   _____   scoiattolo

Descriptive Adjectives

An adjective is a word that modifies a noun or pronoun. Descriptive adjectives are used to describe nouns. An Italian descriptive adjective agrees in gender and number with the noun it modifies and is almost always placed after the noun it describes.

Singular Form of Adjectives

Adjectives that end in **-o** are masculine singular and agree with masculine singular nouns.

il gatto nero	*the black cat*	l'uomo alto	*the tall man*
il libro nuovo	*the new book*	l'uomo simpatico	*the nice man*
il ragazzo bello	*the handsome boy*		

Adjectives Ending in -o

Change the **-o** to **-a** to agree with feminine singular nouns when you have adjectives that end in **-o**.

la donna alta	*the tall woman*	la gonna nuova	*the new skirt*
la donna bella	*the beautiful woman*	la ragazza simpatica	*the nice girl*
la gatta nera	*the black cat*		

Adjectives Ending in -e

Adjectives that end in **-e** in the singular have the same form for describing both masculine and feminine nouns.

Masculine

il libro eccellente	*the excellent book*
il libro interessante	*the interesting book*
il pacco pesante	*the heavy package*
il prato verde	*the green lawn*

il ragazzo forte	*the strong boy*
l'uomo elegante	*the elegant man*
l'uomo intelligente	*the intelligent man*

Feminine

la cena eccellente	*the excellent meal*
la lezione interessante	*the interesting lesson*
la borsa pesante	*the heavy purse*
l'erba verde	*the green grass*
la ragazza forte	*the strong girl*
la donna elegante	*the elegant woman*
la donna intelligente	*the intelligent woman*

 Key Vocabulary

Colori (Colors)

arancione	*orange*	marrone	*brown*
azzurro	*light blue*	nero	*black*
bianco	*white*	rosso	*red*
blu	*dark blue*	rosa	*pink*
giallo	*yellow*	verde	*green*
grigio	*gray*	viola	*purple*

Aggettivi (Adjectives)

allegro	*happy*	generoso	*generous*
avaro	*stingy*	giovane	*young*
brutto	*ugly*	grande	*big*
bugiardo	*liar*	grasso	*fat*
caldo	*warm*	indipendente	*independent*
carino	*nice*	magro	*thin*
caro	*expensive*	meraviglioso	*wonderful*
debole	*weak*	piccolo	*small*
delizioso	*delicious*	povero	*poor*
difficile	*difficult*	profumato	*fragrant*
disgustoso	*disgusting*	pulito	*clean*
facile	*easy*	ricco	*rich*
fantastico	*fantastic*	sincero	*sincere*
freddo	*cold*	sporco	*dirty*

Exercise 1.8

Complete the phrases with the correct form of the adjective in parentheses.

1. la ragazza _____ (*nice*)

2. la lezione _____ (*difficult*)

3. il fiore _____ (*fragrant*)

4. il vino _____ (*white*)

5. il pacco _____ (*fragile*)

6. il gatto _____ (*small*)

7. la macchina _____ (*new*)

8. l'albergo _____ (*clean*)

9. l'appartamento _____ (*expensive*)

10. il clima _____ (*fantastic*)

11. la donna _____ (*thin*)

12. l'uomo _____ (*poor*)

13. il prato _____ (*green*)

14. il film _____ (*interesting*)

15. il libro _____ (*old*)

16. la pianta _____ (*green*)

17. il cane _____ (*small*)

18. la casa _____ (*big*)

19. la carta _____ (*white*)

20. il clima _____ (*cold*)

Plural Form of Adjectives

Masculine adjectives ending in **-o** in the singular change their endings to **-i** in the plural. Adjectives ending in **-a** in the singular change their endings to **-e** in the plural. Adjectives ending in **-e** in the singular change to **-i** in the plural, whether they modify a masculine or a feminine noun.

Masculine Singular	**Masculine Plural**	
l'albergo sporco	gli alberghi sporchi	*the dirty hotel(s)*
l'appartamento vecchio	gli appartamenti vecchi	*the old apartment(s)*
il foglio bianco	i fogli bianchi	*the white sheet/sheets*
il libro nuovo	i libri nuovi	*the new book(s)*
il pavimento pulito	i pavimenti puliti	*the clean floor(s)*
il ragazzo simpatico	i ragazzi simpatici	*the charming boy(s)*
l'uomo alto	gli uomini alti	*the tall man/men*
l'uomo intelligente	gli uomini intelligenti	*the intelligent man/men*
il vestito rosso	i vestiti rossi	*the red suit(s)*
il vino eccellente	i vini eccellenti	*the excellent wine(s)*

Feminine Singular	**Feminine Plural**	
la casa nuova	le case nuove	*the new house(s)*
la donna alta	le donne alte	*the tall woman/women*
la donna elegante	le donne eleganti	*the elegant woman/ women*
l'erba verde	le erbe verdi	*the green lawn(s)*
la gonna pulita	le gonne pulite	*the clean skirt(s)*
la macchina vecchia	le macchine vecchie	*the old car(s)*
la nuvola bianca	le nuvole bianche	*the white cloud(s)*
la ragazza simpatica	le ragazze simpatiche	*the nice girl(s)*
la rosa rossa	le rose rosse	*the red rose(s)*
la scarpa sporca	le scarpe sporche	*the dirty shoe(s)*

 # Exercise 1.9

Write the plural form of each of the phrases.

1. la lampada nuova   _____

2. l'amico intelligente   _____

3. il gatto nero   _____

4. il ragazzo giovane   _____

5. la rosa bianca   _____

6. il vestito giallo   _____

7. il giorno meraviglioso   _____

8. l'automobile moderna   _____

9. la ragazza elegante   _____

10. il libro vecchio   _____

11. la torta deliziosa   _____

12. la famiglia ricca   _____

 ## Exercise 1.10

Translate the phrases into Italian.

1. the green grass   _____

2. the white clouds   _____

3. the new song   _____

4. the fat goose   _____

5. the small dog   _____

6. the expensive shoes   _____

7. the excellent food   _____

8. the sad child   _____

9. the happy children   _____

10. the strong man   _____

11. the big house   _____

12. the sincere friend   _____

Positioning of Adjectives

Most common adjectives follow the noun they modify and have a specific meaning. Some adjectives, though, can change their meaning according to whether they precede or follow the nouns they modify.

Singular	Plural
MASCULINE/FEMININE	MASCULINE/FEMININE
bello, -/a	belli, -/e
brutto, -/a	brutti, -/e
buono, -/a	buoni, -/e
caro, -/a	cari, -/e
cattivo, -/a	cattivi, -/e
piccolo, -/a	piccoli, -/e
povero, -/a	poveri, -/e

un bel libro	*a good book*
un libro bello	*a beautiful book*
una brutta sera	*a bad evening*
una sera brutta	*an ugly evening*
una buona amica	*a good friend*
un'amica buona	*a friend who is a good person*
un caro amico	*a dear friend*
una stoffa cara	*an expensive material*
un cattivo ragazzo	*a naughty boy*
una persona cattiva	*a vicious person*
un povero uomo	*an unfortunate man*
un uomo povero	*a poor man*

The following examples are also of adjectives that change meaning according to their position.

un alto ufficiale	*a high-ranking officer*
un poliziotto alto	*a tall policeman*
diversi giorni	*several days*
giorni diversi	*different days*
un grande amico	*a good friend*
un amico grande	*a large friend*
un grand'uomo	*a great man*
un uomo grande	*a large man*
una leggera ferita	*a slight wound*
una valigia leggera	*a lightweight suitcase*
un nuovo libro	*a new book*
un libro nuovo	*a brand new book*
una sola donna	*the only woman*
una donna sola	*a woman alone*
l'unico figlio	*the only son*
un figlio unico	*a unique son*
l'unica occasione	*the only chance*
un'occasione unica	*a unique opportunity*
un vecchio amico	*an old friend*
un amico vecchio	*an old (age) friend*
una vera notizia	*a truly important piece of news*
una notizia vera	*a news story that is true*
una vera amica	*a true friend*
una pietra vera	*an authentic stone*

There are rules about the placement of adjectives. Adjectives follow nouns:

- When they specify color, shape, material, nationality, religion, or political affiliation

le scarpe nere	*the black shoes*
le ragazze americane	*the American girls*
la religione cattolica	*the Catholic religion*

- When specifying a category

la rivoluzione francese	*the French Revolution*
una scuola media	*a middle school*

- With suffixes such as **-ino**, **-etto**, **-otto**, or **-one**

una bambina cicciotta	*a chubby girl*
un uovo piccolino	*a small egg*
una ragazza chiacchierona	*a chatty girl*
un uomo poveretto	*a poor man*

- When the stem comes from the present participle and the adjective ends in **-ante** or **-ente**

il ponte barcollante	*the unsteady bridge*
la torre pendente	*the leaning tower*

- When the adjectives derive from a regular past participle and end in **-ato**, **-uto**, or **-ito**

la strada ghiacciata	*the icy road*
il muro imbiancato	*the painted wall*

 ## Exercise 1.11

Translate the sentences into Italian.

1. I like red shoes.

   _____

2. This book is new.

   _____

3. They have very old parents.

   _____

4. She is my dear friend.

_____

5. She is a good painter.

_____

6. He has a small wound on the head.

_____

7. She is the only queen.

_____

8. He is her only son.

_____

9. She is the only woman in this house.

_____

10. He is a different man.

_____

11. There is a poor man at the park.

_____

12. The president is a good man.

_____

2

Subject Pronouns, *stare*, and *essere*

Subject Pronoun Basics

Singular		Plural	
io	*I*	**noi**	*we*
Io is never capitalized unless it begins a sentence.			
tu	*you (sing. inf.)*	**voi**	*you (pl. inf.)*
The familiar singular form **tu** is used with friends and family. You must be given permission before you may use **tu** with older people or people you do not know well.			
lui	*he*	**loro**	*they*
lei	*she*		
		The plural form **loro** is used to address more than one person. It is used for both masculine and feminine or for a group that includes both males and females.	
Lei	*you (sing. form.)*	**Loro**	*you (pl. form.)*
Lei is the formal equivalent of **tu**. It is used when meeting people for the first time, in business situations, or with older people. It is used for both masculine and feminine. When writing, it is capitalized.		When referring to a group of people you do not know well **Loro** is used. In writing it is capitalized.	

NOTE: There is no subject pronoun *it* in Italian. **Lui** and **lei** are used for people, animals, and things.

Often in Italian the pronouns **io**, **tu**, **lui**, **lei**, **noi**, **voi**, and **loro** are omitted because the ending of the verb form implies who is doing the action. For example, **sto** can only mean *I stay*, whether **io** is included or not; the same goes for **stai**, which can only mean *you stay*. However, **sta** can have more than one meaning, so **lui/lei sta** is used to refer to *he/she stays*.

Verb Definitions

The *infinitive* is the unconjugated form of a verb. For example, *to be* is an infinitive in English. The *conjugations* are the different forms of the verb that belong to a particular pronoun or noun. *I am* and *you are* are examples of conjugations of the infinitive *to be*.

Stare Versus *essere*

Italian has two verbs that are the equivalent of *to be* in English: **essere** and **stare**. They are not interchangeable. Although efforts have been made to determine rules about their usage, there appear to be almost as many exceptions as there are rules. The easiest way to handle these verbs is to memorize the kinds of expressions in which each is used. Following are some common guidelines.

Stare (to be; to stay)

Stare can have various meanings depending on the context, but it generally expresses health, precise locations, and personal opinions about someone's appearance. It is also used in certain idiomatic expressions and in the present continuous tense.

stare *to be*; *to stay*

io **sto**	*I am*	noi **stiamo**	*we are*
tu **stai**	*you are*	voi **state**	*you are*
lui **sta**	*he is*	loro **stanno**	*they are*
lei **sta**	*she is*	loro **stanno**	*they are*
Lei **sta**	*you (sing. form., m./f.) are*	Loro **stanno**	*you (pl. form) are*

- ### *Location*

When **stare** is used to express location, it indicates that the person will stay in place and not move. **Io sto a casa** (*I will stay at home*) is different from saying **Io sono a casa** (*I am at home*), which implies that *I am at home now, but I may leave.*

Io sto a casa. *I am (staying) at home (and will not leave).*
Tu stai a letto. *You are (staying) in bed (and will stay there).*

- ### *Health*

Come stai?	*How are you?*
Sto bene, grazie.	*I am fine, thank you.*
Lui sta male.	*He feels bad.*

- ### *Personal Opinion about Appearance*

Il vestito le sta bene.	*The dress looks good on her.*
La giacca mi sta stretta.	*The jacket is tight on me.*

- ### *Expressions*

stare attento, -/a	*to pay attention*	stare zitto, -/a	*to be quiet*
stare con	*to live with*	stare a pennello	*to fit like a glove*
stare fermo, -/a	*to keep still*	stare a cuore	*to have at heart, to matter*
stare fuori	*to be outside*	stare in guardia	*to be on one's guard*
stare seduto, -/a	*to be sitting*	stare in piedi	*to be standing*
stare su	*to stand (sit) up straight*		

Il vestito le sta a pennello.	*The dress fits her like a glove.*
La bambina non sta mai ferma.	*The little girl cannot keep still.*
Mio figlio sta da solo.	*My son lives by himself.*

Adjectives Following *stare*

The adjective that follows **stare** must agree with the subject in both gender and number.

I ragazzi **stanno seduti**.	*The children are sitting.*
Giovanna **sta zitta**.	*Giovanna is quiet.*

Present Continuous Tense

The present continuous expresses an action taking place at the time of speaking. In Italian it is expressed with the present tense of **stare** + the gerund of the verb. The gerund is formed by adding **-ando** for **-are** verbs (**parlando**) and -**endo** for **-ere** and **-ire** verbs (**correndo, dormendo**).

Io **sto mangiando**.	*I am eating.*
Tu **stai correndo**.	*You are running.*
Lui **sta dormendo**.	*He is sleeping.*

 ## Key Vocabulary

The following words will improve your ability to communicate over a range of situations.

Parole interrogative (Interrogative Words)	
come?	*how? what?*
dove?	*where?*
chi?	*who?*

Avverbi di luogo (Adverbs of Location)	
qui, qua	*here*
lì, là	*there*
giù	*down*
su	*up*

Aggettivi (Adjectives)			
allegro, -/a	*happy*	carino, -/a	*nice*
ammalato, -/a	*sick*	contento, -/a	*happy*
arrabbiato, -/a	*angry*	delizioso, -/a	*delicious*
bello, -/a	*beautiful*	stanco, -/a	*tired*

 ## Exercise 2.1

*Complete the sentences with the correct form of **stare**. Pay attention to the meaning of each sentence and indicate in parentheses whether the sentence expresses location, health, or a personal opinion about appearance.*

EXAMPLE Noi __stiamo__ a casa tutto il giorno. _(location)_

1. Io non _____ bene oggi. (_____)

2. Lei _____ a casa perchè vuole studiare. (_____)

3. La nonna _____ nel giardino dalla mattina alla sera.
   (_____)

4. Luigi _____ a letto tutto il giorno. (_____)

5. Loro _____ sempre bene. (_____)

6. Voi _____ tutto il giorno davanti alla televisione.
   (_____)

7. Perchè non (tu) _____ in casa se hai freddo? (_____)

8. La camicetta ti _____ molto bene. (_____)

9. Maria e Lucia _____ in chiesa per delle ore. (_____)

10. Luigi oggi _____ bene. (_____)

11. Quel vestito non le _____ bene. (_____)

12. Noi _____ in casa ad aspettarti. (_____)

Pronouns to Omit

Keep in mind that you can omit the subject pronouns **io, tu, lui, lei,** etc., in Italian since the endings of the verb expresses who is doing the action. Subject pronouns should be included if the subject is ambiguous.

Essere (to be)

The Italian verb **essere** is also equivalent to the English *to be*, and it is one of the most used verbs.

essere *to be*

io **sono**	*I am*	noi **siamo**	*we are*
tu **sei**	*you are*	voi **siete**	*you are*
lui **è**	*he is*	loro **sono**	*they are*
lei **è**	*she is*	loro **sono**	*they are*
Lei **è**	*you are (form. sing., m./f.)*	Loro **sono**	*you are (form. pl.)*

When to Use the Pronouns *io* and *loro*

Io and **loro** are followed by the same form of the verb *to be*: **sono**. This is seldom confusing since the correct meaning is obvious from the context, but it may be necessary to add the appropriate subject pronoun in front of each to avoid ambiguity.

Essere is used to express relationships, physical characteristics, personal traits, date and time, professions, nationality, mood, physical status, colors, and location. (**Essere** is used to describe where someone or something is located, but, unlike **stare**, indicates that the person or thing may not stay there.) It is also used to indicate point of origin, the material something is made from, possession, and where an event takes place.

- ***Relationships***
  Lui è mio marito.   *He is my husband.*
  Loro sono i miei amici.   *They are my friends.*

- ***Physical Characteristics***
  Maria è alta.   *Maria is tall.*
  Voi siete magri.   *You (pl.) are thin.*

- ***Personal Traits***
  Lei è una brava dottoressa.   *She is a good doctor.*
  I bambini sono educati.   *The children are polite.*

- ***Date and Time***
  Sono le dieci di mattina.   *It is ten in the morning.*
  Domani è lunedì.   *Tomorrow is Monday.*

- ***Professions***
  Lui è ingegnere.   *He is an engineer.*
  Maria è una manager.   *Maria is a manager.*

- ***Nationality***
  Loro sono italiani.   *They are Italian.*
  Nancy è inglese.   *Nancy is English.*

- ***Mood***
  Giovanna è allegra.   *Giovanna is happy.*
  Tu sei molto serio.   *You are very serious.*

- **Physical Status**

Noi siamo vecchi.	*We are old.*
Tu sei stanco.	*You are tired.*

- **Colors**

Il cielo è azzurro.	*The sky is blue.*
L'erba è verde.	*The grass is green.*

- **Location**

Loro sono a letto.	*They are in bed.*
Tu sei nel ristorante.	*You are in the restaurant.*

- **Location of Event**

La festa è al club.	*The party is (takes place) at the club.*
La parata è nella strada principale.	*The parade is (takes place) in the main street.*

- **Point of Origin**

Di dove sei?	*Where are you from?*
Io sono di New York.	*I am from New York.*

Never End with Prepositions

In English, we often end a sentence with a preposition. In Italian a preposition can never end a sentence. The preposition in the first example above, **di** (*of*), is placed in front of the interrogative word, **dove** (*where*).

- **Material**

Di here means *of (made of).*

La porta è di legno.	*The door is made of wood.*
Le finestre sono di vetro.	*The windows are made of glass.*
La giacca è di pelle.	*The jacket is made of leather.*

- **Possession**

Sono i genitori di Maria.	*They are Maria's parents.*
È il gatto di mio figlio.	*It is my son's cat.*
Sono gli amici di Luigi.	*They are Luigi's friends.*
La borsa è della bambina.	*It is the girl's purse.*
Il pallone è del bambino.	*It is the boy's football.*

The contractions **di + il** (*of + the*) = **del**; **di + lo** (*of + the*) = **dello**; and **di + la** (*of + the*) = **della** are only three of the many contractions in the Italian language that will be covered in future chapters. Use **di** (*of*) to express possession and ownership. When the preposition **di** is followed by the masculine articles **il** and **lo** and the feminine article **la**, the words contract to **del**, **dello**, and **della**.

Indicating Ownership

The Italian sentence structure for stating ownership can be seen in this example: **la macchina di Paola** (*Paola's car*). Italian does not use apostrophes to indicate ownership; instead, it uses the preposition **di** or **di** + article.

Exercise 2.2

Complete the sentences with the correct form of **essere**. *Indicate in parentheses whether the sentences express description, profession, point of origin, identification, material, physical status, or time.*

EXAMPLES La ragazza *è* bella. *(description)*

　　　　　Lui *è* di Napoli. *(point of origin)*

1. La ragazza _____ bella. (_____)

2. Loro _____ professori all'Università. (_____)

3. Di dove _____ i tuoi amici? (_____)

4. Il nuovo albergo _____ molto bello. (_____)

5. Noi _____ i cugini di Maria. (_____)

6. La giacca _____ di pelle. (_____)

7. I miei amici _____ di Roma. (_____)

8. I pomodori non _____ maturi. (_____)

9. La tua macchina _____ vecchia. (_____)

10. San Francisco _____ in California. (_____)

11. Lucia _____ ammalata. (_____)

12. La tua casa _____ grande. (_____)

13. La pianta _____ sul balcone. (_____)

14. Voi _____ intelligenti. (_____)

15. Domani _____ giovedì. (_____)

Exercise 2.3

Complete the sentences with the correct form of **essere** *or* **stare**. *Indicate in parentheses whether the sentences express nationality, physical status, location, mood, description, point of origin, or health.*

1. Io _____ italiana. (_____)
2. Giovanni _____ ammalato. (_____)
3. Giovanni non _____ bene. (_____)
4. La lezione _____ difficile. (_____)
5. La professoressa _____ in classe tutto il giorno. (_____)
6. Noi _____ contenti. (_____)
7. L'amica di Nadia _____ male. (_____)
8. La mamma di Mario _____ in ospedale. (_____)
9. La porta _____ chiusa. (_____)
10. La porta non _____ chiusa. (_____)
11. Di dove _____ voi? (_____)
12. Chi _____ con la nonna? (_____)
13. Noi _____ sul treno. (_____)
14. Mia mamma _____ sempre a casa. (_____)
15. Mia mamma _____ in giardino. (_____)

Exercise 2.4

Using the words in parentheses, answer the questions with the correct form of **essere** *or* **stare**.

1. Come stai? _____ (*not too well*)
2. Dov'è il tuo amico? _____ (*at home*)
3. Sta ancora a Napoli tua sorella? _____ (*yes*)
4. È facile la lezione di italiano? _____ (*no*)
5. Volete stare in casa oggi? _____ (*yes*)
6. Siete stanchi? _____ (*very*)

7. Il ristorante è vicino? _____ (*no, far*)

8. Dove sta la tua amica? _____ (*in Italy*)

9. Quanto tempo state in Italia? _____ (*two weeks*)

10. Di dov'è la tua amica? _____ (*Rome*)

Exercise 2.5

Using **essere** *or* **stare**, *translate the sentences into Italian.*

1. We are friends.

   _____

2. My friend is in China.

   _____

3. Her friend is in Italy for three weeks.

   _____

4. The animals are at the zoo.

   _____

5. The children are at the park for three hours.

   _____

6. Italy is in Europe.

   _____

7. Her husband is an architect.

   _____

8. Uncle Marco is at the pool.

   _____

9. Uncle Marco stays at the pool all day long.

   _____

10. The food is delicious.

    _____

11. The dog is brown.

    _____

12. The dog stays in the house.

_____

13. My grandmother is in the hospital.

_____

14. She is not feeling very well.

_____

 ## Exercise 2.6

Complete the letter with the correct forms of **essere** *or* **stare**.

Cari genitori,

Come (1) _____? Noi (2) _____ bene. Io e Luisa (3) _____

a Roma. La città (4) _____ molto bella. I Musei Vaticani (5) _____

molto interessanti. Il Colosseo (6) _____ molto grande e bello. I

ristoranti (7) _____ buoni e non (8) _____ molto cari. Noi

(9) _____ a Roma per due settimane. Ciao e a presto.

 ## Reading Comprehension

La casa

La mia casa è grande e nuova, con molte finestre e molta luce. Tutte le pareti della casa sono bianche e l'esterno è grigio. I quadri sulle pareti sono da tutte le parti del mondo. La sala da pranzo, il soggiorno, il salotto e la cucina sono al primo piano. Anche la nostra camera da letto con un bagno molto spazioso sono al primo piano.

    La cucina è grande e moderna con i piani di cottura in granito e le ante di legno. Il frigorifero e la stufa sono nuovi. Uno specchio e un tavolino di legno sono nel corridoio.

    Altre tre camere da letto e un bagno sono al secondo piano. Tutti i nostri libri, quaderni, penne, matite e il computer, sono nello studio.

    Il patio di legno è dietro alla casa ed è abbastanza grande Un tavolo rotondo con quattro poltrone sono nel centro del patio. Un grande ombrellone e tante belle piante sono sul patio. Il prato e molte piante con fiori di tutti i

colori: rosa, rosso, blu, bianco e giallo sono dietro e davanti alla casa. La mia
casa è in un villaggio dove tutte le case sono grandi e belle.

Nomi (Nouns)

l'albero	the tree	il patio	the patio
la camera da letto	the bedroom	il piano	the floor, the surface
		la poltrona	the easy chair
il corridoio	the hallway	la porta	the door
la cucina	the kitchen	il prato	the lawn
il divano	the sofa	il quaderno	the notebook
l'erba	the grass	la sala a pranzo	the dining room
la finestra	the window	il soggiorno	the living room
il frigorifero	the refrigerator	lo specchio	the mirror
il legno	wood	la stufa	the stove
la luce	the light	il vaso	the vase
la parete	the wall		

Aggettivi (Adjectives)

grande	big, large
nuovo, -/a	new
spazioso, -/a	spacious

Avverbi (Adverbs)

abbastanza	enough
davanti	in front
dietro	behind

Domande (Questions)

After you have read the selection, answer the questions in Italian and repeat your
answers aloud.

1. Come è la casa?

   _____

   _____

2. Descrivi la cucina.

   _____

   _____

3. Che cosa c'è nel corridoio?

_____

_____

4. Dove sono le penne, le matite e i libri?

_____

_____

5. Che cosa c'è davanti e dietro alla casa?

_____

_____

3

C'è and *ci sono*, Interrogative Words, and the Calendar

C'è (There Is) and *ci sono* (There Are)

The words **c'è** and **ci sono** correspond to the English *there is* and *there are* or *is there?* and *are there?* in English. They state the existence or presence of something or someone.

Italian and English sentences with **c'è** or **ci sono** follow the same word order with regard to using or omitting definite and indefinite articles.

C'è un'ape nel giardino.	*There is a bee in the garden.*
Ci sono tre api nel giardino.	*There are three bees in the garden.*
Ci sono le api nel giardino.	*There are bees in the garden.*

A question formed with **c'è** or **ci sono** uses the same word order as a statement, but the voice should sound a rising tone. The article is omitted only if generalizations are used.

C'è un'ape nel giardino?	*Is there a bee in the garden?*
Ci sono api nel giardino?	*Are there bees in the garden?*
Ci sono gli elefanti allo zoo?	*Are there elephants at the zoo?*
Ci sono elefanti allo zoo?	*Are there any elephants at the zoo?*

To make a sentence negative, place **non** before **c'è** or **ci sono**.

Non c'è acqua nel bagno.	*There is no water in the bathroom.*
Non ci sono bicchieri nel bagno.	*There aren't any glasses in the bathroom.*

C'è and **ci sono** also express the idea of *being in* or *being here* or *there*.

Scusa, c'è tua figlia?	*Excuse me, is your daughter in?*
No, non c'è.	*No, she is not.*
Ci sono molti studenti.	*There are many students.*

Ecco

Ecco (*here is, here are, there is, there are*) is used when pointing at or drawing attention to something or someone.

Ecco il ristorante!	*Here is the restaurant!*
Ecco la matita!	*Here is the pencil!*
Ecco i calzini!	*Here are the socks!*
Ecco le matite!	*Here are the pencils!*

 Exercise 3.1

Rewrite the sentences in the plural, using the quantity in parentheses.

1. C'è un cane nel giardino. (due)

   _____

2. C'è un grande aeroporto. (tre)

   _____

3. C'è uno studente in classe. (dieci)

   _____

4. C'è un museo vicino a casa mia. (due)

   _____

5. C'è una pianta in casa. (molte)

   _____

6. C'è una macchina nel garage. (due)

   _____

7. C'è un gatto nero. (tre)

   _____

8. C'è una parola difficile nel libro. (molte)

_____

9. C'è una frase che non capisco. (due)

_____

10. C'è la tua amica. (quattro)

_____

11. Non c'è un italiano qui. (due)

_____

12. Non c'è una finestra. (tre)

_____

Exercise 3.2

Rewrite the sentences, changing the indefinite articles into definite articles.

1. Ecco un bar! _____

2. Ecco un giornale! _____

3. Ecco un supermercato! _____

4. Ecco una pizza! _____

5. Ecco un gelato! _____

6. Ecco un bicchiere! _____

7. Ecco un orologio! _____

8. Ecco un ospedale! _____

9. Ecco una televisione! _____

10. Ecco uno zoo! _____

11. Ecco uno scoiattolo! _____

12. Ecco una pianta! _____

Exercise 3.3

Translate the sentences into English.

1. C'è una pianta in casa.

   _____

2. Ci sono molte stelle nel cielo.

   _____

3. Ci sono molte sedie nella tua casa.

   _____

4. Oggi c'è il sole.

   _____

5. Non c'è il telefono.

   _____

6. Ecco tua sorella!

   _____

7. Ecco il telefono!

   _____

8. Ecco la mamma!

   _____

9. Com'è il ristorante?

   _____

10. Com'è il pane?

    _____

11. Com'è bella la canzone!

    _____

12. Com'è grande l'universo!

    _____

Interrogative Words

Interrogative words are used to initiate a question.

Come? *How? What?*

Come is used with all forms of **essere** in order to find out what people or things are like.

Com'è la sua casa?	*What is his/her house like?*
Com'è la pizza?	*How is the pizza?*
Come sono le caramelle?	*How are the candies?*

Come + **essere** is used in exclamations.

Come sono buoni questi spaghetti!	*How good this spaghetti is!*
Com'è buono il gelato italiano!	*How good Italian ice cream is!/ Italian ice cream is so good!*

Word Order

Notice the word order: **come** + verb + adjective. The subject, when expressed, is at the end of the exclamation. Exclamations of this kind are used much more frequently in Italian than in English.

Com'è grande questa casa!	*How large this house is!*
Come sei bella!	*How beautiful you are!*
Come siamo stanchi!	*How tired we are!*

Come + **stare** is used to inquire about someone's health.

Come stai?	*How are you?*
Come stanno i tuoi genitori?	*How are your parents?*

Come + **chiamarsi** is used to ask someone's name.

Come ti chiami?	*What is your name?*
Come si chiamano i tuoi figli?	*What are your kids' names?*

Dove? *Where?*

Dove sono i CD?	*Where are the CDs?*
Dov'è (Dove è) la tua macchina?	*Where is your car?*

Che? Che cosa? *What?*

Che giorno è oggi?	*What day is today?*
Che cosa c'è da mangiare al ristorante?	*What is there to eat at the restaurant?*
Che cos'è questo?	*What is this?*

Chi? *Who?*

Chi sono questi ragazzi?	*Who are these boys?*
Chi è al telefono?	*Who is on the telephone?*
Chi è la ragazza con Giovanni?	*Who is the girl with Giovanni?*

Quale? Quali? *Which one? Which ones?*

Qual'è la capitale d'Italia?	*What (which city) is the capital of Italy?*
Quali sono i tuoi libri?	*Which ones are your books?*

Perchè? *Why?*

Perchè ridi?	*Why are you laughing?*
Perchè andate in Italia?	*Why do you go to Italy?*

Perchè is also used to answer a question when it means *because*.

Perchè studi?	*Why do you study?*
Perchè mi piace imparare.	*Because I like to learn.*

Quanto? *How much?*

Quanto costa?	*How much does it cost?*
Quanto è?	*How much is it?*

Quanti? Quante? *How many?*

Quanti figli avete?	*How many kids do you have?*
Quante cugine hai?	*How many cousins do you have?*

Quando? *When?*

Quando è il concerto?	*When is the concert?*
Quando è l'esame?	*When is the test?*

Exercise 3.4

Rewrite the statements as exclamations using the words in parentheses. Remember to use the correct form of **essere**.

EXAMPLE   questo gatto (bello) *Com'è bello questo gatto!*

1. questo vino _____ (buono)

2. questi gelati _____ (buoni)

3. queste fotografie _____ (belle)

4. questo libro _____ (interessante)

5. questa bambina _____ (bionda)

6. questa casa _____ (piccola)

7. questo caffè _____ (forte)

8. questi panini _____ (deliziosi)

9. questo aereo _____ (grande)

10. questa studentessa _____ (brava)

11. questa macchina _____ (veloce)

12. questa birra _____ (fredda)

Exercise 3.5

Complete the questions with the appropriate interrogative words.

1. _____ è la macchina di Luisa?

2. _____ sono le ragazze?

3. _____ gente c'è nel parco?

4. _____ è la signora con tua mamma?

5. _____ è la capitale degli Stati Uniti?

6. _____ costa viaggiare in treno?

7. _____ si chiama il tuo cane?

8. _____ andate al concerto?

9. _____ piangi?

10. _____ è questo?

11. _____ siete in casa?

12. _____ fratelli avete?

13. _____ soldi hai in banca?

14. _____ sono le tue piante?

 ## Exercise 3.6

Answer the questions in Italian using **c'è**, **ci sono**, **essere**, *or the appropriate form of* **stare**.

1. Come sta tua zia oggi? (*not too well*)

   _____

2. Dov'è la spiaggia? (*near my house*)

   _____

3. Di chi è la macchina? (*my brother's*)

   _____

4. Di dove sei tu? (*American*)

   _____

5. Ci sono cani a casa tua? (*no, there aren't*)

   _____

6. Dove stai tutto il giorno? (*in front of the TV*)

   _____

7. Chi c'è a casa? (*my husband*)

   _____

8. Ci sono ancora le foglie sugli alberi? (*yes, there are*)

   _____

9. C'è molta gente alla festa? (*no, there are a few people*)

   _____

10. Perchè sei stanco? (*I work a lot*)

   _____

11. Come mi sta il cappello? (*it looks good*)

_____

12. Quante persone ci sono? (*15*)

_____

Prepositions

You have already learned three of the most common prepositions in Italian.

con	*with*
di	*from, of*
in	*in*

You can combine these prepositions with an interrogative word to ask even more questions.

In quale scuola insegnano l'italiano?	*In which school is Italian taught?*
In quale parco ci sono le rose?	*Which park are the roses in?*
Di chi è la matita?	*Whose pencil is this?*
Di dove venite?	*Where are you from?*
Con chi sei a casa?	*Who is at home with you?*

 Exercise 3.7

Complete the questions with the appropriate prepositions.

1. _____ quale scuola sei?

2. _____ che colore è il tuo vestito?

3. _____ chi è tuo fratello?

4. _____ dove è la tua amica?

5. _____ quale città è la statua della Libertà?

6. _____ chi stai a casa?

Calendario (Calendar)

I giorni della settimana (Days of the Week)

lunedì	*Monday*	venerdì	*Friday*
martedì	*Tuesday*	sabato	*Saturday*
mercoledì	*Wednesday*	domenica	*Sunday*
giovedì	*Thursday*		

- The definite article that precedes the days of the week is used only when expressing repetition or habitual actions.

La domenica andiamo a pranzo con gli amici.	*On Sundays we go to lunch with our friends.*
Il lunedì giocano a bridge.	*On Mondays they play bridge.*

- Days of the week in Italian are never capitalized and are all masculine except for **domenica** (*Sunday*). The week begins with **lunedì** (*Monday*).
- No preposition equivalent to *on* is used when referring to a day of the week.

Io vado a teatro sabato sera.	*I will go to the theater **on** Saturday evening.*

- To ask what day it is, you would say:

Che giorno è oggi?	*What day is it today?*
Oggi è martedì.	*Today is Tuesday.*

I mesi dell'anno (Months of the Year)

gennaio	*January*	luglio	*July*
febbraio	*February*	agosto	*August*
marzo	*March*	settembre	*September*
aprile	*April*	ottobre	*October*
maggio	*May*	novembre	*November*
giugno	*June*	dicembre	*December*

- The names of the months are not capitalized. They take the definite article when modified.

Il 2 (due) giugno è la Festa della Repubblica.	*The second of June (June 2nd) is Republic Day.*

- Italian uses either **a** or **in** to say *in* + a particular month. The preposition is articulated when the month is modified.

Andiamo in Italia in (a) marzo.	*We'll go to Italy in March.*
Andiamo in Italia nel mese di marzo.	*We'll go to Italy in the month of March.*

- The following expressions are used to ask the date.

Quanti ne abbiamo oggi?	
Che data è oggi?	*What is today's date?*
Qual'è la data di oggi?	

Some possible responses to these questions include:

Ne abbiamo 7.	*Today is the 7th.*
Oggi è il 12 maggio.	*Today is May 12th.*

Le stagioni (Seasons)

The seasons of the year are as follows:

la primavera	*spring*
l'estate	*summer*
l'autunno	*autumn, fall*
l'inverno	*winter*

- The names of seasons are not capitalized in Italian. *Spring* and *summer* are feminine; *autumn* and *winter* are masculine.

Le parti del giorno (Parts of the Day)

The day is divided into the following parts:

la mattina	*the morning*	la sera	*the evening*
il pomeriggio	*the afternoon*	la notte	*the night*

Additional Vocabulary

il giorno	*the day*	oggi	*today*
la settimana	*the week*	domani	*tomorrow*
il mese	*the month*	ieri	*yesterday*
l'anno	*the year*		

Exercise 3.8

Translate the sentences into Italian.

1. On Monday I will go to visit Luisa.

   _____

2. Friday is my favorite day of the week.

   _____

3. I go to school on Wednesday.

   _____

4. We go to the movies on Saturday evening.

   _____

5. We see our parents every Sunday.

   _____

6. On Sundays we go to church.

   _____

7. Every Friday I stay home from work.

   _____

8. On Thursday we are with our children.

   _____

9. On Fridays she cleans the house.

   _____

10. On Saturdays we go to the theater or the restaurant.

    _____

11. On Wednesday I'll see my friend Mary.

    _____

12. Lisa has volleyball on Tuesday afternoon.

    _____

Exercise 3.9

Translate the sentences into Italian.

1. What day is today?

   _____

2. Today is Tuesday.

   _____

3. January is a cold month.

   _____

4. In May there are many flowers.

   _____

5. My mother's birthday is on May 13th.

   _____

6. In July and August it is very hot.

   _____

7. The month of October is in the fall.

   _____

8. We travel in March and in September.

   _____

9. School in Italy starts on September 15th.

   _____

10. Spring and fall are my favorite seasons.

    _____

11. I wake up early in the morning.

    _____

12. In the evening, I watch TV.

    _____

Reading Comprehension

Una città italiana

Milano è una grande città nel Nord Italia. È una città industriale e ci sono molte ditte multinazionali. È anche il centro della moda italiana e internazionale. La gente vive e lavora a Milano. Non è possibile girare con la macchina nel centro storico, ma c'è la metropolitana, e ci sono molti autobus e tassì.

La vita a Milano è caotica. È difficile conoscere gli abitanti di questa città. A Milano ci sono molti posti interessanti. Nel centro c'è il famoso Duomo, una chiesa bellissima e molto grande. C'è la Galleria, dove ci sono ottimi ristoranti e bellissimi negozi di argenteria e di abbigliamento.

Nella Galleria ci sono due librerie internazionali molto grandi e molto ben fornite.

In fondo alla Galleria c'è il famoso Teatro La Scala dove sono rappresentate le opere cantate da tenori e soprano molto famosi. La stagione lirica inizia il 7 dicembre e finisce in maggio.

A Milano c'è anche il Castello Sforzesco, un tempo un'abitazione, ma adesso è un museo. C'è la chiesa di Santa Maria delle Grazie, dove è custodito l'affresco L'Ultima Cena di Leonardo da Vinci. Per vederlo bisogna comprare i biglietti e fare la prenotazione molti giorni in anticipo. A Milano ci sono anche diverse università che sono frequentate da studenti da tutti i paesi del mondo.

Milano è una città per tutti: gli uomini d'affari, gli studenti universitari, i turisti, e gli amanti della moda.

Nomi (Nouns)

l'abitante	*the inhabitant*	la libreria	*the bookstore*
l'abitazione	*the house*	la metropolitana	*the subway*
gli amanti	*the lovers*	la moda	*fashion*
l'argenteria	*silver items*	il negozio	*the shop*
la città	*the city*	la prenotazione	*the reservation*
la ditta	*the company*	la soprano	*the soprano*
la gente	*the people*	il tenore	*the tenor*

Aggettivi (Adjectives)

caotica	*chaotic*	multinazionale	*multinational*
fornito	*equipped, stocked*	raffinato	*refined*
industriale	*industrial*	rinomato	*well known*
lirica	*lyrical*		

Verbi (Verbs)

girare	*go around*
iniziare	*to start*
vivere	*to live*

Avverbi (Adverbs)

bene	*well*
in anticipo	*in advance*
molto	*very*

Domande (Questions)

After you have read the selection, answer the questions in Italian repeating your answers aloud.

1. Come è Milano?

   _____

   _____

2. Ci sono posti interessanti a Milano?

   _____

   _____

3. Che cosa c'è nella galleria?

   _____

   _____

4. Che cosa si trova nella chiesa Santa Maria delle Grazie?

   _____

   _____

5. Per chi è la città di Milano?

   _____

   _____

Key Vocabulary

Nomi maschili (Masculine Nouns)

l'aereo	*the airplane*	il mese	*the month*
l'albero	*the tree*	il messaggio	*the message*
l'anno	*the year*	il paese	*the country*
l'ascensore	*the elevator*	il parco	*the park*
l'autobus	*the bus*	il periodico	*the magazine*
il bambino	*the child*	il piano	*the floor*
il campo	*the field*	il premio	*the prize*
il compleanno	*the birthday*	il prezzo	*the price*
il denaro	*the money*	il rumore	*the noise*
l'edificio	*the building*	il sogno	*the dream*
il giardino	*the (flower) garden*	il tema	*the theme*
il lapis	*the pencil*	il viaggio	*the trip*

Nomi femminili (Feminine Nouns)

la biblioteca	*the library*	la lettera	*the letter*
la camicia	*the shirt*	la libreria	*the bookstore*
la cartolina	*the postcard*	la medicina	*the medicine*
la chiave	*the key*	la musica	*the music*
la città	*the city*	l'ombra	*the shadow*
la cucina	*the kitchen*	l'opera	*the opera*
la doccia	*the shower*	la pagina	*the page*
la domanda	*the question*	la parete	*the wall*
l'entrata	*the entrance*	la porta	*the door*
la festa	*the party*	la risposta	*the answer*
la foglia	*the leaf*	la salute	*the health*
la frase	*the sentence*	la scala	*the stairway*
la gente	*the people*	la settimana	*the week*
la gioventù	*youth*	la spiaggia	*the beach*
la guerra	*the war*	la valigia	*the suitcase*

Aggettivi (Adjectives)

alto	*tall*	bello	*beautiful*
amabile	*amiable*	cieco	*blind*
amichevole	*friendly*	divertente	*amusing*
affettuoso	*affectionate*	dolce	*sweet*
basso	*short*	duro	*hard*

elegante	*elegant*	pericoloso	*dangerous*
emozionante	*emotional*	pesante	*heavy*
fantastico	*fantastic*	rapido	*fast*
fedele	*faithful*	raro	*rare*
lento	*slow*	semplice	*simple*
libero	*free*	soffice	*soft*
lungo	*long*	speciale	*special*
orgoglioso	*proud*	stretto	*narrow*
nuovo	*new*	tranquillo	*calm*

You now have a large vocabulary of nouns and adjectives to study, which will help you complete the following exercises.

Exercise 3.10

A. *Translate the Italian phrases into English.*

1. il cane fedele   _____

2. la camicia pulita   _____

3. il prezzo alto   _____

4. la macchina nuova   _____

5. l'opera emozionante   _____

6. l'edificio basso   _____

7. la spiaggia pulita   _____

8. l'autobus grande   _____

9. l'aereo veloce   _____

10. il giorno fantastico   _____

B. *Translate the English phrases into Italian.*

1. the beautiful plant   _____

2. the dangerous road   _____

3. the short month   _____

4. the beautiful beach   _____

5. the proud man   _____

6. the blind girl   _____

7. the affectionate child   _____

8. the short lady   _____

9. the amusing book   _____

10. the friendly dog   _____

 Exercise 3.11

Using **c'è**, **ci sono**, **essere**, *or* **stare**, *answer the questions in Italian repeating your answers aloud.*

1. Di che colore è il vestito di Luisa?

   _____

2. Ci sono cani a casa tua?

   _____

3. Dov'è il bagno, per favore?

   _____

4. Ci sono dei laghi nella tua città?

   _____

5. Dove sono i bambini?

   _____

6. Chi sta con la nonna di notte?

   _____

7. Come sta tua zia?

   _____

8. Di chi sono le piante?

   _____

9. C'è la neve in montagna?

   _____

10. State a casa per le Feste?

    _____

11. Ci sono molte persone nei negozi?

_____

12. Sta bene il cappotto a Maria?

_____

 ## Exercise 3.12

Complete the sentences with the correct form of **essere**, **stare**, **c'è**, *or* **ci sono**.

1. Di che colore _____ il cielo?

2. _____ molta gente nel parco?

3. _____ edifici alti nella tua città?

4. Quanto tempo (tu) _____ in Italia?

5. Noi _____ a casa tutto il giorno.

6. Come _____ la nonna oggi?

7. Non _____ molto bene.

8. _____ cani a casa tua?

9. No, non _____ cani, ma _____ due gatti.

10. Dove _____ quando andate in Italia?

11. Noi _____ da mia figlia.

12. La mia città _____ pericolosa di notte.

13. _____ molti poliziotti che circolano per le strade.

14. La macchina nera _____ nuova.

15. Non _____ macchine nei centri storici italiani.

16. Il cappello gli _____ molto bene.

 ## Reading Comprehension
Il cinema

Agli italiani piace molto andare al cinema. Al sabato sera e alla domenica i locali cinematografici sono pieni di gente. Al sabato ci vanno specialmente gli adulti. Alla domenica pomeriggio ci vanno specialmente i giovani perchè vogliono passare un pomeriggio divertente con i loro amici.

Agli italiani piacciono molto i film americani, specialmente i film dei cowboys e del Far West.

Ci sono attori e attrici italiane che hanno raggiunto fama mondiale. Tutti conoscono Sofia Loren per la sua bellezza e per la sua bravura. A molti piace anche Marcello Mastroianni che ora è morto. I suoi film sono molto famosi e molto belli. Ci sono anche dei bravissimi direttori come Benigni che dirige film comici e seri. È difficile poter vedere un film italiano negli Stati Uniti. Ogni tanto si vedono dei film italiani molto vecchi e poco interessanti.

Domande (Questions)

After you have read the selection, answer the questions in Italian repeating your answers aloud.

1. Chi va al cinema il sabato sera?

   _____

2. Piace agli italiani andare al cinema?

   _____

3. Perchè i giovani vanno al cinema alla domenica pomeriggio?

   _____

4. Quali film piacciono agli italiani?

   _____

5. Scrivi il nome di una famosa attrice italiana.

   _____

6. Perchè è famosa?

   _____

7. È facile vedere un film italiano negli Stati Uniti?

   _____

Numbers, Time, and Dates

Cardinal Numbers

A cardinal number is a number that expresses an amount, such as *one, two, three*. Following are the cardinal numbers from 1 to 100.

0	zero			
1	uno	21	ventuno
2	due	22	ventidue
3	trè	23	ventitrè
4	quattro	24	ventiquattro
5	cinque	25	venticinque
6	sei	26	ventisei
7	sette	27	ventisette
8	otto	28	ventotto
9	nove	29	ventinove
10	dieci	30	trenta
11	undici	31	trentuno
12	dodici	32	trentadue
13	tredici	33	trentatrè
14	quattordici	40	quaranta
15	quindici	50	cinquanta
16	sedici	60	sessanta
17	diciassette	70	settanta
18	diciotto	80	ottanta
19	diciannove	90	novanta
20	venti	100	cento

Keep in mind the following rules about cardinal numbers in Italian.

- When **-tre** is the last syllable of a larger number, it takes an accent mark: **ventitrè**, **trentatrè**, and **quarantatrè**.
- The numbers **venti**, **trenta**, etc., drop the final vowel before adding **-uno** or **-otto**: **ventuno**, **ventotto**, etc.

The numbers one hundred and above are written out as follows.

100	cento	1.000	mille
101	centouno	1.001	milleuno
150	centocinquanta	1.200	milleduecento
200	duecento	2.000	duemila
300	trecento	10.000	diecimila
400	quattrocento	15.000	quindicimila
500	cinquecento	100.000	centomila
600	seicento	1.000.000	un milione
700	settecento	2.000.000	due milioni
800	ottocento	1.000.000.000	un miliardo
900	novecento	2.000.000.000	due miliardi

Note the following rules about these numbers:

- There is no Italian equivalent for the English *eleven hundred, twelve hundred,* etc. Italian uses **millecento**, **milleduecento**, etc.
- The function of periods and commas is the opposite of English. The number 1.000 (*one thousand*), or **mille** in Italian, uses a period instead of a comma. In Italian the comma is used for decimals. So **1,5** (*1.5* in English) in Italian is **uno virgola cinque**.
- The numeral **un** is not used with **cento** (*one hundred*) or **mille** (*one thousand*), but it is used with **milione** (*million*). Unlike English, **milione** changes to **milioni** in the plural.

cento rose	*a hundred roses*
mille notti	*a thousand nights*
un milione di stelle	*a million stars*
milioni di abitanti	*millions of inhabitants*

- **Cento** has no plural. **Mille** has the plural form **mila**.

cento dollari	*a hundred dollars*	duecento dollari	*two hundred dollars*
mille €	*a thousand euros*	duemila €	*two thousand euros*

- **Milione** (*pl.*, **milioni**) and **miliardo** (*a billion*; *pl.*, **miliardi**) require **di** when they directly precede a noun.

Negli Stati Uniti ci sono 300 milioni di abitanti.	*In the United States there are 300 million inhabitants.*
Il governo spende molti miliardi di dollari ogni giorno.	*The government spends billions of dollars every day.*

A Word About Numbers

Numbers are a very important part of life. People tell you their phone number; they give you an appointment at a specific time and at a specific address; you want to know how much things cost, and so on. Learn your numbers and try to practice them as much as you can.

To say what day a historical event started use: **il** + number + year.

La scuola inizia il 5 gennaio.	*School starts on January 5th.*

An exception to this rule is the first day of each month—for example, November 1st. You don't say *the one of November* but *the first of November*.

Oggi è il primo dicembre.	*Today is the 1st of December (December 1st).*

The year in Italian, is expressed as the entire number, unlike English in which the year is broken up into two parts. For example, for the year 1980, we say *nineteen-eighty* in English, whereas in Italian "one thousand nine hundred eighty" is used.

1980	millenovecentoottanta
2007	duemilasette

Exercise 4.1

Complete the sentences in Italian, writing out the numbers in parentheses.

EXAMPLE   Ci sono <u>quarantacinque</u> persone sull'autobus. (45)

1. Ci sono _____ giorni in una settimana. (7)

2. In luglio ci sono _____ giorni. (31)

3. Ci sono _____ giorni in un anno. (365)

4. Ci sono _____ settimane in un anno. (52)

5. In biblioteca ci sono _____ libri. (3.000)

6. Ci sono _____ ristoranti in questa città. (235)

7. Ci sono _____ ragazzi in classe. (20)

8. Ci sono _____ parole in questa storia. (387)

9. Ci sono _____ studenti in questa scuola. (1.200)

10. Ci sono _____ persone che lavorano qui. (785)

Ordinal Numbers

The Italian ordinal numbers correspond to English *first*, *second*, *third*, and so on.

1°	primo	12°	dodicesimo
2°	secondo	13°	tredicesimo
3°	terzo	14°	quattordicesimo
4°	quarto	20°	ventesimo
5°	quinto	21°	ventunesimo
6°	sesto	22°	ventiduesimo
7°	settimo	23°	ventitreesimo
8°	ottavo	30°	trentesimo
9°	nono	100°	centesimo
10°	decimo	1.000°	millesimo
11°	undicesimo	1.000.000°	milionesimo

Remember these rules about ordinal numbers in Italian:

- Each of the first ten ordinal numbers has a distinct form, as shown above. After **decimo**, they are formed by dropping the final vowel of the cardinal number and adding **-esimo**. Numbers ending in **-trè** and **-sei** retain the final vowel.

undici	11	undic**esimo**	*11th*
ventitrè	23	ventitre**esimo**	*23rd*
trentasei	36	trentasei**esimo**	*36th*

- Unlike cardinal numbers, ordinal numbers agree in gender and number with the nouns they modify. For example:

SINGULAR	primo figlio	prima figlia
PLURAL	primi figli	prime figlie

primo *first*
il primo giorno   *the first day*
la prima pagina   *the first page*

secondo *second*
il secondo mese   *the second month*
la seconda settimana   *the second week*

terzo *third*
il terzo giorno   *the third day*
la terza fila   *the third row*

quarto *fourth*
il quarto piano   *the fourth floor*
la quarta lezione   *the fourth lesson*

quinto *fifth*
il quinto giorno   *the fifth day*
la quinta strada   *the fifth street*

sesto *sixth*
il sesto ragazzo   *the sixth boy*
la sesta notte   *the sixth night*

settimo *seventh*
il settimo capitolo   *the seventh chapter*
la settima partita   *the seventh game*

ottavo *eighth*
l'ottavo mese   *the eighth month*
l'ottava macchina   *the eighth car*

nono *ninth*
il nono libro   *the ninth book*
la nona domanda   *the ninth question*

decimo   *tenth*

il decimo secolo   *the tenth century*

la decima volta   *the tenth time*

- Italian ordinal numbers normally precede the noun. Abbreviations are written with a superscript ° for the masculine, a superscript ª for the feminine.

il terzo piano	il 3° piano	*the third floor*
la terza strada	la 3ª strada	*the third street*

- The use of ordinal numbers is similar to that in English, except with the names of popes or rulers. In this instance, Italian omits the definite article before the ordinal number.

Enrico V (quinto)	*Henry the Fifth*
Papa Giovanni Paolo II (secondo)	*Pope John Paul the Second*
Luigi XV (quindicesimo)	*Louis XV*
Papa Giovanni Paolo II (secondo)	*Pope John Paul II*
il secolo XX (ventesimo)	*the twentieth century*

 ## Exercise 4.2

Complete the sentences in Italian, writing out the ordinal numbers in parentheses.

1. L'appartamento è al _____ piano. (*first*)

2. Febbraio è il _____ mese dell'anno. (*second*)

3. La _____ strada di New York è molto bella. (*fifth*)

4. La _____ pagina del libro è rotta. (*second*)

5. È nato il _____ boy. (*fifth*)

6. Sono in Italia per la _____ volta. (*third*)

7. Il tuo posto è nella _____ fila. (*eighth*)

8. Luigi _____ è molto famoso. (*fifteenth*)

9. È il _____ presidente. (*thirty-sixth*)

10. L'ufficio è al _____ piano. (*sixteenth*)

11. Il _____ capitolo è molto interessante. (*tenth*)

12. Dicembre è il _____ mese dell'anno. (*twelfth*)

13. È la _____ volta che andiamo a sciare. (*tenth*)

Special Uses of Ordinal Numbers

The following forms of the ordinal numbers refer to centuries from the thirteenth century on. These are mostly used in relation to literature, art, and history.

il Duecento	il tredicesimo secolo	*the 13th century*
il Trecento	il quattordicesimo secolo	*the 14th century*
il Quattrocento	il quindicesimo secolo	*the 15th century*
il Cinquecento	il sedicesimo secolo	*the 16th century*
il Seicento	il diciassettesimo secolo	*the 17th century*
il Settecento	il diciottesimo secolo	*the 18th century*
l'Ottocento	il diciannovesimo secolo	*the 19th century*
il Novecento	il ventesimo secolo	*the 20th century*
il Duemila	il ventunesimo secolo	*the 21st century*

The following forms are usually capitalized:

la pittura fiorentina del Cinquecento	*Florentine painting of the fifteenth century*
l'architettura romana del Trecento	*Roman architecture of the fourteenth century*

 Exercise 4.3

Complete the sentences in Italian, writing out the numbers in parentheses.

1. Il _____ secolo. (*20th*)

2. Papa Pio _____. (*XII*)

3. Maria è la _____ figlia. (*2nd*)

4. La scultura fiorentina del _____ è magnifica. (*15th century*)

5. Nel _____ ci sono state molte guerre. (*18th century*)

6. La vita nel _____ era difficile. (*13th century*)

7. Ci sono molti romanzi scritti nel _____. (*19th century*)

8. C'è stato molto progresso nel _____. (*20th century*)

9. Il computer è molto importante nel _____. (*21st century*)

10. Mi piace la musica del _____. (*18th century*)

The Date

Italian uses the cardinal numbers 2 to 31 to indicate the days of the month. Only the first uses the ordinal, **il primo**.

To ask for the date you would say:

Qual'è la data di oggi?	*What is today's date?*
Quanti ne abbiamo oggi?	
Che giorno è oggi?	*What day is today?*

The response is:

Oggi è il tre settembre.	*Today is September 3rd.*
Domani è il quattro settembre.	*Tomorrow is the fourth of September.*
È il ventotto febbraio.	*It is February 28.*
È il trentun dicembre.	*It is December 31.*

The date, in Italian, is written as **il +** number of the day + month + year.

il 15 agosto 2007   *August 15, 2007*

Italian uses ordinal numbers only to indicate *the first of the month,* **il primo del mese**.

Oggi è il primo gennaio.	*Today is the first of January.*
Il primo novembre è festa in Italia.	*November 1st is a holiday in Italy.*

Exercise 4.4

Complete the sentences in Italian, writing out the terms and numbers in parentheses.

1. Oggi è _____ il _____ di _____ .
   (*Wednesday, 23rd*) (*January*)

2. Gli studenti italiani vanno a scuola anche il _____. (*Saturday*)

3. Il compleanno di Lisa è il _____ di _____ (*November, 27th*)

4. La settimana nel calendario italiano comincia il _____. (*Monday*)

5. Alla _____ molte persone vanno in chiesa. (*Sunday*)

6. Noi partiamo il _____ di _____ (*March, 14*)

7. I miei amici vanno al mercato tutti i _____. (*Friday*)

8. Quest'anno in _____ ci sono _____ giorni. (*February, 29*)

Telling Time

First, let's look at some words required before you can ask the time in Italian.

| l'orologio | *the watch, clock* | minuto | *the minute* |
| l'ora | *the hour* | secondo | *the second* |

There are two ways in Italian to ask for the time.

| Che ora è? | *What time is it?* |
| Che ore sono? | |

The answer in Italian always uses the third-person singular or plural. The answer is singular only if it is one o'clock, noon, or midnight.

È mezzogiorno.	*It is noon.*
È mezzanotte.	*It is midnight.*
È l'una.	*It is one o'clock.*

Note that the definite article is not used in front of **mezzogiorno** or **mezzanotte**, but it is always used with other times.

In all other cases for telling the time, use **sono le** + the number of the hours.

| Sono le sei. | *It is six o'clock.* |
| Sono le dodici. | *It is twelve o'clock.* |

To express time after the hour, Italian uses **e** + the number of minutes elapsed.

| Sono le sei **e** dieci. | *It is ten after six.* |
| Sono le sette **e** venti. | *It is twenty after seven.* |

From the half hour to the next hour, time is expressed by giving the next hour + **meno** (*minus*) — the number of minutes before the next hour.

Sono le tre meno dieci.	*It is ten to three.*
Sono le nove meno cinque.	*It is five to nine.*

To indicate the exact hour, Italian uses **in punto** or **esatte**.

Sono le cinque in punto.	*It is exactly five o'clock.*
Sono le sei esatte.	*It is five o'clock sharp.*

Un **quarto** (*a quarter*) and **mezzo** or **mezza** (*a half*) often replace **quindici** and **trenta**. **Un quarto d'ora** and **una mezz'ora** mean *a quarter of an hour* and *half an hour*.

Sono le sei e quindici.	*It is six fifteen.*
Sono le sei e un quarto.	*It is a quarter after six.*
Sono le sei e trenta.	*It is six thirty.*
Sono le sei e mezzo (mezza).	*It is half past six.*

In Italian the expressions A.M. and P.M. are expressed with **di mattina** from 8:00 A.M. to noon and **di pomeriggio** from 1:00 P.M. to 5:00 P.M., **di sera** from 5 P.M. to 9:00 P.M., and **di notte** from 10:00 P.M. on.

Sono le 8:00 di mattina.	*It is 8:00 A.M.*
Sono le due di pomeriggio.	*It is 2:00 P.M.*
Sono le 10:00 di sera.	*It is 10:00 P.M.*
Sono le 4:00 di notte.	*It is 4:00 A.M.*

The Twenty-Four-Hour Clock

The twenty-four-hour clock (or official time) is commonly used in Italy, with midnight as the zero hour. This system is used by banks, businesses, shops, transportation services, the military, movies, TV, and trains, so it is very important to become familiar with it. In the twenty-four-hour clock all times are expressed in full numbers. The United States refers to this system as military time.

La banca apre alle 8:00 e chiude alle 14:30.	*The bank opens at 8:00 A.M. and closes at 2:30 P.M.*
I negozi in Italia chiudono alle 19:30.	*Shops in Italy close at 7:30 P.M.*

Exercise 4.5

Answer the questions with complete sentences, writing the numbers out as words.
Use official time only when indicated.

1. Che ora è? (*11:00* A.M.)

   _____

2. Che ore sono? (*1:00* P.M. *official time*)

   _____

3. A che ora pranzi? (*noon*)

   _____

4. A che ora vai a lavorare? (*8:00* A.M.)

   _____

5. Che ore sono? (*midnight*)

   _____

6. A che ora apre la banca? (*8:30* A.M.)

   _____

7. A che ora chiudono i negozi? (*7:30* P.M. *official time*)

   _____

8. A che ora cenate? (*8:30* P.M.)

   _____

9. Quando esci dal lavoro? (*6:30* P.M.)

   _____

10. A che ora giochi la partita di football? (*11:00* A.M.)

    _____

11. A che ora fai il pranzo? (*noon*)

    _____

12. Che ore sono? (*1.00* P.M. *official time*)

    _____

To indicate that something is happening at a certain time, Italian uses an expression with the preposition **a** + the definite article **la** or **le**.

A che ora?	*At what time? (At what hour?)*
all'una	*at one o'clock*
alle due	*at two o'clock*
alle tre	*at three o'clock*

Exercise 4.6

Translate the time-related expressions into Italian. Include the appropriate expressions to indicate morning, afternoon, or evening, and always write numbers out as words.

1. It is 1:20 A.M.

   _____

2. It is 4:30 P.M.

   _____

3. It is 9:15 A.M.

   _____

4. It is 6:00 P.M. sharp.

   _____

5. It is 2:45 P.M.

   _____

6. It is 8:00 A.M.

   _____

7. It is 3:00 P.M.

   _____

8. It is 12:00 noon exactly.

   _____

Reading Comprehension

Il ristorante

Sono le 21:00 e il ristorante italiano è pieno di gente. È un ristorante tipico, non molto costoso, ma buono e attraente. Il ristorante non è molto grande. Ci sono solo quattordici tavoli. Sedute a ogni tavolo ci sono quattro o cinque persone che parlano e ridono. C'è molta scelta. Come in tutti i ristoranti italiani c'è una gran scelta di pasta con tutte le salse che uno desidera. C'è il pollo, il manzo, il vitello e molto pesce. La specialità del giorno è il pesce fresco alla griglia con le patate al forno. C'è anche la minestra, la verdura e l'insalata. Si può ordinare anche una bottiglia di acqua minerale frizzante o naturale. C'è il vino della casa che è molto buono e anche il vino in bottiglia. Ci sono molti dolci attraenti e appetitosi. Dopo la cena si puo' ordinare il caffè. Nel ristorante c'è un cartello che dice «vietato fumare».

Nomi (Nouns)

l'acqua	*the water*	la mancia	*the tip*
il bicchiere	*the glass*	il manzo	*the beef*
la bottiglia	*the bottle*	il menu	*the menu*
il cameriere	*the waiter*	la minestra	*the soup*
la cena	*the dinner*	il pasto	*the meal*
la colazione	*the breakfast*	il pesce	*the fish*
il coltello	*the knife*	il piatto	*the plate*
il conto	*the bill*	il pollo	*the chicken*
il cucchiaino	*the small spoon*	il pranzo	*the lunch*
il cucchiaio	*the spoon*	la scelta	*the choice*
la cucina	*the kitchen*	la tovaglia	*the tablecloth*
il dolce	*the dessert*	il tovagliolo	*the napkin*
la forchetta	*the fork*	la verdura	*the vegetables*
la griglia	*the grill*	il vitello	*the veal*

Aggettivi (Adjectives)

appetitoso	*tasty*	freddo	*cold*
attraente	*attractive*	fresco	*fresh*
costoso	*expensive*	pieno	*full*
delizioso	*delicious*	pulito	*clean*
eccellente	*excellent*	sporco	*dirty*
economico	*inexpensive*	vuoto	*empty*

Espressioni quantitative (Quantitative Expressions)

una volta	*once*	doppio	*double*
due volte	*twice*	triplo	*triple*
tre volte	*three times*		

Espressioni utili (Useful Expressions)

| È presto. | *It is early.* |
| È tardi. | *It is late.* |

Domande (Questions)

After you have read the selection, answer the questions in Italian repeating your answers aloud.

1. A che ora apre il ristorante?

   _____

2. Costa molto il ristorante?

   _____

3. Che cosa posso scegliere?

   _____

4. Qual'è la specialità del giorno?

   _____

5. Com'è il vino della casa?

   _____

6. Che cosa puoi ordinare dopo la cena?

   _____

7. Che cosa è scritto sul cartello?

   _____

 # Reading Comprehension
Il lavoro casalingo

C'è sempre molto da fare in una casa. Ogni settimana è necessario pulire, lavare, e stirare. Quando i bambini sono a scuola e il marito è al lavoro, la mamma è in casa e pulisce senza interruzioni. Le finestre sono grandi e non è facile pulire i vetri. La cucina deve essere pulita tutti i giorni. Il soggiorno e la sala da pranzo sono in disordine ed è necessario riordinare. Ci sono tre bagni nella casa e tutti i tre sono sporchi. Nelle camere c'è molta polvere. C'è una scopa per il pavimento del bagno e una per la cucina. Cè anche un aspirapolvere per il tappeto.

Ma è ora del pranzo. La mamma è stanca e ha fame. Smette di pulire, mangia, mette i piatti nella lavastoviglie e poi dorme per un'ora o due. Presto i bambini ritornano a casa e la pace e la tranquillità finiscono. La mamma prepara la merenda per i bambini. Quando ritornano da scuola i ragazzi sono affamati e assetati, ma tutto è pronto.

Oggi è venerdì e la settimana è finita. I bambini sono felici perchè durante il fine settimana sono liberi di giocare e non devono studiare molto, ma per la mamma il lavoro non finisce mai.

Nomi (Nouns)

la camera	*the bedroom*	il pavimento	*the floor*
il cibo	*the food*	il piatto	*the plate*
il corridoio	*the hallway*	la polvere	*the dust*
il disordine	*the disorder*	il pranzo	*the lunch*
la finestra	*the window*	la sala da pranzo	*the dining room*
il frigorifero	*the refrigerator*	la scopa	*the broom*
l'interruzione	*the interruption*	il soggiorno	*the living room*
la lavastoviglie	*the dishwasher*	il tappeto	*the rug*
la merenda	*the snack*	la tranquillità	*the calm*
la pace	*the peace*	il vetro	*the (pane of) glass*

Aggettivi (Adjectives)

affamato, -/a	*hungry*	libero, -/a	*free*
assetato, -/a	*thirsty*	stanco, -/a	*tired*
facile	*easy*		

Verbi (Verbs)

dormire	*to sleep*	preparare	*to prepare*
giocare	*to play*	pulire	*to clean*
lavare	*to wash*	stirare	*to iron*
mettere	*to put*	studiare	*to study*

Domande (Questions)

After you have read the selection, answer the questions in Italian repeating your answers aloud.

1. Che cosa bisogna fare ogni settimana?

   _____

2. Con che cosa si pulisce il tappeto del soggiorno, della sala da pranzo e delle camere?

   _____

3. Che cosa fa la mamma dopo aver pranzato?

   _____

4. Che cosa fanno i bambini quando ritornano da scuola?

   _____

5. Perchè sono felici i bambini al venerdì?

   _____

5

Regular Verbs

All Italian verbs belong to one of the three conjugations, depending on the ending of the infinitive. To conjugate a verb is to change a verb's infinitive ending to one that agrees with the subject and expresses the time of the action. All infinitives end in **-are**, **-ere**, **-ire**. Each conjugation has its own sets of stems or roots that are added to the endings.

verb stem + infinitive ending = infinitive

cant + are = cantare (*to sing*)
ved + ere = vedere (*to see*)
sent + ire = sentire (*to hear, listen*)

Verbs are considered regular if the stem does not change when the verb is conjugated.

Uses of the Present Tense

The present tense is the equivalent of the English simple present (*I sing*) and the English present continuous tense (*I am singing*).

Lei canta una bella canzone. | *She sings a beautiful song.*
She is singing a beautiful song.

Asking Questions

One way to ask questions in Italian is to add a question mark to the end of the sentence in writing and to raise the pitch of the voice at the end of the sentence. The English helping verb *do* is not translated.

Hai una bella casa.   *You have a beautiful house.*
Hai una bella casa?   *Do you have a beautiful house?*

The subject (noun or pronoun) in a question can stay at the beginning of the sentence, before the verb, or move to the end of the sentence.

Luisa ha la macchina?   *Does Luisa have a car?*
Ha una macchina Luisa?   *Does Luisa have a car?*

Negative Statements

To make a sentence negative, place **non** immediately before the verb.

Io canto tutte le mattine.   *I sing every morning.*
Io **non** canto tutte le mattine.   *I do not sing every morning.*

Using the Present to Express the Future

The present tense in Italian can be used to express a future happening if an adverbial expression of the future is included.

Lui canta a New York domani.   *He sings in New York tomorrow.*

The form of the subject pronoun **Lei** refers to you (masculine or feminine) in formal speech. For this reason it is capitalized in writing.

-are Verbs

To conjugate a regular **-are** verb in the present tense, drop the infinitive ending and add **-o**, **-i**, **-a**, **-iamo**, **-ate**, **-ano** to the stem.

cantare *to sing*

INFINITIVE	CANTARE
STEM	CANT-
ENDING	-ARE

io **canto**	*I sing*	noi **cantiamo**	*we sing*
tu **canti**	*you (sing. inf.) sing*	voi **cantate**	*you (pl. inf.) sing*
lui **canta**	*he sings*	loro **cantano**	*they sing*
lei **canta**	*she sings*	Loro **cantano**	*you (pl. form.) sing*
Lei **canta**	*you (sing. form.) sing*		

Frequently Used -are Verbs

abitare *to live* | **arrivare** *to arrive*

io abito	noi abitiamo	io arrivo	noi arriviamo
tu abiti	voi abitate	tu arrivi	voi arrivate
lui/lei abita	loro abitano	lui/lei arriva	loro arrivano

NOTE: **Abitare** (*to live*) is used when referring to the dwelling one inhabits, while **vivere** (*to live*) is used to refer to a country, city, or town one lives in.

ascoltare *to listen* | **aspettare** *to wait for*

io ascolto	noi ascoltiamo	io aspetto	noi aspettiamo
tu ascolti	voi ascoltate	tu aspetti	voi aspettate
lui/lei ascolta	loro ascoltano	lui/lei aspetta	loro aspettano

camminare *to walk* | **comprare** *to buy*

io cammino	noi camminiamo	io compro	noi compriamo
tu cammini	voi camminate	tu compri	voi comprate
lui/lei cammina	loro camminano	lui/lei compra	loro comprano

domandare *to ask* | **entrare** *to enter*

io domando	noi domandiamo	io entro	noi entriamo
tu domandi	voi domandate	tu entri	voi entrate
lui/lei domanda	loro domandano	lui/lei entra	loro entrano

guardare *to look at* | **lavorare** *to work*

io guardo	noi guardiamo	io lavoro	noi lavoriamo
tu guardi	voi guardate	tu lavori	voi lavorate
lui/lei guarda	loro guardano	lui/lei lavora	loro lavorano

nuotare *to swim* | **ordinare** *to order*

io nuoto	noi nuotiamo	io ordino	noi ordiniamo
tu nuoti	voi nuotate	tu ordini	voi ordinate
lui/lei nuota	loro nuotano	lui/lei ordina	loro ordinano

parlare *to speak* | **riposare** *to rest*

io parlo	noi parliamo	io riposo	noi riposiamo
tu parli	voi parlate	tu riposi	voi riposate
lui/lei parla	loro parlano	lui/lei riposa	loro riposano

ritornare *to return*		**studiare** *to study*	
io ritorno	noi ritorniamo	io studio	noi studiamo
tu ritorni	voi ritornate	tu studi	voi studiate
lui/lei ritorna	loro ritornano	lui/lei studia	loro studiano

A Word About Verbs

The verbs above are shown with full conjugations to make it easier for you to learn them and see their patterns. Note that both forms of the third-person singular (**lui** and **lei/Lei**) have the same endings.

Other common regular **-are** verbs include:

alzare	*to lift*	pranzare	*to have lunch*
cenare	*to have supper*	preparare	*to prepare*
giocare	*to play (a game or with toys)*	suonare	*to play (a musical instrument)*
guadagnare	*to make money*	viaggiare	*to travel*

The Preposition *a*

The preposition **a** can mean both *to* and *at* in English.

When **a** is followed by the masculine article **il**, the words contract to **al** (meaning *at the, to the*). When **a** is followed by the feminine article **la**, it contracts and doubles the **l** to **alla** (again, meaning *at the, to the*). This is one of the many contractions in Italian.

Andiamo **a** casa.	*We'll go home.*
Mangiamo **al** ristorante.	*We eat at the restaurant.*
Vado **alla** posta.	*I am going to the post office.*

Exercise 5.1

Complete the sentences with the correct form of the verbs in parentheses.

1. Luigi _____ molto bene. (nuotare)

2. Gli studenti _____ molto tardi alla sera. (ritornare)

3. Noi _____ nel bosco. (camminare)

4. Dove _____ i tuoi amici? (abitare)

5. Luisa _____ la sua amica. (aspettare)

6. In Florida i bambini _____ tutti i giorni. (nuotare)

7. Lei non _____ mai niente. (domandare)

8. I miei parenti _____ dall'Australia. (arrivare)

9. Il bambino _____ troppe cose. (domandare)

10. Oggi pomeriggio mi _____ per un'ora. (riposare)

11. Loro _____ la musica classica. (ascoltare)

12. Tu _____ la pizza per le otto. (ordinare)

13. Oggi voi _____ la poltrona nuova. (comprare)

14. Voi _____ sempre in giardino. (lavorare)

15. Tu _____ in casa mia senza bussare. (entrare)

16. Voi _____ il treno per Roma. (aspettare)

Pronunciation Reminder

The letters **g** and **c** followed by the vowel **-i** or **-e** are pronounced like **j** in English. The sound is soft. If the letter **g** is followed by an **-a**, **-o**, or **-u**, the **g** has a hard sound like the **g** in the English *go*.

-ere Verbs

To conjugate a regular **-ere** verb in the present tense, drop the infinitive ending and add **-o**, **-i**, **-e**, **-iamo**, **-ete**, **-ono** to the stem.

vedere *to see*

INFINITIVE	VEDERE
STEM	VED-
ENDING	-ERE

io **vedo**	*I see*	noi **vediamo**	*we see*
tu **vedi**	*you (sing. inf.) see*	voi **vedete**	*you (pl. inf.) see*
lui/lei **vede**	*he/she sees*	loro **vedono**	*they see*

Frequently Used *-ere* Verbs

chiedere *to ask*

io chiedo	noi chiediamo
tu chiedi	voi chiedete
lui/lei chiede	loro chiedono

chiudere *to close*

io chiudo	noi chiudiamo
tu chiudi	voi chiudete
lui/lei chiude	loro chiudono

credere *to believe*

io credo	noi crediamo
tu credi	voi credete
lui/lei crede	loro credono

leggere *to read*

io leggo	noi leggiamo
tu leggi	voi leggete
lui/lei legge	loro leggono

perdere *to lose*

io perdo	noi perdiamo
tu perdi	voi perdete
lui/lei perde	loro perdono

piangere *to cry*

io piango	noi piangiamo
tu piangi	voi piangete
lui/lei piange	loro piangono

ripetere *to repeat*

io ripeto	noi ripetiamo
tu ripeti	voi ripetete
lui/lei ripete	loro ripetono

rispondere *to answer*

io rispondo	noi rispondiamo
tu rispondi	voi rispondete
lui/lei risponde	loro rispondono

rompere *to break*

io rompo	noi rompiamo
tu rompi	voi rompete
lui/lei rompe	loro rompono

scrivere *to write*

io scrivo	noi scriviamo
tu scrivi	voi scrivete
lui/lei scrive	loro scrivono

vendere *to sell*

io vendo	noi vendiamo
tu vendi	voi vendete
lui/lei vende	loro vendono

vivere *to live*

io vivo	noi viviamo
tu vivi	voi vivete
lui/lei vive	loro vivono

NOTE: **Leggere** changes from soft to hard sound according to the vowel following the **-g-**. Leg**go**, *I read*, has the hard sound because it ends with **-o**. Leg**gi**, *you read*, has a soft sound because it ends with **-i**.

Exercise 5.2

Complete the sentences with the correct form of the verbs in parentheses.

1. Io _____ la porta e le finestre. (chiudere)

2. Tu _____ dove sono le lezioni di italiano. (chiedere)

3. Lui _____ a tutti. (credere)

4. Lei _____ sempre. (leggere)

5. Noi _____ tutti i documenti. (perdere)

6. Voi _____ quando vedete un film commovente. (piangere)

7. Loro _____ sempre tutto due volte. (ripetere)

8. Mia cugina _____ delle lunghe lettere. (scrivere)

9. La mia vicina _____ la casa. (vendere)

10. Noi _____ in una bella città. (vivere)

11. Tu _____ sempre gli occhiali. (perdere)

12. Luisa _____ tutti i suoi libri. (vendere)

13. Luisa e Luigi _____ in una casa grande. (vivere)

14. Carlo _____ al telefono quando è a casa. (rispondere)

15. Lei _____ il bicchiere di cristallo. (rompere)

16. Noi _____ al telefono. (rispondere)

-*ire* Verbs

There are two types of **-ire** verbs. One type follows the pattern of **sentire** (*to hear*) and the other follows the pattern of **finire** (*to finish*). The present tense endings are the same for both. The difference is that verbs that follow the pattern of **finire** add **-isc-** in all forms except for **noi** and **voi**.

To conjugate a regular **-ire** verb in the present tense, drop the infinitive ending and add **-o, -i, -e, -iamo, -ete, -ono**. First we will cover the non **-isc-** verbs.

sentire *to hear*

INFINITIVE	SENTIRE
STEM	SENT-
ENDING	-IRE

io **sento**	*I hear*	noi **sentiamo**	*we hear*
tu **senti**	*you (sing. inf.) hear*	voi **sentite**	*you (pl. inf.) hear*
lui/lei **sente**	*he/she hears*	loro **sentono**	*they hear*

Frequently Used *-ire* Verbs

aprire *to open*

io apro	noi apriamo
tu apri	voi aprite
lui/lei apre	loro aprono

coprire *to cover*

io copro	noi copriamo
tu copri	voi coprite
lui/lei copre	loro coprono

dormire *to sleep*

io dormo	noi dormiamo
tu dormi	voi dormite
lui/lei dorme	loro dormono

offrire *to offer*

io offro	noi offriamo
tu offri	voi offrite
lui/lei offre	loro offrono

partire *to depart; to leave*

io parto	noi partiamo
tu parti	voi partite
lui/lei parte	loro partono

scoprire *to discover*

io scopro	noi scopriamo
tu scopri	voi scoprite
lui/lei scopre	loro scoprono

seguire *to follow*

io seguo	noi seguiamo
tu segui	voi seguite
lui/lei segue	loro seguono

sentire *to hear; to listen; to feel*

io sento	noi sentiamo
tu senti	voi sentite
lui/lei sente	loro sentono

servire *to serve*

io servo	noi serviamo
tu servi	voi servite
lui/lei serve	loro servono

vestire *to dress*

io vesto	noi vestiamo
tu vesti	voi vestite
lui/lei veste	loro vestono

Exercise 5.3

Complete the sentences with the correct form of the verb in parentheses.

1. Io _____ le finestre e le porte. (aprire)

2. Tu _____ le piante perchè fa freddo. (coprire)

3. Lei _____ un bicchiere di vino ai suoi amici. (offrire)

4. Mario _____ troppo. (dormire)

5. Noi _____ molto presto. (partire)

6. I bambini _____ cose nuove tutti i giorni. (scoprire)

7. Voi _____ un corso di italiano. (seguire)

8. Loro _____ tutti i rumori della strada. (sentire)

9. Nell'albergo _____ il tè alle cinque del pomeriggio. (servire)

10. Lucia _____ molto bene sua figlia. (vestire)

11. Loro _____ fino a tardi tutte le domeniche. (dormire)

12. Voi _____ con l'aereo. (partire)

13. Tu non _____ un libro tutta la settimana. (aprire)

14. Voi _____ spesso la musica? (ascoltare)

Many **-ire** verbs follow the pattern of **finire** (*to finish*) and add **-isc-** to the stem of the verb in the present tense, except for the first- and the second-person plural.

finire *to finish*

INFINITIVE	FINIRE
STEM	FIN-
ENDING	-IRE

io **finisco**	*I finish*	noi **finiamo**	*we finish*
tu **finisci**	*you (sing. inf.) finish*	voi **finite**	*you (pl. inf.) finish*
lui/lei **finisce**	*he/she finishes*	loro **finiscono**	*they finish*

Frequently Used *-isc-* Verbs

capire *to understand*

io capisco	noi capiamo
tu capisci	voi capite
lui/lei capisce	loro capiscono

costruire *to build*

io costruisco	noi costruiamo
tu costruisci	voi costruite
lui/lei costruisce	loro costruiscono

dimagrire *to lose weight*

io dimagrisco	noi dimagriamo
tu dimagrisci	voi dimagrite
lui/lei dimagrisce	loro dimagriscono

impedire *to prevent*

io impedisco	noi impediamo
tu impedisci	voi impedite
lui/lei impedisce	loro impediscono

preferire *to prefer*

io preferisco	noi preferiamo
tu preferisci	voi preferite
lui/lei preferisce	loro preferiscono

pulire *to clean*

io pulisco	noi puliamo
tu pulisci	voi pulite
lui/lei pulisce	loro puliscono

restituire *to return*

io restituisco	noi restituiamo
tu restituisci	voi restituite
lui/lei restituisce	loro restituiscono

spedire *to ship; to send*

io spedisco	noi spediamo
tu spedisci	voi spedite
lui/lei spedisce	loro spediscono

Some **-ire** verbs that can take either endings (follow the pattern of **sentire** or **finire**) include:

applaudire	*to applaud*	nutrire	*to nourish*
assorbire	*to absorb*	starnutire	*to sneeze*
inghiottire	*to swallow*	tossire	*to cough*
mentire	*to lie*		

La sabbia assorbe bene l'acqua.	*Sand absorbs water well.*
Lei assorbisce tutte le spese.	*She absorbs all the expenses.*
Il bambino mente molto.	*The child lies a lot.*
Lui mentisce a sua moglie.	*He lies to his wife.*

Exercise 5.4

Complete the sentences with the correct form of the verb in parentheses.

1. Io _____ la casa ogni giorno. (pulire)

2. Tu _____ leggere che guardare la TV. (preferire)

3. Loro non _____ la lezione di matematica. (capire)

4. Noi _____ il pacco in Italia. (spedire)

5. Loro _____ una casa in campagna. (costruire)

6. I bambini mangiano il dolce, ma _____ i biscotti. (preferire)

7. Lei _____ la musica classica o la musica moderna? (preferire)

8. Quando (tu)_____ il compito di latino? (finire)

9. Dove (voi) _____ la casa? (costruire)

10. Perchè non _____ mai? (tu-ubbidire)

11. Loro _____ bene l'italiano. (capire)

12. Noi _____ di lavorare alle sette. (finire)

13. Io _____ i libri della scuola. (restituire)

14. Tu _____ a tutti di viaggiare. (impedire)

-are and *-ere* Verbs with More than One Meaning

dovere *should; ought to; must (plus infinitive); to owe*

io devo (debbo)	noi dobbiamo
tu devi	voi dovete
lui/lei deve	loro devono (debbono)

Lei deve studiare di più.	*She ought to study more.*
Carlo deve molti soldi alla banca.	*Carlo owes a lot of money to the bank.*

prendere *to take; to have (something to drink); to get*

io prendo	noi prendiamo
tu prendi	voi prendete
lui/lei prende	loro prendono

Prendiamo l'autobus per andare a scuola.	*We take the bus to go to school.*
Prendo il caffè al bar.	*I drink coffee at the coffee shop.*
Ti prendo una sedia.	*I will get you a chair.*

chiamare *to call; to name; to phone; to summon; to announce*

io chiamo	noi chiamiamo
tu chiami	voi chiamate
lui/lei chiama	loro chiamano

Mi chiama con un cenno della mano.	*He calls me (over) with a sign of his hand.*
Chiamo Maria questa sera.	*I will call (phone) Maria this evening.*
Questo vento di solito chiama la pioggia.	*This wind usually announces rain.*
Il giudice mi chiama in tribunale.	*The judge summons me to court.*

passare *to pass by; to spend* (time); *to come by*

io passo	noi passiamo
tu passi	voi passate
lui/lei passa	loro passano

Oggi pomeriggio passo da te.	*This afternoon I will come by your house.*
Passiamo le vacanze in montagna.	*We spend our vacation in the mountains.*
Passo tutta la giornata con la nonna.	*I spend the whole day with my grandmother.*

Exercise 5.5

Complete the sentences with the correct form of verb from the list.

chiamare, dovere, passare, prendere

1. Maria _____ il cane.

2. A che ora (voi) _____ andare a scuola?

3. La nonna _____ in braccio il bambino.

4. Loro _____ solo il cappuccino.

5. Io non voglio _____ molto tempo nel museo.

6. Noi _____ la macchina per andare in centro.

7. I miei figli mi _____ tutte le domeniche.

8. Voi _____ da me tutti i sabato.

9. Noi _____ una pizza e poi _____ da te.

10. Non è più obbligatorio _____ i giovani alle armi.

 # Reading Comprehension
Arturo e Carla

Arturo e Carla sono una coppia di amici. Abitano vicino a noi. Hanno sette figli, ma adesso sono già tutti grandi e lavorano o studiano in città diverse. Luigi è il più grande. È un uomo alto e muscoloso, ma non grasso. È molto sportivo e gioca spesso al tennis. Mario è un ingegnere e vive e lavora in un'altra città, ma ritorna a casa spesso.

Anna è l'intellettuale della famiglia. Ha 28 anni e studia ancora all'Università. Poi c'è Marco, il mangione della famiglia. Marco è grande, ma non è grasso. Paolo è un tipo simpatico e molto generoso. Ha tanti amici e tutti lo conoscono.

Poi ci sono Elena e Marta che sono gemelle e hanno 23 anni. Elena è tranquilla e riflessiva, Marta è vivace e impulsiva. Sono tutte e due molto belle e sempre eleganti. Molti ragazzi vogliono uscire con loro, ma Elena e Marta preferiscono essere libere e passare le giornate con tutti gli amici.

Arturo e Carla sono bravi genitori. Arturo lavora per un'agenzia di assicurazione e guadagna molto bene. Carla non lavora perchè con una famiglia così numerosa ha molto da fare in casa. Quando ha tempo, suona il piano e dipinge perchè è molto creativa.

Nomi (Nouns)

l'agenzia	*the agency*	la giornata	*the day*
l'assicurazione	*the insurance*	l'ingegnere	*the engineer*
la coppia	*the couple*	l'intellettuale	*the intellectual*
la gemella	*the twin*	il mangione	*the big eater*

Aggettivi (Adjectives)

creativo	*creative*	numeroso	*large*
generoso	*generous*	riflessivo	*thoughtful*
impulsivo	*impulsive*	sportivo	*sporty*
libero	*free*	tranquillo	*calm*
muscoloso	*muscular*	vivace	*vivacious*

Verbi (Verbs)

dipingere	*to paint*	passare	*to spend (time)*
giocare	*to play*	uscire	*to go out*
guadagnare	*to earn*		

Avverbi (Adverbs)

adesso	*now*
spesso	*often*

Domande (Questions)

After you have read the selection, answer the questions in Italian repeating your answers aloud.

1. Chi sono Arturo e Carla e dove abitano?

   _____

2. Quanti figli hanno?

   _____

3. Chi è Luigi?

   _____

4. Quanti anni ha Anna e che cosa fa?

   _____

5. Chi sono Elena e Marta?

   _____

6. Che lavoro fa Arturo? Guadagna molto o poco?

   _____

6

Irregular Verbs

Italian verbs are considered irregular if there is a change in the stem when they are conjugated. Again, each conjugation has its own set of endings that replaces the ending of the infinitive.

Irregular *-are* Verbs

The endings of the irregular **-are** verbs are the same as those you have learned for the regular verbs. There are only four irregular **-are** verbs: **andare**, **dare**, **fare**, and **stare**.

andare *to go*		**dare** *to give*	
io **vad**o	noi **and**iamo	io **d**ò	noi **d**iamo
tu **vai**	voi **and**ate	tu **d**ai	voi **d**ate
lui/lei **va**	loro **vanno**	lui/lei **d**à	loro **d**anno

fare *to do; to make*		**stare** *to stay*	
io **facci**o	noi **facci**amo	io **st**o	noi **st**iamo
tu **fai**	voi **fa**te	tu **st**ai	voi **st**ate
lui/lei **fa**	loro **fa**nno	lui/lei **st**a	loro **st**anno

NOTE: Besides changing the stem, these four irregular **-are** verbs—**andare**, **dare**, **fare**, **stare**—also double the consonant **n** in the third-person plural.

Exercise 6.1

Complete the sentences with the correct form of the verbs in parentheses.

1. Io _____ al cinema tutte le domeniche. (andare)

2. Tu _____ a casa tutto il giorno. (stare)

3. Giovanni _____ il mangime agli uccelli. (dare)

4. Voi _____ a New York tutti gli anni. (andare)

5. Io _____ i compiti il sabato pomeriggio. (fare)

6. Loro _____ a visitare gli amici. (andare)

7. Maria e Luca _____ in campagna. (andare)

8. Maria e Luca _____ al mare per due mesi. (stare)

9. Maria e Luca _____ il libro a Giovanna. (dare)

10. Io non _____ mai niente. (fare)

11. Giovanni non _____ in campagna con Maria e Luca. (andare)

12. Oggi noi non _____ molto bene. (stare)

Fare (to do; to make)

The verb **fare** (*to do*; *to make*) expresses the basic idea of doing or making something. It derives from the Latin *facere*. As already shown, it does not follow the regular pattern of conjugation with the infinitive stem + endings. Some people have regarded it as an irregular **-ere** verb, but today it is considered an irregular **-are** verb.

The verb **fare** is used in many expressions in relation to weather.

Che tempo **fa**?	*How is the weather?*
Fa bel tempo.	*The weather is nice.*
Fa cattivo tempo.	*The weather is bad.*
In primavera **fa** sempre fresco.	*In spring, it is always cool.*
In inverno qui **fa** molto freddo.	*In winter, it is very cold here.*

The irregular verb **fare** is also used in many common idioms.

fare il biglietto	*to buy a ticket*
fare la colazione	*to have breakfast*
fare i compiti	*to do homework*
fare di tutto	*to do everything possible*

fare una domanda	to ask a question
fare la fila/la coda	to stand in line, to wait in line
fare finta (di)	to pretend
fare la fotografia	to take a picture
fare ginnastica	to do physical exercise
fare una gita	to go on an excursion
fare male	to be painful, to ache
fare da mangiare	to cook
fare passare	to let through
fare una passeggiata	to take a walk
fare il pieno (di benzina)	to fill up the gas tank
fare presto	to hurry
fare il rifornimento di	to get supplies; to fill up the tank
fare alla romana	to split the check, to go Dutch
fare la spesa	to go grocery shopping
fare le spese	to go shopping
fare tardi	to be late
fare la valigia	to pack the suitcase
fare vedere	to show something to someone
fare un viaggio	to take a trip
fare visita	to pay a visit

Mi fa male la testa.	My head hurts.
Vado a fare la spesa.	I am going grocery shopping.
Lunedì facciamo una passeggiata in campagna.	On Monday we'll go for a walk in the countryside.
Lui fa il biglietto del treno.	He buys a train ticket.

NOTE: It is a good idea to learn these irregular verbs and also the idioms with **fare** since they are used in daily colloquial Italian. Practice them aloud as often as possible.

 Exercise 6.2

Complete the sentences with the most appropriate idiomatic expression.

1. Oggi c'è il sole, andiamo a _____ a piedi.

2. Devo andare al supermercato a _____.

3. Non ho più benzina, devo _____.

4. Ogni mattina io _____ con la mia famiglia.

5. Prima di salire sull'autobus dobbiamo _____.

6. Il mese prossimo noi _____ in Florida.

7. Il treno parte fra cinque minuti, devi _____.

8. Al ristorante c'è molta gente, devi _____.

9. Tutti i venerdì le bambine _____.

10. _____ fa molto bene al fisico.

11. Loro _____ di non vederci.

12. È mezzogiorno io _____ per la mia famiglia.

Stem Changes

Verbs ending in **-care** (such as **cercare**, *to search*) and **-gare** (including **pagare**, *to pay*), add an **-h-** immediately after the stem if the endings start with **-e-** or -i- in order to maintain the hard **c** or **g** sound.

cercare *to search*		**pagare** *to pay*	
io cerco	noi cerc**h**iamo	io pago	noi pag**h**iamo
tu cerc**h**i	voi cercate	tu pag**h**i	voi pagate
lu/lei cerca	loro cercano	lui/lei paga	loro pagano

Verbs ending in **-ciare** (**baciare**, *to kiss*), **-giare** (**mangiare**, *to eat*), and -**sciare** (**lasciare**, *to leave*), drop the **i** before the **tu** and the **noi** endings.

cominciare *to start*		**mangiare** *to eat*	
io comincio	noi cominciamo	io mangio	noi mangiamo
tu cominci	voi cominciate	tu mangi	voi mangiate
lui/lei comincia	loro cominciano	lui/lei mangia	loro mangiano

strisciare *to rub*	
io striscio	noi strisciamo
tu strisci	voi strisciate
lui/lei striscia	loro strisciano

Verbs ending in **-iare** (**studiare**, *to study*), omit the **i** before the **tu** and the **noi** endings of the present tense if the **i** is not the accented syllable.

studiare *to study*

io studio	noi stud**i**amo
tu stud**i** (*not* studii)	voi studiate
lui/lei studia	loro studiano

An exception is the verb **avviare**.

avviare *to start*

io avvio	noi avviamo
tu avv**ii**	voi avviate
lui/lei avvia	loro avviano

Verbs ending in **-gliare** (**tagliare**, *to cut*, and **pigliare**, *to catch*), drop the **i** of the stem only before the vowel **i**.

tagliare *to cut*

io taglio	noi tagliamo
tu tagli	voi tagliate
lui/lei taglia	loro tagliano

pigliare *to catch*

io piglio	noi pigliamo
tu pigli	voi pigliate
lui/lei piglia	loro pigliano

Exercise 6.3

Complete the sentences with the correct form of the verbs in parentheses.

1. Noi _____ il conto. (pagare)

2. Io _____ a mangiare. (cominciare)

3. Tu _____ molto tardi alla sera. (mangiare)

4. Lui _____ i calzini. (cercare)

5. Lui _____ l'America. (lasciare)

6. Tu non _____ abbastanza. (studiare)

7. Tu _____ molto d'affitto. (pagare)

8. La partita _____ a mezzogiorno. (cominciare)

9. Tu _____ il lavoro a maglia. (avviare)

10. Non (loro) _____ il muro. (strisciare)

11. Il macellaio _____ la carne. (tagliare)

12. Tu _____ tanti pesci. (pigliare)

-ere **Verbs**

There are many irregular verbs that end in **-ere**. The following are some of the most common.

bere *to drink*	
io bevo	noi beviamo
tu bevi	voi bevete
lui/lei beve	loro bevono

dovere *must; to have to*	
io devo (debbo)	noi dobbiamo
tu devi	voi dovete
lui/lei deve	loro devono (debbono)

potere *to be able*	
io posso	noi possiamo
tu puoi	voi potete
lui/lei può	loro possono

rimanere *to stay*	
io rimango	noi rimaniamo
tu rimani	voi rimanete
lui/lei rimane	loro rimangono

sapere *to know*	
io so	noi sappiamo
tu sai	voi sapete
lui/lei sa	loro sanno

spegnere *to turn off*	
io spengo	noi spegniamo
tu spegni	voi spegnete
lui/lei spegne	loro spengono

tenere *to keep*	
io tengo	noi teniamo
tu tieni	voi tenete
lui/lei tiene	loro tengono

volere *to want*	
io voglio	noi vogliamo
tu vuoi	voi volete
lui/lei vuole	loro vogliono

Sentence Formation

So far you have learned to form sentences and ask questions with the verb **andare**, but all verbs follow the same pattern as **andare**.

Lui va al mercato.	*He goes to the market.*
Lui va al mercato?	*Does he go to the market?*

Word order in English and Italian is basically the same. This permits your Italian sentence to follow the conjugated verb with an infinitive in a similar sequence.

Lui non vuole studiare.   *He does not want to study.*
Loro vogliono andare al cinema.   *They want to go to the movies.*
Noi sappiamo pattinare   *We know how to ice-skate.*
    sul ghiaccio.
Marco vuole viaggiare molto.   *Marco wants to travel a lot.*
Lucia spera di poter vedere   *Lucia hopes to be able to see*
    suo fratello.   *her brother.*

Note that in a negative sentence the word **non** goes directly before the first verb.

 Exercise 6.4

Complete the sentences with the correct form of the verb in parentheses.

1. Il ragazzo _____ ballare bene e sua sorella non _____ ballare. (sapere)

2. Io _____ studiare molto. (dovere)

3. Tu _____ bere molta acqua. (dovere)

4. Tu non _____ rimanere sempre in Italia. (potere)

5. Lui _____ sempre guardare la partita di football. (volere)

6. Lucia e Maria _____ parlare al telefono. (volere)

7. Elena _____ andare a lavorare. (dovere)

8. Noi non _____ pulire l'appartamento oggi. (volere)

9. Loro _____ ritornare a casa alle otto. (dovere)

10. Io _____ mettere i piatti nella lavastoviglie. (dovere)

To Know: *conoscere* Versus *sapere*

Learning the different uses of these two verbs is very important. While they both mean *to know*, they refer to different things.

Conoscere

Conoscere means *to know*, in the sense of *to be acquainted with* or *familiar with* a person, place, or thing. It has a regular conjugation.

conoscere *to know*; *to be familiar with*

io conosco	noi conosciamo
tu conosci	voi conoscete
lui/lei conosce	loro conoscono

Conosco un buon ristorante.	*I know (I am familiar with) a good restaurant.*
Non conosco Palermo.	*I am not familiar with Palermo.*
Conosco molto bene Giovanni.	*I know Giovanni very well.*

Sapere

Sapere, which is irregular in the present tense, also means *to know*, but it is used to indicate *knowing something*, *knowing a fact*, and *knowing how to do something*. In this last case it is followed by an infinitive.

sapere *to know something*

io so	noi sappiamo
tu sai	voi sapete
lui sa	loro sanno

Lei non sa il mio nome.	*She does not know my name.*
Sappiamo che lui è intelligente.	*We know that he is intelligent.*
Loro sanno parlare bene l'italiano.	*They know how to speak Italian well.*
Antonio sa suonare il violino.	*Antonio knows how to play the violin.*

 Exercise 6.5

Translate the sentences into Italian using **conoscere** *or* **sapere**.

1. I don't know your name.

   _____

2. You (*fam. sing.*) know my parents.

   _____

3. You (*fam. sing.*) know how to play piano very well.

   _____

4. She knows Paris well.

_____

5. She knows how to speak French.

_____

6. They know his name.

_____

7. I don't know your friends.

_____

8. Claudia knows a good doctor.

_____

9. They don't know that I am here.

_____

10. They don't know a clean restaurant in this village.

_____

11. He knows Rome very well.

_____

12. She knows that there is a lot of traffic in Rome.

_____

13. We know that you are happy.

_____

14. You (*pl.*) know many people.

_____

Avere (to have)

Avere means *to have* and is used a lot in Italian. Learning the tenses and uses of this verb is crucial to learning the Italian language. **Avere** is an irregular verb and does not follow a predictable pattern.

avere *to have*

io ho	noi abbiamo
tu hai	voi avete
lui/lei ha	loro hanno

Pronunciation Hint

The initial **h-** in **ho**, **hai**, **ha**, and **hanno** is never pronounced. It distinguishes the written verb from other words with the same pronunciation but different meanings such as **ho** (*I have*) and **o** (*or*) or **ha** (*he/she has*) and **a** (*at; to*).

Avere is often used in Italian in situations where *to be* would be used in English.

Avere is used instead of **essere** to indicate age: **avere** + number + **anni**.

Quanti anni hai?	*How old are you?*
Ho venti anni.	*I am twenty years old.*

Avere is used in many idiomatic expressions that convey feelings or physical sensations. They are formed with **avere** + noun. The equivalent English expressions are usually formed with *to be* + adjective.

avere bisogno di	*to need; have need of*
avere caldo	*to be warm, hot*
avere colpa	*to be guilty*
avere fame	*to be hungry*
avere fortuna	*to be lucky*
avere freddo	*to be cold*
avere fretta	*to be in a hurry*
avere invidia	*to be envious*
avere paura	*to be afraid*
avere rabbia	*to be in a rage*
avere ragione	*to be right*
avere sete	*to be thirsty*
avere un desiderio	*to have a wish*
avere vergogna	*to be ashamed*
avere voglia di	*to want; to feel like*

Abbiamo bisogno di bere dell'acqua.	*We need to drink some water.*
Lui ha sempre fretta.	*He is always in a rush.*
La mamma ha sempre ragione.	*Mother is always right.*

Exercise 6.6

Translate the sentences into Italian.

1. Pietro is always in a hurry.

   _____

2. I am cold. I need a blanket.

   _____

3. You are sleepy. Go to bed.

   _____

4. He is very thirsty. He wants a glass of water.

   _____

5. She feels like having an ice cream.

   _____

6. We are afraid of the dark.

   _____

7. They are very lucky.

   _____

8. You (*pl.*) need to go to the store.

   _____

9. I am hot. I need to take a bath.

   _____

10. Don't wait for me if you are in a hurry.

   _____

Exercise 6.7

*Complete the sentences with the correct form of **avere**.*

1. Io _____ amici in Australia.

2. Teresa _____ un cane piccolo.

3. Noi _____ una buona ricetta.

4. Loro _____ una macchina nuova, tu _____ una motocicletta.

5. Lei _____ sempre freddo. Tu _____ sempre caldo.

6. Voi _____ due panini.

7. Loro non _____ parenti a Milano.

8. Voi _____ amici in Italia?

9. Amedeo e Giovanni _____ voglia di scherzare.

10. Marcello _____ bisogno di riposare.

-ire **Verbs**

The most common irregular **-ire** verbs are **dire**, **morire**, **salire**, **udire**, **uscire**, and **venire**.

dire *to say; tell*		**morire** *to die*	
io di**c**o	noi diciamo	io muoio	noi moriamo
tu di**c**i	voi dite	tu muori	voi morite
lui/lei di**c**e	loro dicono	lui/lei muore	loro muoiono

Origin of *dire*

Dire originates from the Latin *dicere* and many people consider it to be an irregular **-ere** verb. This explains the addition of **-c-** in its conjugation.

Some other irregular verbs ending in **-ire** add **-g-** in the first-person singular and the third-person plural and add a vowel change in the second- and third-persons singular (**venire**, *to come*) or only add a **-g-** in the first-person singular and the third-person plural (**salire**, *to ascend; to go up; to climb*).

salire *to ascend; go up; climb*		**venire** *to come*	
io sal**g**o	noi saliamo	io ven**g**o	noi veniamo
tu sali	voi salite	tu v**i**eni	voi venite
lui/lei sale	loro sal**g**ono	lui/lei v**i**ene	loro ven**g**ono

Udire and **uscire** change the **-u-** into **-o-** and **-e-**, respectively, in the first three persons singular and in the third-person plural.

udire *to hear*		**uscire** *to go out*	
io **o**do	noi udiamo	io **e**sco	noi usciamo
tu **o**di	voi udite	tu **e**sci	voi uscite
lui/lei **o**de	loro **o**dono	lui/lei **e**sce	loro **e**scono

Apparire (to appear)

Apparire changes in the first-person singular and in the third-person plural.

apparire *to appear*	
io appa**i**o	noi appariamo
tu appari	voi apparite
lui/lei appare	loro appa**i**ono

Exercise 6.8

Translate the sentences into Italian.

1. I tell the truth.

   _____

2. We tell a story.

   _____

3. I come home with you.

   _____

4. You come to see Maria soon.

   _____

5. The mailman comes late today.

   _____

6. The flowers die with the cold.

   _____

7. The soldiers die in the war.

   _____

8. They appear out of the dark.

_____

9. I appear all of a sudden.

_____

10. She climbs the stairs.

_____

11. They go out late.

_____

12. Today, people don't die of tuberculosis.

_____

 ## Exercise 6.9

Complete the sentences with the correct form of the verbs from the following list. Some verbs may be used more than once, and not all of the verbs are used.

andare, avere, capire, conoscere, dire, dormire, essere, fare, giocare, incontrare, pranzare, preferire, ricordare, ritornare, sapere, sentire, spiegare, stare, suonare, uscire, venire

1. Alle otto di mattina gli impiegati _____ in ufficio. Alle otto di sera, _____, e _____ a casa.

2. I ragazzi _____ a scuola tutto il giorno. Nel pomeriggio, se fa bel tempo, _____ al football.

3. A mezzogiorno io _____ con le mie amiche in un ristorante elegante nel centro della città.

4. Noi _____ bene la canzone che ha vinto il Festival quest'anno.

5. Tu _____ il piano, ma _____ suonare il violino.

6. I miei figli _____ dalle nove di sera alle sei di mattina.

7. Noi _____ stanchi perchè lavoriamo troppo.

8. L'insegnante _____ la lezione, ma noi non _____ quello che _____.

9. Non mi _____ mai di portare i libri a scuola con me.

10. Noi _____ tua sorella, ma lei non si _____ di noi.

11. Gli studenti _____ a scuola la sera alle sette, ma sono stanchi, _____ fame e _____ fatica a stare attenti.

12. Alla mattina (io) _____ gli uccellini che _____ a mangiare nel mio giardino.

13. Perchè vai al mercato? Io _____ per comprare la frutta fresca.

14. A che ora _____ tu? Noi _____ all'una di pomeriggio.

 # Reading Comprehension
La famiglia Marchetti

Maurizio e Edoarda Marchetti hanno due figli; un ragazzo Michele, e una bambina Caterina. La famiglia Marchetti abita a Roma in un quartiere molto lussuoso, in un appartamento grande e spazioso. Il signor Marchetti è un avvocato e ha uno studio molto grande, vicino all'università. Il signor Marchetti sa bene l'inglese e per questo ha molti clienti stranieri.

Edoarda, sua moglie, è una brava moglie e mamma. Edoarda non lavora, ma fa molto volontariato e incontra le amiche per il caffè o il tè. A Edoarda piace molto cucinare e preparare dei pranzi o delle cene deliziose per la sua famiglia e per gli ospiti. I figli sono a scuola tutto il giorno. Sono bravi studenti. Dopo la scuola fanno dello sport. Michele gioca al tennis, e Caterina fa balletto.

Tutte le mattine, il signor Marchetti arriva in ufficio alle otto e sta lì tutto il giorno. Il sabato e la domenica non lavora. Appena arriva in ufficio, telefona al bar e ordina un caffè macchiato o un cappuccino. Qualche volta va al bar vicino al suo ufficio dove incontra gli amici e parlano di sport.

Maurizio ha due macchine, una nuova e una vecchia. Va a lavorare con la macchina vecchia e alla domenica usa la macchina nuova per portare la famiglia al ristorante fuori di Roma. La famiglia Marchetti è una famiglia molto unita e simpatica.

Nomi (Nouns)

l'avvocato	the lawyer	il quartiere	the neighborhood
la cena	the dinner, supper	lo studio	the office
i clienti	the clients	il volontariato	the volunteer work
il pranzo	the lunch		

Aggettivi (Adjectives)

delizioso	*delicious*	spazioso	*spacious*
lussuoso	*luxurious*	vecchia	*old*

Verbi (Verbs)

incontrare	*to meet*
lavorare	*to work*
portare	*to take*

Espressioni (Expressions)

fare dello sport	*to do sports*
fare il balletto	*to do ballet*
fare il volontariato	*to do volunteer work*

Domande (Questions)

After you have read the selection, answer the questions in Italian repeating your answers aloud.

1. Quanti figli hanno i signori Marchetti?

   _____

2. Dove abitano?

   _____

3. Perchè il signor Marchetti ha tanti clienti stranieri?

   _____

4. Come si chiama la moglie? E che cosa fa?

   _____

   _____

5. Che cosa fa Maurizio appena arriva in ufficio?

   _____

   _____

6. Perchè ha due macchine il signor Marchetti?

   _____

   _____

7

Andare and the Future

The future tense expresses an action that will take place in the near or distant future. Italian uses only one word to express the future, while English uses two: *will* or *shall* + the infinitive of a verb. The future tense of regular verbs in Italian is formed by dropping the final -**a**, -**e**, or -**i** of the infinitive and adding the future tense endings

Andare (to go; to be going)

In Chapter 6, you learned that the conjugation of **andare** is irregular in the present tense.

Vado al cinema.	*I am going to the movies.*
Tu vai a scuola.	*You go to school.*
Dove va tua sorella?	*Where is your sister going?*
Andiamo in Italia.	*We go to Italy.*
Andate in Italia?	*Are you going to Italy?*
Vanno al supermercato.	*They are going to the supermarket.*

NOTE: Whether **andare** is translated *to go* or *to be going* depends on the context.

 Exercise 7.1

Complete the sentences with the correct form of **andare**.

1. I miei amici _____ in palestra alle sei di mattina.

2. Io _____ in chiesa la domenica.

3. Chi _____ con loro?

4. Noi _____ in Africa per due mesi.

5. Voi _____ a comprare un computer nuovo.

6. Loro _____ a scuola da soli.

7. Le mie amiche _____ a fare ginnastica tutti i giorni.

8. Voi due _____ a vedere la mostra d'arte.

The Future with *andare* + *a* + Infinitive

Andare + **a** + infinitive is used to express future time. The English equivalent is *to be going (to do something)*.

Loro vanno a suonare il violino questa sera.	*They are going to play the violin tonight.*
Tu vai a raccogliere i mirtilli questa estate.	*You are going to pick blueberries this summer.*

To form a question with this construction, just place the question mark at the end of the sentence. The subject pronoun is used only if the subject is ambiguous.

Andate al cinema questa sera?	*Are you going to the movies tonight?*
Va (lei) a raccogliere i mirtilli?	*Is she going to pick the blueberries?*

Exercise 7.2

Complete the sentences with the correct form of **andare**, *then translate each sentence into English.*

1. Io _____ a visitare mia nonna.

_____

2. Tu _____ a mangiare dai tuoi amici a Pasqua.

_____

3. Lui _____ a parlare al direttore.

_____

4. Noi _____ a visitare Roma con l'autobus.

_____

5. Voi _____ a prendere libri in biblioteca.

_____

6. Loro _____ a sciare in montagna durante le feste.

_____

7. Tu e Giovanni _____ a mangiare al ristorante.

_____

8. Maria e Carlo _____ a piantare i fiori nel giardino.

_____

9. Tu e Luigi _____ a vedere il nuovo film.

_____

10. Tu _____ al cinema questa sera?

_____

The Future Tense of Regular Verbs

The future tense is used to express a supposition, a probability, or an approximation. To form the regular conjugation of the future tense, replace the final -e of the infinitive with **-ò, -ai, -à, -emo, -ete, -anno**.

In **-are** verbs, the **-a-** of the infinitive changes to **-e-**. All regular verbs follow this pattern for the future tense.

Tu cammin**e**rai per due ore.	*You will walk for two hours.*
Noi parl**e**remo con i nostri figli domani.	*We'll speak with our kids tomorrow.*
Voi studi**e**rete per gli esami.	*You will study for the exams.*
Kyria dorm**i**rà molto durante le vacanze.	*Kyria will sleep a lot during vacation.*

The future tense of regular **-are**, **-ere**, and **-ire** verbs is formed as follows.

cantare *to sing*		**leggere** *to read*	
io canterò	noi canteremo	io leggerò	noi leggeremo
tu canterai	voi canterete	tu leggerai	voi leggerete
lui/lei canterà	loro canteranno	lui/lei leggerà	loro leggeranno

sentire *to hear*	
io sentirò	noi sentiremo
tu sentirai	voi sentirete
lui/lei sentirà	loro sentiranno

NOTE: In colloquial Italian a future action is often expressed using the present tense instead of the future. This is true particularly when either the context or the sentence makes clear that the action is going to happen in the future, but it is a sure thing that it is going to happen.

Domani, vado all'aereoporto molto presto.   *Tomorrow I will go to the airport very early.* (sure)

Domani, andrò all'aereoporto molto presto.   (possibility)

The future tense is preferred if a dependent clause referring to an action taking place in the near future is introduced by **se** (*if*), **quando** (*when*), or **appena** (*as soon as*).

Leggeremo, se avremo tempo.   *We will read, if we have time.*

Vi chiameremo, quando arriveremo all'aereoporto.   *We'll call you when we arrive at the airport.*

Stem Changes in the Future Tense

Verbs like **pagare** (*to pay*) and **cercare** (*to look for*) add an **-h-** in the future tense to preserve the hard sound of the infinitive. In the present tense, the **-h-** is used only in the first-person singular and the first-person plural; in the future tense it is always used.

cercare *to search; to look for*		**pagare** *to pay*	
io cercherò	noi cercheremo	io pagherò	noi pagheremo
tu cercherai	voi cercherete	tu pagherai	voi pagherete
lui/lei cercherà	loro cercheranno	lui/lei pagherà	loro pagheranno

Other verbs that follow the same pattern include:

giocare	*to play*	legare	*to tie*
giudicare	*to judge*	litigare	*to quarrel*
imbarcare	*to board*	obbligare	*to oblige*

Tu giocherai al calcio la prossima estate.	*You will play soccer next summer.*
Le bambine litigheranno con le amiche.	*The girls will quarrel with their friends.*

Verbs like **cominciare** (*to start*) and **mangiare** (*to eat*) drop the **-i-** before adding the future tense endings.

cominciare *to start*		**mangiare** *to eat*	
io comincerò	noi cominceremo	io mangerò	noi mangeremo
tu comincerai	voi comincerete	tu mangerai	voi mangerete
lui/lei comincerà	loro cominceranno	lui/lei mangerà	loro mangeranno

Other verbs that follow this same pattern in the future include:

abbracciare	*to hug*	bruciare	*to burn*
assaggiare	*to taste*	viaggiare	*to travel*
baciare	*to kiss*		

Assaggerò molti dolci in Italia.	*I will taste many sweets in Italy.*
Bruceremo la legna nel camino.	*We will burn the wood in the fireplace.*

The Future Tense of Irregular Verbs

There are many other verbs that have irregular stems in the future tense. The endings are the same for irregular verbs as those used for regular verbs. Some of the most common verbs in the future include the following:

Infinitive	Future Stem	Conjugation
andare (*to go*)	andr-	andrò, andrai, andrà, *etc.*
avere (*to have*)	avr-	avrò, avrai, avrà, *etc.*
bere (*to drink*)	berr-	berrò, berrai, berrà, *etc.*
dare (*to give*)	dar-	darò, darai, darà, *etc.*
dovere (*to have to*)	dovr-	dovrò, dovrai, dovrà, *etc.*
essere (*to be*)	sar-	sarò, sarai, sarà, *etc.*
fare (*to do; to make*)	far-	farò, farai, farà, *etc.*

potere (*to be able*)	potr-	potrò, potrai, potrà, *etc.*
sapere (*to know*)	sapr-	saprò, saprai, saprà, *etc.*
tenere (*to keep*)	terr-	terrò, terrai, terrà, *etc.*
vedere (*to see*)	vedr-	vedrò, vedrai, vedrà, *etc.*
venire (*to come*)	verr-	verrò, verrai, verrà, *etc.*
vivere (*to live*)	vivr-	vivrò, virai, vivrà, *etc.*

Potremo andare a sciare questo inverno?	*Will we be able to go skiing this winter?*
Tu vedrai tutti i miei amici alla festa.	*You will see all my friends at the party.*
Voi sarete molto stanche dopo il viaggio.	*You will be very tired after the trip.*
Farò tutti i compiti.	*I will do all my homework.*

Exercise 7.3

Translate the sentences into Italian using the future tense.

1. I will drink bottled water.

   _____

2. You (*sing.*) will go to the doctor.

   _____

3. She will eat at the restaurant.

   _____

4. He will rest all afternoon.

   _____

5. Erica will visit her friend tomorrow.

   _____

6. We will talk on the phone.

   _____

7. You (*pl.*) will go by boat.

   _____

8. We will wait for the train.

_____

9. Lucia will study in Italy.

_____

10. I will write the grammar book.

_____

11. She will play the violin.

_____

12. Marco will pay the bill.

_____

 ## Exercise 7.4

Complete the sentences with the correct form of the future tense of the verbs in parentheses.

1. Noi _____ per l'Italia mercoledì. (partire)

2. Noi _____ molti gialli. (leggere)

3. Roberto _____. (noleggiare)

4. Tu e Giorgio _____ di calcio. (parlare)

5. I genitori di Paola _____ fra due settimane. (arrivare)

6. Per quanto tempo (tu) _____ in Italia? (stare)

7. Io _____ a casa tutta la mattina. (stare)

8. Tu _____ al mare questa estate. (andare)

9. Il negoziante _____ tutta la merce. (vendere)

10. Voi _____ alla stazione. (arrivare)

11. Questo fine settimana noi _____ l'italiano. (studiare)

12. Noi _____ in un buon ristorante. (cenare)

Key Vocabulary

The following **-are** verbs will help you communicate in Italian. Try to learn and practice them aloud.

-are Verbs

accettare	*to accept*	marcare	*to mark*
appagare	*to satisfy*	marciare	*to march*
arrangiare	*to arrange*	necessitare	*to need*
cambiare	*to change*	piegare	*to fold*
celebrare	*to celebrate*	pitturare	*to paint*
disegnare	*to draw*	preparare	*to prepare*
fermare	*to stop*	ripassare	*to review*
firmare	*to sign*	spiegare	*to explain*
fruttare	*to profit*	terminare	*to end*
guidare	*to drive*	tirare	*to pull*
incrociare	*to cross*	usare	*to use*
indicare	*to point*	voltare	*to turn*

 # Exercise 7.5

Complete the sentences with the correct form of the future tense of the verbs in parentheses.

1. Molte persone _____ la metropolitana per andare a lavorare. (usare)

2. La ragazza _____ la maglia. (cambiare)

3. Loro _____ il contratto per la casa. (firmare)

4. Questa sera io _____ la lezione sui verbi. (spiegare)

5. La polizia _____ il ladro. (fermare)

6. Noi _____ il nostro anniversario in agosto. (celebrare)

7. La studentessa _____ la lezione di latino. (ripassare)

8. Lei _____ la macchina nuova. (guidare)

9. Tu _____ un bel quadro. (pitturare)

10. Voi _____ le valige. (preparare)

Useful Words: *che* and *per*

The Relative Pronoun *che*

Italian **che** (*that*; *what*; *which*; or *who*) is a very common relative pronoun. **Che** can refer to persons or things, either singular or plural.

Il programma che guardo alla televisione è molto vecchio.	*The program (that) I watch on TV is very old.*
Noi abbiamo degli amici che vivono a Firenze.	*We have some friends who live in Florence.*
Il vestito che compro è molto costoso.	*The dress that I am buying is very expensive.*

The Conjunction *che*

One of the uses of a conjunction is to join two sentences into a single one. Italian **che** used as a conjunction joins a main clause with a dependent clause, forming a new sentence in the process.

Mia sorella sa che noi veniamo con il treno.	*My sister knows that we will come by train.*
Vedo che viaggi con la macchina nuova.	*I see that you travel with your new car.*

NOTE: In Italian **che** is never omitted. In English *that*, whether used as a relative pronoun or as a conjunction, is often omitted. In English one can say either *the book I am reading* or *the book that I am reading is new*, but in Italian **che** has to be included: **Il libro che leggo è nuovo**.

The Preposition *per*

Per has two different uses.

- *For*

La telefonata è per me.	*The telephone call is for me.*
Il vestito nuovo è per l'inverno.	*The new dress is for winter.*
Hai un messaggio per me?	*Do you have a message for me?*

- **In order to**

Lei cammina per mantenersi in forma.	*She walks in order to keep herself fit.*
Studio per andare bene agli esami.	*I study in order to pass the exams.*
Lavoriamo per vivere.	*We work in order to live.*

Exercise 7.6

Complete the sentences in Italian by translating the English phrases in parentheses.

1. Io so _____ (*that*) lei studia molto.

2. _____ (*For whom*) è la domanda?

3. La risposta è _____ (*for*) Maria.

4. Il libro _____ (*that I need*) è in macchina.

5. Il cappotto è _____ (*for*) l'inverno.

6. Noi sappiamo _____ (*that in order*) vedere la partita, dobbiamo andare al bar.

7. Giulia studia medicina _____ (*in order to*) fare la pediatra.

8. Avete una camera _____ (*for*) due persone?

9. _____ (*In order to*) vivere qui, abbiamo bisogno di molti soldi.

10. So _____ (*that*) a voi piace molto viaggiare.

Key Vocabulary

The following words will help enhance your ability to speak and understand Italian. As you learn them, remember to read them aloud.

Parti del corpo (**Parts of the Body**)

la barba	*the beard*	i capelli	*the hair*
la bocca	*the mouth*	la caviglia	*the ankle*
il braccio	*the arm*	il ciglio	*the eyelash*
(pl., le braccia)		(pl., le ciglia)	

il collo	*the neck*	la lingua	*the tongue*
la colonna vertebrale	*the spinal cord*	la mano	*the hand*
		il mento	*the chin*
il dito (pl., le dita) della mano	*the finger*	la narice	*the nostril*
		il naso	*the nose*
		la nuca	*the nape*
		l'occhio	*the eye*
il dito del piede	*the toe*	l'orecchio	*the ear*
		la pelle	*the skin*
il dente	*the tooth*	il petto	*the chest*
la fronte	*the forehead*	il piede	*the foot*
la gamba	*the leg*	il pollice	*the thumb*
la gengiva	*the gum*	il polso	*the wrist*
il ginocchio (pl., le ginocchia)	*the knee*	la schiena	*the back*
		il seno	*the breast*
		la spalla	*the shoulder*
la gola	*the throat*	il tallone	*the heel*
il labbro (pl., le labbra)	*the lip*	il teschio	*the skull*
		la testa	*the head*
		la vita	*the waist*

Dentro al corpo (Inside the Body)

l'arteria	*the artery*	il polmone	*the lung*
il cervello	*the brain*	il rene	*the kidney*
la costola	*the rib*	il sangue	*the blood*
il cuore	*the heart*	lo stomaco	*the stomach*
il fegato	*the liver*	i tendini	*the tendons*
i muscoli	*the muscles*	le tonsille	*the tonsils*
le ossa	*the bones*	la vena	*the vein*

Use of Articles with Parts of the Body

In Italian the definite articles **il**, **lo**, **la**, **i**, **gli**, and **le** are used more frequently than the possessive with parts of the body, compared with English.

Lui ha male al piede, e non può camminare.	*He has a sore foot, and he cannot walk.*
Mi fa male la testa.	*My head hurts.*

La famiglia (*The Family*)

The nouns that follow refer to family members. These nouns will help increase your vocabulary and your ability to converse. The plural takes the masculine form when it includes more than one male or a male and female combination.

I miei zii sono sempre allegri.	*My uncles are always happy.*
Mia zia e mio zio sono ricchi.	*My uncle and my aunt are rich.*
Mio padre e mia madre sono ancora giovani.	*My father and my mother are still young.*

Il padre (*father*) and **la madre** (*mother*) are *parents*, which in Italian is expressed as **i genitori**. In Italian **parenti** refers to *relatives*.

il cognato, la cognata	*the brother-in-law, the sister-in-law*
il cugino, la cugina	*the (male) cousin, the (female) cousin*
il figlio, la figlia	*the son, the daughter*
il figlioccio, la figlioccia	*the godson, the goddaughter*
il fratello, la sorella	*the brother, the sister*
il genero, la nuora	*the son-in-law, the daughter-in-law*
i genitori	*the parents*
il marito, la moglie	*the husband, the wife*
il nipote, la nipote	*the nephew, the niece/the grandson, the granddaughter*
il nonno, la nonna	*the grandfather, the grandmother*
i nonni	*the grandparents*
il padre, la madre	*the father, the mother*
il padrino, la madrina	*the godfather, the godmother*
il/la parente, i parenti	*the (male/female) relative, the relatives*
il patrigno, la matrigna	*the stepfather, the stepmother*
il suocero, la suocera	*the father-in-law, the mother-in-law*
lo zio, la zia	*the uncle, the aunt*

Time Expressions

To ask *how long* someone has been doing something, Italian uses the present tense. To indicate elapsed time, Italian starts the question with **da**, meaning *how long*: **da quanto tempo** + verb in the present tense.

Da quanto tempo studi l'italiano? — *How long have you been studying Italian?*

Da quanto tempo conosci mia sorella? — *How long have you known my sister?*

To answer the question *how long* someone has been doing something can be done in two ways. You may reuse the preposition **da** in the response and place it in front of the time elapsed.

Studio l'italiano **da** tre mesi. — *I have been studying Italian for three months.*

Conosco tua sorella **da** tanti anni. — *I have known your sister for many years.*

Or you can rephrase the answer and use the conjunction **che**, instead of the preposition **da**.

Sono tre mesi **che** studio l'italiano. — *I have been studying Italian for three months.*

Sono tre anni **che** conosco tua sorella. — *I have known your sister for three years.*

Exercise 7.7

Complete the sentences with the correct forms and tenses of the verbs in parentheses.

1. Io _____ al cinema con gli amici. (andare)

2. Noi _____ poco in classe. (parlare)

3. Voi _____ la musica tutta la sera. (ascoltare)

4. Tu non _____ mai la porta. (chiudere)

5. Lei _____ molto per la festa. (cucinare)

6. Da quanto tempo (voi) _____ in questo negozio? (lavorare)

7. Noi _____ una camera per due notti. (prenotare)

8. Noi _____ molto sport per le Olimpiadi. (fare)

9. So che (voi) _____ bere un caffè. (volere)

10. Vedo che loro _____ di lavorare tardi. (finire)

11. Domani (loro) _____ la partita di football. (vedere)

12. Lucia _____ la casa tutto il sabato pomeriggio. (pulire)

13. Enrico _____ in Sud America per tre anni. (abitare)

14. Noi _____ da casa alle otto. (uscire)

15. Voi non _____ mai le chiavi di casa. (perdere)

16. Da quanto tempo (voi) _____ in Italia. (vivere)

17. Che cosa (voi) _____ al bar? (bere)

18. C'è troppa gente, io non _____ niente. (sentire)

Exercise 7.8

Complete the sentences in Italian with the appropriate part of the body.

1. Oggi non posso correre perchè ho male alla _____. (*shoulder*)

2. I suoi _____ sono azzurri. (*eyes*)

3. L'uomo ha un _____ molto lungo. (*neck*)

4. Lei ha l'artrite nelle _____ delle mani. (*fingers*)

5. I suoi _____ sono pieni di fumo. (*lungs*)

6. Deve dimagrire per aiutare il _____. (*heart*)

7. Porto i bambini dal dentista per controllare i _____. (*teeth*)

8. Il suo _____ gli duole perchè gioca troppo al tennis. (*elbow*)

9. Eric è molto alto, le sue _____ sono lunghe. (*legs*)

10. Lei non cammina molto perchè le fanno male le _____. (*knees*)

11. Lui non trova scarpe belle, perchè i suoi _____ sono molto lunghi. (*feet*)

12. Il _____ ci aiuta a pensare. (*brain*)

13. Il _____ è rosso. (*blood*)

14. Da quanto tempo soffri di _____? (*heart*)

Exercise 7.9

Complete the sentences in Italian with the appropriate family member.

1. I miei _____ vivono in Florida. (*parents*)

2. Enrico ha due _____. (*brothers*)

3. La _____ si chiama Olivia. (*sister*)

4. Il _____ di Maria si chiama Martino. (*son*)

5. La _____ di Enrico vive a Firenze. (*mother*)

6. Il _____ di Enrico si chiama Piero. (*nephew*)

7. La figlia di mia zia è mia _____.

8. La mamma di mio marito è mia _____.

9. Il padre di mio marito è mio _____.

10. Io ho molti _____. (*uncles*)

11. Il marito di mia figlia è mio _____.

12. Io non ho _____ (*sisters*), ho solo un _____. (*brother*)

13. La sorella di mio padre è mia _____. Io ho tre _____.
    (*aunts*)

14. La figlia della sorella di mio padre è mia _____.

15. Il padre di mio padre è mio _____.

16. La moglie di mio nonno è mia _____.

Exercise 7.10

Complete the sentences with **che**, **da**, *or* **per**.

1. Io vado in Italia _____ vedere le mie nipotine.

2. So _____ tu vuoi andare a giocare al tennis.

3. Lui studia molto _____ essere promosso.

4. La signora _____ abita vicino a me, è molto bella.

5. Le città _____ voglio visitare sono lontane.

6. La vita _____ facciamo è molto stressante.

7. Ti ha dato un messaggio _____ me?

8. Devo telefonare _____ sapere come stanno.

9. La lettera _____ è arrivata oggi è _____ me?

10. _____ quanto tempo devo cucinare la carne?

11. Io conosco Luigi _____ tanto tempo.

12. Lui sa _____ tu lo guardi dalla finestra _____ delle ore.

 ## Reading Comprehension
L'appuntamento dal dentista

Oggi devo andare dal dentista. Ho l'appuntamento alle tre del pomeriggio. Il dentista ha l'ufficio nel centro della città ed è abbastanza lontano da casa mia. Il suo ufficio è molto grande e molto moderno. C'è una sala d'aspetto dove i pazienti attendono di essere chiamati. In questa saletta ci sono molte sedie e poltrone e tante riviste che la gente legge mentre aspetta. C'è una televisione con un mega schermo così i pazienti guardano i programmi e non si annoiano ad aspettare. Tutti sono molto silenziosi e aspettano pazientemente.

C'è una vetrata e dietro a questa, ci sono le segretarie che ricevono i pazienti e li accompagnano nell'ufficio del dentista, prendono gli appuntamenti, e accettano i pagamenti. Le segretarie hanno molto da fare. Vanno a lavorare alla mattina presto e ritornano a casa tardi.

Ci sono anche quattro assistenti che fanno la pulizia ai denti e anche loro sono molto impegnate. Quando finiscono di pulire i denti, danno ad ogni paziente uno spazzolino nuovo e il dentifricio, poi chiamano il dentista che controlla se ci sono carie o altri problemi alle gengive. Accompagnano poi i pazienti all'uscita dove prima di salutarli, fissano l'appuntamento per la prossima visita.

A nessuno piace molto andare dal dentista, ma è necessario andarci spesso per evitare complicazioni ai denti e alle gengive.

Nomi (Nouns)

l'ambiente	*the surroundings*	il dentifricio	*the toothpaste*
l'appuntamento	*the appointment*	il dentista	*the dentist*
la carie	*the cavity*	il documento	*the document*
la complicazione	*the complication*	la gengiva	*the gum*

il modulo	*the form*	la saletta	*the small hall*
il pagamento	*the payment*	lo schermo	*the monitor*
il paziente	*the patients*	la sedia	*the chair*
la poltrona	*the armchair*	la segretaria	*the secretary*
il programma	*the program*	lo spazzolino	*the toothbrush*
la rivista	*the magazine*	l'ufficio	*the office*
la sala d'aspetto	*the waiting room*	la vetrata	*the window*

Aggettivi (Adjectives)

prossimo	*next*	silenzioso	*quiet*
rilassante	*relaxing*		

Verbi (Verbs)

accettare	*to accept*	compilare	*to fill up*
accompagnare	*to accompany, take*	evitare	*to avoid*
annoiarsi	*to be bored*	fissare	*to make*
attendere	*to wait*	ricevere	*to receive*

Domande (Questions)

After you have read the selection, answer the questions in Italian repeating your answers aloud.

1. A che ora è l'appuntamento con il dentista, e dov'è il suo ufficio?

   _____

2. Com'è l'ufficio del dentista?

   _____

3. Che cosa fanno le segretarie?

   _____

4. Che cosa dà l'assistente del dentista prima di uscire?

   _____

5. Ti piace andare dal dentista?

   _____

8

Adjectives and Adverbs

Possessive Adjectives

A possessive adjective agrees in gender and number with the noun it modifies. In Italian the definite article usually precedes the possessive adjective, and both are repeated before each noun: **la mia** casa, **il mio** giardino (*my house, my garden*). The possessive adjectives are as follows.

il mio, la mia, i miei, le mie *my*

Il mio libro è nuovo.	*My book is new.*
La mia casa è grande.	*My house is big.*
I miei amici sono messicani.	*My friends are Mexican.*
Le tue scarpe sono nuove.	*Your shoes are new.*

il tuo, la tua, i tuoi, le tue *your* (*fam.*)

Il tuo giornale è vecchio.	*Your newspaper is old.*
La tua macchina è nuova.	*Your car is new.*
I tuoi bambini sono belli.	*Your kids are nice.*
Le tue amiche sono simpatiche.	*Your friends are nice.*

il suo, la sua, i suoi, le sue *his*, *hers*, *its*; *your* (*form.*)

In Italian, **il suo**, **la sua**, **i suoi**, and **le sue** can be rather ambiguous. To resolve this ambiguity, you may replace the possessive with **di lui** or **di lei**. **Di lui** (*his*) is used when referring to a masculine possessor. **Di lei** (*her*) is used with a feminine possessor.

La macchina di Maria e di Carlo è vecchia.	*Maria and Carlo's car is old.*
Guido la sua macchina.	*I drive his/her car.*

| La macchina di lui o di lei? | *His or her car?* |
| La macchina di lui. | *His car.* |

La sue storie sono interessanti.	*His/her stories are interesting.*
Le storie di lui/di lei?	*His/her stories?*
Le storie di lei.	*Her stories.*
Le storie di lui.	*His stories.*

il nostro, la nostra, i nostri, le nostre *our*

Il nostro divano è nuovo.	*Our couch is new.*
La nostra vita è bella.	*Our life is nice.*
I nostri figli vivono lontani da noi.	*Our children live far from us.*
Le nostre piante sono in fiore.	*Our plants are in bloom.*

il vostro, la vostra, i vostri, le vostre *your (pl.)*

Il vostro amico è gentile.	*Your friend is kind.*
La vostra amica è allegra.	*Your friend is jovial.*
I vostri genitori sono attivi.	*Your parents are active.*
Le vostre piante sono morte.	*Your plants have died.*

il loro, la loro, i loro, le loro *their, your (form.)*

Il loro viaggio è lungo.	*Their trip is long.*
La loro torta è deliziosa.	*Their cake is delicious.*
I loro compiti sono difficili.	*Their homework is difficult.*
Le loro amiche sono belle.	*Their friends are beautiful.*

Exercise 8.1

Complete the sentences with the correct form of the possessive adjectives in parentheses.

1. _____ cappotto è nuovo. (*my*)

2. _____ idee sono interessanti. (*your, sing.*)

3. _____ libri sono sulla scrivania. (*your, sing.*)

4. _____ scarpe nuove sono strette. (*your, sing.*)

5. _____ aereo è in ritardo. (*his*)

6. _____ lezione è molto difficile. (*her*)

7. _____ pranzo è finito. (*our*)

8. _____ televisione è moderna. (*our*)

9. _____ riviste sono vecchie. (*your, pl.*)

10. _____ amici sono svizzeri. (*their*)

11. _____ lavoro è interessante. (*my*)

12. _____ case sono in Florida. (*your*)

13. _____ libri sono grossi. (*our*)

14. _____ giacca è verde. (*my*)

15. _____ gatto è molto timido. (*your*)

16. _____ giardino è bello. (*their*)

17. La piscina di _____ sorella è molto grande. (*your, sing.*)

18. _____ vita è molto interessante. (*my*)

19. _____ orologio è molto elegante. (*her*)

20. _____ giacche non sono abbastanza pesanti. (*our*)

Definite Articles

Definite articles are used in many ways; however, watch for the exceptions as you learn the rules.

- A definite article is not used in front of certain nouns referring to close family members in the singular form or when they are unmodified. The definite article is used with those nouns that are variations of the basic forms, such as **babbo** (*dad*), **mamma** (*mom*), and **fratellino** (*little brother*).

mio padre	*my father*	il mio babbo	*my dad*
mia madre	*my mother*	la mia mamma	*my mom*

- A definite article and not a possessive adjective is used with parts of the body and with articles of clothing when the possessor is obvious. The possession in these cases is expressed with an indirect object pronoun or a reflexive verb (see Chapters 10 and 12, respectively).

Mi fa male la testa.	*My head hurts.*
Mi metto le scarpe.	*I am putting on my shoes.*

- A definite article is not used with the possessive adjective when the adjective comes after the noun in expressions of fact or in exclamations.

A casa mia ci sono molte persone.

At my house there are many people.

Non **è colpa sua**.

It is not his/her fault.

È piacere mio conoscerti.

It is my pleasure to meet you.

A mio parere questo film è orrendo.

In my opinion this movie is horrible.

Dio mio, quante macchine ci sono!

My God, how many cars there are!

Cara mia, devi maturare un po'!

My dear! You need to grow up a little!

Mamma mia, come sono stanca! *Oh my, how tired I am!*

A Word About *il suo, la sua, i suoi,* and *le sue*

Il suo and **la sua** both express *his, her,* or *its.* They refer to singular objects owned by one person, male or female. They agree with the noun they modify and not with the possessor.

il suo orologio

his watch, her watch

If there is some uncertainty as to the identity of the possessor, **di lui** or **di lei** (*of his* or *of hers*) are added and the definite article is not used.

Il suo orologio (L'orologio di lui) è molto costoso.

His watch is very expensive.

Il suo orologio (L'orologio di lei) è nuovo.

Her watch is new.

I suoi and **le sue** (*his* and *hers*) refer to plural objects or people, but one possessor.

i suoi libri

his/her books

le sue macchine

his/*her cars*

Exercise 8.2

Translate the sentences into Italian.

1. His sister is in Italy.

   _____

2. Her house is very big.

   _____

3. Their girlfriends are very kind.

   _____

4. His cars are all antiques.

   _____

5. Her children are not well behaved.

   _____

6. My friend (*m.*) always loses his wallet.

   _____

7. His books are very hard to read.

   _____

8. Her words are very kind.

   _____

9. Her brother is very handsome.

   _____

10. His reasons seem incomprehensible.

    _____

11. I have not seen her new diamond ring.

    _____

12. Their grandparents are very old, but very active.

    _____

Demonstrative Adjectives

Demonstrative adjectives are used to indicate a person or an object. They agree in gender and number with the noun to which they refer or are used with.

	Masculine	Feminine	

- Near the speaker

SINGULAR	questo	questa	*this*
PLURAL	questi	queste	*these*

- Far from both listener and speaker

SINGULAR	quel, quello, quell'	quella, quell'	*that*
PLURAL	quei, quegli	quelle	*those*

Questo ragazzo è intelligente.	*This boy is intelligent.*
Questi studenti sono educati.	*These boys are polite.*
Quella signora è molto bella.	*That lady is very beautiful.*
Quelle signore sono molto eleganti.	*Those ladies are very elegant.*
Voglio andare a vedere quel bel paese.	*I want to go to visit that nice town.*
Spero di mangiare in quel ristorante che tu hai suggerito.	*I hope to eat in that restaurant that you recommended.*

Questo (**-a**, **-i**, **-e**) indicates something or someone close to the person who is speaking. It follows the rule of the adjectives ending in **-o**: In front of a vowel, **questo** and **questa** become **quest'**.

Ho comprato quest'orologio.	*I bought this watch.*
Ho ascoltato quest'opera.	*I listened to this opera.*

The feminine form of **questa** becomes **sta-** in front of some nouns.

stamattina	*this morning*
stasera	*this evening*
stanotte	*tonight*
stavolta	*this time*

Quello (**-a**, **-e**, **quei**, **quegli**) indicates someone or something distant from the person who is speaking. **Quello** and **quella** before a vowel become **quell'**.

Quell'orologio non funziona bene.	*That watch does not work well.*
Quell'oca vola molto lontano in inverno.	*That goose flies very far in winter.*

Quello follows the same rules previously seen for the definite article. (**Quello** follows the same pattern as the adjective **bello**, *beautiful*.)

quello scoiattolo (lo scoiattolo)	*that squirrel*
quegli scoiattoli (gli scoiattoli)	*those squirrels*
quel libro (il libro)	*that book*
quei libri (i libri)	*those books*

Demonstrative adjectives are repeated before each noun.

Leggete questo libro e fate quell'esercizio.	*Read this book and do that exercise.*

For emphasis and to avoid ambiguity between *this* and *that* or *these* and *those*, **qui** or **qua** (*here*) or **lì** or **là** (*there*) follow the noun.

Devo comprare questa giacca qui o quella giacca lì?	*Should I buy this jacket here or that jacket there?*

 ## Exercise 8.3

Translate the sentences into Italian.

1. This car is new.

_____

2. This computer is fast.

_____

3. This morning I'll play tennis.

_____

4. That garden has many flowers.

_____

5. These girls are very happy.

_____

6. These boys are intelligent.

_____

7. That house is my brother's.

_____

8. That piano is old.

_____

9. Those trees are tall.

_____

10. Those books are expensive.

_____

11. That backpack is heavy.

_____

12. This shop has many things.

_____

13. These shops are full of people.

_____

14. Those flowers are very fragrant.

_____

Adjectives of Nationality

Most adjectives of nationality end in **-o** and follow the same rules as other regular adjectives ending in **-o**. A few adjectives of nationality end in -e for both masculine and feminine singular, and take **-i** for masculine and feminine plural. Adjectives of nationality always follow the nouns they modify. In Italian, adjectives of nationality are not capitalized.

la signora italiana	*the Italian lady*
le signore italiane	*the Italian ladies*
il vocabolario tedesco	*the German dictionary*
i vocabolari tedeschi	*the German dictionaries*
la rivista francese	*the French magazine*
le scarpe francesi	*the French shoes*

Following are some adjectives of nationality.

Country	Nationality	Country	Nationality
Arabia Saudita	arabo saudita	Marrocco	marrocchino
Argentina	argentino	Messico	messicano
Austria	austriaco	Norvegia	norvegese
Belgio	belga	Nuova Zelanda	nuovo zelandese
Bolivia	boliviano	Olanda	olandese
Brasile	brasiliano	Pachistan	pachistano
Canadà	canadese	Panama	panameno
Cile	cileno	Perù	peruviano
Cina	cinese	Polonia	polacco
Colombia	colombiano	Portogallo	portoghese
Corea	coreano	Porto Rico	portoricano
Costa Rica	costaricano	Russia	russo
Cuba	cubano	Salvador	salvadoreno
Danimarca	danese	Scozia	scozzese
Egitto	egiziano	Siria	siriano
Equador	equatoriano	Spagna	spagnolo
Finlandia	finlandese	Stati Uniti	statunitense
Francia	francese	Sudan	sudanese
Giappone	giapponese	Svezia	svedese
Grecia	greco	Svizzera	svizzero
India	indiano	Tailandia	tailandese
Inghilterra	inglese	Taiwan	taiuaiano
Iran	iraniano	Turchia	turco
Iraq	iracheno	Ungheria	ungherese
Irlanda	irlandese	Venezuela	venezuelano
Israele	israeliano	Yemen	yemenita
Italia	italiano		

Continent		Continent	
Africa	africano	Europa	europeo
Antartica	antartico	Nordamerica	nordamericano
Asia	asiatico	Sudamerica	sudamericano
Australia	australiano		

Exercise 8.4

Complete the sentences with the correct form of adjective from the following list. Each adjective may be used once only.

American, Brazilian, Chinese, French, German, Greek, Indian, Japanese, Italian, Mexican, Scottish, Swedish

1. Il vino è _____.

2. L'opera è _____.

3. La signora è _____.

4. La seta è _____.

5. I suoi antenati sono _____.

6. Il marito di Maria è _____.

7. I turisti sono _____.

8. La studentessa è _____.

9. La mia cara amica è _____.

10. La bandiera è _____.

11. La sua automobile è _____.

12. Il nuovo aereo è _____.

Adjectives That Precede a Noun

In Chapter 1, you learned that in Italian adjectives mostly follow the nouns they describe.

Enrico è un ragazzo generoso.   *Enrico is a generous boy.*
A lei piace avere una casa pulita. *She likes to have a clean house.*

Now you will learn the few common adjectives that may precede the nouns they modify.

bello	*beautiful*	grande	*large, great*
bravo	*good, able*	lungo	*long*
brutto	*ugly*	nuovo	*new*
buono	*good*	piccolo	*little, small*
caro	*dear*	stesso	*same*
cattivo	*bad*	vecchio	*old*
giovane	*young*	vero	*true, real*

Maria è una cara amica.	*Maria is a dear friend.*
Lei è una brava insegnante.	*She is a good teacher.*

NOTE: Even these adjectives must follow the noun for emphasis or contrast, and when modified by an adverb such as **molto** (*very*), **abbastanza** (*fairly*), **piuttosto** (*rather*), or **troppo** (*too much*).

È un cane **buono**.	*It is a good dog.*
Abitano in una casa molto **grande**.	*They live in a very large house.*

The Adjective *bello*

The adjective **bello** (*beautiful; nice; handsome*) retains its full form when it follows the noun it modifies or the verb **essere**.

È un ragazza **bella**.	*She is a beautiful girl.*

However, when **bello** precedes the noun it modifies, its form may change, depending on the noun that follows.

Masculine Singular	Masculine Plural	
bello	begli	before **s** + consonant or **z**
bel	bei	before all other consonants
bell'	begli	before a vowel

A San Diego c'è un bello zoo.	*In San Diego there is a beautiful zoo.*
Lei ha comprato un bel vestito.	*She bought a beautiful dress.*
Il marito le compra un bell'anello.	*The husband buys her a beautiful ring.*
Lei ha molti begli anelli.	*She has many beautiful rings.*
Nel giardino ci sono tanti bei fiori.	*In the garden there are many beautiful flowers.*

Feminine Singular	Feminine Plural	
bella	belle	before all consonants
bell'	belle	before vowels

Quella bambina ha una bella bambola.	*That girl has a beautiful doll.*
Lucia ha delle belle scarpe.	*Lucia has beautiful shoes.*
Comprerò una bell'orchidea.	*I'll buy a beautiful orchid.*

Exercise 8.5

Complete the sentences with the correct form of the adjectives in parentheses.

1. Il mio _____ cane è ammalato. (*beautiful*)

2. Questo è un _____ dolce. (*good*)

3. Lei è una _____ ragazza. (*young*)

4. Maria è una _____ amica. (*true*)

5. Giovanni è un _____ ragazzo. (*dear*)

6. Lucia ha dei _____ occhi. (*beautiful*)

7. Erica è una _____ alunna. (*good*)

8. Lui è un ragazzo _____. (*generous*)

9. Loro sono _____ studenti. (*good*)

10. Lei ha tre _____ bambini. (*good*)

11. Queste sono _____ situazioni. (*ugly*)

12. Loro sono persone _____. (*polite*)

13. Maria e Giovanna sono _____ ragazze. (*beautiful*)

14. Maria e Giovanna sono ragazze _____. (*intelligent*)

15. Parigi e Roma sono due _____ città. (*beautiful*)

Adjectives That Express Quantity

molto, -a, -i, -e *a lot of; much; many*

Loro non hanno **molto** lavoro.	*They do not have much work.*
Loro hanno **molti** amici.	*They have many friends.*
Loro hanno **molta** fame.	*They are very hungry.*
Loro hanno **molte** borse.	*They have many purses.*

poco, pochi, poca, poche *a little bit; a few*

C'è **poco** spazio qui.	*There is little space here.*
Ci sono **pochi** bambini al parco.	*There are few children at the park.*
C'è **poca** gente nei negozi.	*There are few people in the stores.*
Ci sono **poche** scarpe nei negozi.	*There are few shoes in the stores.*

tutto, -a, -i, -e *all; every*

Giovanna legge **tutto** il giorno.	*Giovanna reads all day.*
Io leggo **tutta** la lettera.	*I read the entire letter.*
Io leggo **tutti** i libri che compro.	*I read every book I buy.*
Noi mangiamo **tutte** le paste.	*We eat all the pastries.*

altro, -a, -i, -e *other; another*

Lui vuole un **altro** lavoro.	*He wants another job.*
Lei vuole un'**altra** casa.	*She wants another house.*
Loro vogliono comprare **altri** libri.	*They want to buy other books.*
Loro vogliono vedere **altre** borse.	*They want to see other purses.*

Adjectives That Express Next, Only, and Last

prossimo, -a, -i, -e *next*

Andiamo in Italia il **prossimo** anno.	*We'll go to Italy next year.*
Studiamo i verbi la **prossima** settimana.	*We'll study the verbs next week.*
Vado da mia sorella nei **prossimi** giorni.	*I'll go to my sister's in the next few days.*
Le **prossime** settimane saranno molto intense.	*The next weeks will be very intense.*

ultimo, -a, -i, -e *last, final*

Dicembre è l'**ultimo** mese dell'anno.	*December is the last month of the year.*
Questa è l'**ultima** volta che ci vediamo.	*This is the last time we'll see each other.*
Questi sono gli **ultimi** fiori che abbiamo.	*These are the last flowers we have.*
Queste sono le sue **ultime** parole.	*These are his last words.*

Exercise 8.6

Complete the sentences with the correct form of the adjectives in parentheses.

1. Io ho _____ lavoro. (*a lot of*)

2. Tu non hai _____ denari. (*much*)

3. Lei non ha _____ pazienza. (*much*)

4. Lui ha _____ bambini. (*many*)

5. Luigi vuole un'_____ macchina. (*other*)

6. Ci sono _____ persone al mercato. (*many*)

7. Lui deve viaggiare _____ le settimane. (*every*)

8. Io ho _____ fame, ma _____ sete. (*little, a lot of*)

9. Lui canta _____ le canzoni. (*every*)

10. Andiamo in palestra _____ giorni. (*every*)

11. Lei va a Parigi il _____ mese. (*next*)

12. Lei deve sempre avere l'_____ parola. (*last*)

13. Noi pensiamo spesso agli _____ giorni passati insieme. (*last*)

14. È l' _____ volta che vieni a casa mia. (*last*)

15. Sono i _____ libri che legge. (*first*)

16. Loro hanno _____ amici. (*a few*)

Comparative Adjectives

The comparative expresses *more than*, *less than*, and *the same as*.

More . . . than, or Comparative of Majority

The comparative of majority is expressed by using **più... di** or **più... che** (*more . . . than*, *-er . . . than*).

Più... di is used when two different objects or subjects are compared, and before numbers.

Il tennis è **più** interessante **del** football.	*Tennis is more interesting than football.*
Ci sono **più di** trenta bambini alla festa.	*There are more than thirty kids at the party.*

Più... che is used when the comparison is made between two aspects of the same subject or when comparing two adjectives, adverbs, pronouns, nouns, or infinitives that depend on the same verb.

È **più** interessante leggere **che** guardare la TV.	*It is more interesting to read than to watch TV.*
Il nonno è **più** saggio **che** vecchio.	*Grandfather is wiser than old.*
Agli italiani piace **più** il caffè **che** il tè.	*Italians like coffee more than tea.*

Less ... than, or Comparative of Minority

Comparatives of minority are used in the same way as comparatives of majority, but with the comparison words **meno... di** or **meno... che** (*less than*).

Gli italiani spendono **meno degli** americani.	*Italians spend less than the Americans.*
La rivista è **meno** interessante **del** libro.	*The magazine is less interesting than the book.*
In classe ci sono **meno** ragazzi **che** ragazze.	*In class there are fewer boys than girls.*

As ... as, or Comparative of Equality

In English a comparative of equality is used when two adjectives being compared express equal characteristics. Where English uses *as . . . as* in a sentence, Italian uses **così... come** or **tanto... quanto**. The two forms are interchangeable.

Maria è **così** bella **come** Giovanna.	*Maria is as beautiful as Giovanna.*
Maria è **tanto** bella **quanto** Giovanna.	*Maria is as beautiful as Giovanna.*

The comparative of equality with nouns is expressed with **tanto... quanto** (*as much . . . as*). In this case, **tanto** must agree in gender and number with the noun it modifies.

Quanto does not change when followed by a pronoun. When the comparison of equality is made with adjectives, **tanto** and **quanto** do not change.

Voi comperate **tanta** frutta **quanto** noi.

You buy as much fruit as us.

Roma è **tanto** bella **quanto** caotica.

Rome is as beautiful as chaotic.

 ## Exercise 8.7

Complete the sentences with the correct form of the comparison words in parentheses.

1. La pallacanestro è _____ divertente _____ pallavolo. (*more than*)

2. Le case americane sono _____ grandi _____ case italiane. (*more than*)

3. L'aereo è _____ veloce _____ macchina. (*more than*)

4. Gli americani guidano _____ velocemente _____ italiani. (*less than*)

5. Gli italiani mangiano _____ formaggio _____ francesi. (*less than*)

6. Loro mangiano _____ verdura _____ frutta. (*as much as*)

7. Mia sorella è _____ bella _____ educata. (*as much as*)

8. L'Ohio è _____ freddo _____ Michigan. (*less than*)

9. La mia macchina è _____ comoda _____ la tua. (*as much as*)

10. La mia macchina è _____ economica _____ sua macchina. (*less than*)

11. Io penso _____ _____ parlo. (*as much as*)

12. Mi piacciono _____ i cervi _____ le oche. (*more than*)

13. La vita nelle grandi città è _____ caotica _____ paesi. (*more than*)

14. Questo inverno è caduta _____ neve _____ pioggia. (*less than*)

15. La casa rossa è _____ bella _____ casa bianca. (*more than*)

16. Le strade italiane sono _____ strette _____ strade americane. (*more than*)

17. Il vino italiano è _____ buono _____ il vino francese. (*as much as*)

18. Il padre è _____ alto _____ figlio. (*less than*)

19. Il ragazzo è _____ alto _____ sua sorella. (*more than*)

20. Il ragazzo è _____ alto _____ suo padre. (*as much as*)

Superlative Adjectives

The superlative structure in English expresses *the most* or *the least*. In Italian there are two forms of superlative: relative superlative and absolute superlative.

Superlative adjectives in Italian agree in gender and number with the nouns they modify. It is one of the easiest grammatical rules in Italian.

The relative superlative is formed by using the definite article + noun + **più/meno** + adjective + **di** + the object being compared. It is like English except Italian uses **di** instead of *in*.

Tu sei **la donna più ricca della città.**	*You are the richest lady in the city.*
Tu sei la **donna meno fortunata della famiglia**.	*You are the least fortunate lady in the family.*

The absolute superlative is the equivalent of the English *very* + adjective, an adjective + *-est*, or *most* + adjective. In Italian this can be expressed in several ways.

- By placing **molto**, **tanto**, **parecchio**, or **assai** in front of the adjective

Il film è **molto** bello.	*The movie is **very** good.*
I fiori sono **molto** profumati.	*The flowers are **very** fragrant.*

- By adding **-issimo**, **-a**, **-i**, **-e** at the end of an adjective

L'inverno nel Michigan è **freddissimo**.	*Winter in Michigan is very cold.*
I verbi italiani sono **difficilissimi**.	*Italian verbs are very difficult.*

- By using the prefix **arci-**, **stra-**, **super-**, or **ultra**

Torna a casa **arcistanco**.	*He comes home very tired.*
Quel film è **stravecchio**.	*That movie is very old.*
Le macchine italiane sono **superveloci**.	*Italian cars are very fast.*

- By using special expressions

Il primo ministro d'Italia è **ricco sfondato**.	*The prime minister of Italy is filthy rich.*
Alla sera sono **stanca morta**.	*In the evening I am dead tired.*
Lui é **innamorato cotto**.	*He is madly in love.*
Luigi é **ubriaco fradicio**.	*Luigi is very drunk.*
Quando il cane è entrato era **bagnato fradicio**.	*When the dog came in, he was soaking wet.*

Absolute Superlative for Adjectives Ending in -*co*, -*go*, -*ca*, and -*ga*

When forming the absolute superlative of adjectives ending in -**co**, -**go**, -**ca**, and -**ga**, add an **h** to the ending before -**issimo** to maintain the hard consonant.

ricco	*rich*	ricchissimo	*very rich*
largo	*large*	larghissimo	*very large*
stanco	*tired*	stanchissimo	*very tired*

Irregular Comparatives and Superlatives

Several adjectives have irregular comparative and superlative forms.

Adjective	Comparative	Absolute Relative
alto (*high*)	superiore (*higher*)	supremo/sommo (*highest*)
basso (*low*)	inferiore (*lower*)	infimo (*lowest*)
buono (*good*)	migliore (*better*)	ottimo (*best*)
cattivo (*bad*)	peggiore (*worse*)	pessimo (*worst*)
grande (*big*)	maggiore (*bigger*)	massimo (*biggest*)
piccolo (*small*)	minore (*smaller*)	minimo (*smallest*)

Exercise 8.8

Translate the sentences into Italian.

1. Sports are very important in young people's lives.

   _____

2. My house is very new.

   _____

3. This novel is very interesting.

   _____

4. I have two very small dogs.

   _____

5. These are very important men.

   _____

6. They are very important ladies.

   _____

7. They are the most important people here.

   _____

8. At night I am very tired.

   _____

9. I am very tired every night.

   _____

10. This meal is excellent.

    _____

11. When the dog came in, he was soaking wet.

    _____

12. After the game, the players were dead tired.

    _____

13. Italian ice cream is the best of all.

    _____

14. The airplane is very full.

_____

15. French perfume is the best of all.

_____

16. The American lakes are very big.

_____

There is no superlative for adjectives that already express an absolute superlative quality.

colossale	*colossal*	immenso	*immense*
divino	*divine*	incantevole	*enchanting*
eccellente	*excellent*	infinito	*infinite*
enorme	*enormous*	magnifico	*magnificent*
eterno	*eternal*	meraviglioso	*marvelous; wonderful*

Exercise 8.9

Complete the sentences with the correct form of the superlative adjectives in parentheses.

1. L'universo è _____. (*infinite*)

2. L'oceano è _____. (*immense*)

3. I colori del tramonto sono _____. (*magnificent*)

4. Le Alpi sono _____. (*enormous*)

5. Le spiagge della Florida sono _____. (*wonderful*)

6. Loro sono studenti _____. (*excellent*)

7. Le piramidi d'Egitto sono _____. (*colossal*)

8. I parchi americani sono _____. (*enchanting*)

9. La cioccolata calda italiana è _____. (*divine*)

10. Io credo nella vita _____. (*eternal*)

Adverbs

Adverbs modify an adjective, a verb, or another adverb. In Italian adverbs usually follow the verb they modify but usually precede adjectives. Adjectives ending in **-o** form the adverbs by adding **-mente** to the feminine singular form of the adjective. As in English, the adverb does not change for number of gender. The suffix **-mente** corresponds to the English suffix *-ly*.

Adjectives	Adverbs
certo, certa (*certain*)	certamente (*certainly*)
fortunato, fortunata (*fortunate*)	fortunatamente (*fortunately*)
intimo, intima (*intimate*)	intimamente (*intimately*)
lento, lenta (*slow*)	lentamente (*slowly*)
moderato, moderata (*moderate*)	moderatamente (*moderately*)
onesto, onesta (*honest*)	onestamente (*honestly*)
provvisorio, provvisoria (*temporary*)	provvisoriomente (*temporarily*)
silenzioso, silenziosa (*silent*)	silenziosamente (*silently*)
sincero, sincera (*sincere*)	sinceramente (*sincerely*)
ultimo, ultima (*last*)	ultimamente (*lastly*)

There are some exceptions.

Adjectives	Adverbs
altro (*other*)	altrimenti (*otherwise*)
leggero (*light*)	leggermente (*lightly*)
violento (*violent*)	violentemente (*violently*)

Adjectives ending in **-e** also form the adverb by adding **-mente**.

Adjectives	Adverbs
dolce (*sweet*)	dolcemente (*sweetly*)
felice (*happy*)	felicemente (*happily*)
frequente (*frequent*)	frequentemente (*frequently*)

Note that the final **-e** is dropped before the suffix **-mente** if the adjective ends in **-le**.

cordiale (*cordial*)	cordialmente (*cordially*)
facile (*easy*)	facilmente (*easily*)
gentile (*kind*)	gentilmente (*kindly*)

Some adverbs have forms that differ from the adjectives altogether.

Adjectives	Adverbs
buono (*good*)	bene (*well*)
cattivo (*bad*)	male (*bad, badly*)
migliore (*better*)	meglio (*better*)
peggiore (*worse*)	peggio (*worse*)

Exercise 8.10

Translate the sentences into Italian.

1. I will certainly call you when I arrive.

   _____

2. The crowd was silent after the game.

   _____

3. We are waiting silently.

   _____

4. They are very fortunate.

   _____

5. My mother is kind.

   _____

6. She speaks to me kindly.

   _____

7. The food is bad.

   _____

8. He is feeling bad.

   _____

9. She lives happily.

   _____

10. She is happy.

   _____

Some adverbs have the same forms as the adjectives. The adjectives ending in **-o** agree in gender and number with the noun they modify. Adverbs are unchangeable, therefore do not agree.

abbastanza	*enough*	poco	*some, a little*
assai	*very much*	tanto	*so much, a lot*
molto	*much*	troppo	*too*

Adjectives	Adverbs
Luigi ha abbastanza soldi.	Lei è abbastanza bella.
Luigi has enough money.	*She is fairly pretty.*
Ho troppe scarpe.	Le scarpe mi fanno troppo male.
I have too many shoes.	*The shoes hurt me too much.*
Mangiano tante ciliege.	Le ciliege costano tanto.
They eat many cherries.	*Cherries are very expensive.*

Adverbs of Time

adesso	*now*	mai	*never*
allora	*then*	oggi	*today*
ancora	*yet*	ogni tanto	*every once in a while*
appena	*as soon as*	ora	*now*
domani	*tomorrow*	ormai	*already*
dopo	*after*	poi	*then*
fino a	*until*	presto	*soon*
finora	*until now*	raramente	*rarely*
frequentemente	*frequently*	sempre	*always*
già	*already*	spesso	*often*
ieri	*yesterday*	tardi	*late*

A Word About Some Adverbs

Adverbs of time (such as **oggi**, *today*; **presto**, *early*; and **tardi**, *late*), adverbs expressing certainty (**certamente**, *certainly*; **sicuramente**, *for sure*), or doubt (**forse**, *maybe*), usually precede the verb. In compound tenses, adverbs of time (**oggi**, *today*; **ieri**, *yesterday*), and location (**dietro**, *behind*; and **dove**, *where*), follow the past participle. Some adverbs such as **affatto** (*at all*), **ancora** (*still, yet*), **appena** (*as soon as*), **già** (*already*), **mai** (*never*), **sempre** (*always*) can also be placed between the auxiliary and the past participle.

Domani andiamo al mercato.	*Tomorrow we'll go to the market.*
È nascosto **dietro** la porta.	*It is hidden behind the door.*
Non ho **ancora** mangiato.	*I have not yet eaten.*

Adverbs of Location

dappertutto	*everywhere*	lì, là	*there*
davanti	*in front*	lontano	*far*
dietro	*behind*	ovunque	*everywhere*
dove	*where*	qui, qua	*here*
fuori	*outside*	sotto	*under*
giù	*down*	su	*up*
indietro	*behind, back*	vicino	*near*

Note that adverbs of location are often placed before the direct object noun.

Devo **spedire indietro** la lettera.   *I have to send back the letter.*

 ## Exercise 8.11

Complete the sentences with the adverbs in parentheses.

1. Io chiudo _____ le finestre alla sera. (*always*)

2. Lei non apre _____ le finestre. (*never*)

3. Loro vengono _____ a casa con i dolci. (*always*)

4. Il sabato dormiamo _____. (*too much*)

5. Carlo parla _____ l'italiano e lo spagnolo. (*well*)

6. Voglio guardare _____ quel film. (*again*)

7. _____ ascoltami e sta zitto. (*now*)

8. La scopa è _____ la porta. (*behind*)

9. Ci sono formiche _____. (*everywhere*)

10. Io ritorno _____ a prendere i libri. (*back*)

11. _____ telefono alla mia amica. (*now*)

12. Le oche sporcano _____. (*a lot*)

13. Al gatto piace stare _____ il letto. (*under*)

14. _____ fa freddo. (*today*)

15. La mia casa è _____ (*very*) nuova, ma la tua è _____ interessante. (*very*)

Here are some more commonly used adverbs.

anche	*also*	insieme	*together*
ancora	*still*	insomma	*all in all*
appena	*as soon as*	intanto	*meanwhile*
apposta	*on purpose*	neanche	*not even*
benchè	*even if*	nemmeno	*not even*
certo	*exactly, for sure*	neppure	*not even*
come	*how*	piuttosto	*rather*
così	*thus, so*	pressapoco	*about, approximately*
forse	*maybe*	proprio	*really, exactly*
infatti	*in fact*	pure	*also*
infine	*at last*	quasi	*almost*
inoltre	*besides*	soprattutto	*especially, above all*

Italian often uses adverbial expressions with the prepositions **a**, **di**, **da**, and **in**.

in alto	*up high*	in mezzo	*in the middle*
in basso	*down*	di nuovo	*again*
in breve	*in short*	in orario	*on time*
di certo	*certainly*	di recente	*recently*
a destra	*to the right*	in ritardo	*late*
a distanza	*from a distance*	a sinistra	*to the left*
in generale	*generally*	di solito	*usually*
da lontano	*from a distance*	da vicino	*close up*
a lungo	*at length*		

Exercise 8.12

Complete the sentences with the adverbs in parentheses.

1. Non vedo _____ nessuno. (*almost*)

2. È _____ che voi venite a casa nostra. (*for sure*)

3. _____ posso parlare con tanta confusione? (*how*)

4. Domani saremo tutti _____ alla festa. (*together*)

5. Ci sono _____ venti studenti. (*approximately*)

6. Lui fa _____ i compiti. (*always*)

7. Il cielo al tramonto è _____ bello! (*so*)

8. Dovete andare _____ e _____ _____. (*on the right, then, to the left*).

9. I due ragazzi sono _____ _____. (*always, together*)

10. Gli uccelli volano _____. (*up high*)

11. _____ arrivano andiamo a prendere un gelato. (*as soon as*)

12. La mia vita è _____ felice. (*almost*)

13. Mio marito cucina _____. (*a little*)

14. Io non penso _____ un momento alle feste natalizie. (*not even*)

NOTE: Some adverbs can be replaced by **con** or **senza** + noun. The most commonly used adverbs are the following:

con affetto	*with affection* (not *affectionately*)
con cura	*with care* (not *carefully*)
senza cura	*without care* (not *carelessly*)
con difficoltà	*with difficulty*
senza difficoltà	*without difficulty*
con intelligenza	*intelligently* (not *with intelligence*)

Exercise 8.13

Translate the sentences into Italian.

1. Every year at Christmas we cook, and we eat too much.

   _____

2. Erica always loses her scarf.

   _____

3. We learn a lot in the Italian class.

   _____

4. We listen to the same old songs every day in the car.

   _____

5. The man walks fast.

   _____

6. Young people eat a lot.

_____

7. Today I hope to go to the museum.

_____

8. His brother always cries when he sees a sad movie.

_____

9. Your postcard has just arrived.

_____

10. She speaks very kindly.

_____

11. They speak too fast.

_____

12. Today the child is not feeling well.

_____

13. If you go to the left, you will find the museum.

_____

14. I arrive at work late almost every day.

_____

 # Reading Comprehension
Il cane e il gatto

Il cane e il gatto sono animali domestici. Il cane è l'amico dell'uomo. Il gatto non è amico di nessuno. Il gatto è un animale indipendente e gli piace stare vicino alla gente quando vuole lui. Se non vuole compagnia, bisogna lasciarlo stare da solo. Il gatto di solito dorme molto tutto il giorno e di notte gironzola per la casa alla ricerca di qualche cosa deliziosa, magari un topo, da mangiare. I gatti amano stare vicino al camino e dormire al calduccio. Sono molto carini quando fanno le fusa.

Il cane va sempre con il suo padrone e quando il padrone si assenta, è sempre contento di rivederlo. Salta, lo lecca, e gli fa tante feste. Anche se non vede il padrone da pochi minuti, è molto contento di rivederlo e glielo fa capire.

In casa mia non ci sono nè cani nè gatti, ma io preferisco i cani ai gatti. I cani grandi sono i miei preferiti. Mi piacciono molto i cani come Lassie. Il cane o il gatto diventano parte della famiglia e tutti gli sono molto attaccati e li trattano come un famigliare.

Spesso si trovano cani e gatti che sono trascurati, abbandonati, o abusati e fanno tanta pena. Per fortuna ci sono dei posti che li prendono e li accudiscono fino a quando trovano delle persone che li portano a casa e danno loro le attenzioni e l'affetto di cui necessitano.

Nomi (Nouns)

l'affetto	*affection*	il famigliare	*the family member*
l'attenzione	*attention*	le fusa	*the purring*
il calduccio	*the warmth*	il padrone	*the owner*
il camino	*the fireplace*	il posto	*the place*
il cane	*the dog*	la razza	*the breed*
la compagnia	*the company*	il topo	*the mouse*

Aggettivi (Adjectives)

abusato	*abused*	indipendente	*independent*
carino	*nice*	trascurato	*neglected*
delizioso	*delicious*		

Verbi (Verbs)

accudire	*to take care of*	gironzolare	*to stroll around*
assentarsi	*to leave*	leccare	*to lick*
bisognare	*to be necessary*	necessitare	*to necessitate, to need*
diventare	*to become*	saltare	*to jump*
dormire	*to sleep*	trattare	*to treat*

Espressioni (Expressions)

fare le feste	*to greet with joy*
fare le fusa	*to purr*
fare pena	*to feel sorry*

Domande (Questions)

After you have read the selection, answer the questions in Italian repeating your answers aloud.

1. Quali sono le differenze fra il cane e il gatto?

   _____

   _____

2. Che cosa fa il gatto quando dorme vicino al camino?

   _____

   _____

3. Che cosa fa il cane quando vede il suo padrone?

   _____

   _____

4. Che cosa succede ai cani abbandonati e trascurati?

   _____

   _____

9

Negatives and Prepositions

Negatives and Negative Expressions

You already know how to make a sentence negative by placing **non** in front of the first verb in a sentence.

Io parlo.	*I speak.*
Io **non** parlo.	*I don't speak.*
Io **non** voglio parlare.	*I don't want to speak.*

Following is a list of words that help make sentences negative.

affatto (*at all*)	nessuno (*no one*)
giammai (*never*)	niente (*nothing*)
mai (*never*)	per niente (*at all*)
neanche, nemmeno, neppure (*not even*)	

Italian, unlike English, often uses a double negative.

affatto *at all*

Non precedes the verb and **affatto** follows it.

Non ci penso **affatto** ad andare a correre.	*I am not thinking about going to run at all.*

Double Negatives

Sometimes there are even more than two negatives. More than one negative reinforces the negativity of a statement.

mai, giammai *never*

Non precedes the verb and **mai** or **giammai** follows it. They both mean *never*.

Lei **non** esce **mai**; è molto pigra.	*She never goes out; she is very lazy.*
Non la penso **giammai**.	*I never think about her.*

Both **mai** and **giammai** can also precede the verb, in which case **non** is not used. **Mai** is used more frequently than **giammai** before the verb, and gives emphasis to a statement.

Lui **mai** mi aiuta in casa!	*He never helps me around the house!*
Io **mai** mangio la trippa.	*I never eat tripe.*

neanche, nemmeno, neppure *not even*

These three are interchangeable. **Non** precedes the verb and **neanche**, **nemmeno**, or **neppure** follow it. All three can also be placed before the verb, in which case **non** is not used.

Io **non** dico **neanche** una parola.	*I don't even say one word.*
Tu **non** studi **nemmeno** un'ora.	*You don't even study for an hour.*
Non sai **neppure** una parola di italiano.	*You don't even know a word in Italian.*
Tu **neanche** mi chiami quando vieni qui.	*You don't even call me when you come here.*

nessuno *no one, nobody*

Non precedes the verb and **nessuno** follows it. **Nessuno** is the only negative expression in the list above that is an adjective, thus it must agree in gender and number with the noun it modifies. **Nessuno** is shortened to **nessun** before a masculine singular noun that starts with a consonant other than **z** or **s** + a consonant, or a vowel. **Nessuno** is not used in the plural.

Non abbiamo **nessun** amico in Florida.	*We don't have any friends in Florida.*
Non c'è **nessuna** casa nel deserto.	*There isn't a house in the desert.*
Non abbiamo **nessuno** zio in America.	*We don't have any uncles in America.*

niente *nothing*

To form a negative sentence meaning *nothing*, **non** precedes the first verb and **niente** follows it.

Non ho **niente** nel frigorifero.   *I have nothing in the refrigerator.*
Loro **non** imparano **niente**.   *They aren't learning anything.*

per niente *at all*

Niente means *nothing*, but using **per niente** emphasizes the statement.

Non mi piace **per niente**.   *I don't like it at all.*

 ## Exercise 9.1

Answer the questions in the negative.

EXAMPLE   *Capisci tutto? No,* <u>*non capisco niente*</u>.

1. Vedi qualcuno oggi? No, _____.
2. Lui ascolta sempre le notizie? No, _____.
3. Lei parla con qualcuno? No, _____.
4. Hanno molti figli? No, _____.
5. Studiate sempre? No, _____.
6. Viaggi con le tue amiche? No, _____.
7. Hai qualche idea per Natale? No, _____.
8. Pensi a qualcuno? No, _____.

More Negative Expressions

non... nè... nè... *neither . . . nor*

Loro **non** vengono **nè** per   *They will not come for Christmas*
  Natale **nè** per Capodanno.   *or for New Years.*
Lei **non** legge **nè** libri **nè**   *She reads neither books nor*
  giornali.   *newspapers.*

non... più di... *not more than*

Lui **non** lavora **più di** otto ore alla settimana.	*He doesn't work more than eight hours a week.*

non più *no longer*

Lui **non** vuole **più** lavorare.	*He no longer wants to work.*

quasi mai *almost never, hardly at all*

Lui gioca al football, ma **non** si allena **quasi mai**.	*He plays football, but he almost never practices.*

adesso no *not now*

Potete portare la macchina dal meccanico? **Adesso no**, non posso.	*Can you take the car to the mechanic? Not now, I can't. (I can't right now.)*

NOTE: In Italian, unlike English, the more negatives you use, the more negative the sentence becomes and the stronger the statement is.

Non ho **mai** ricevuto **niente** da **nessuno**.	*I never received any thing from anybody.*
Non chiede **mai** l'aiuto di **nessuno**.	*He never asks for anybody's help.*

Exercise 9.2

Rewrite the sentences in the negative.

EXAMPLE   Io mangio sempre. <u>*Io non mangio mai.*</u>

1. Studio sempre il sabato.

   _____

2. Vedo sempre il tramonto.

   _____

3. Vengono tutti.

   _____

4. Questo programma è sempre interessante.

_____

5. Vogliono sempre giocare.

_____

6. La ragazza è sempre pronta.

_____

7. Ho visto quella commedia molte volte.

_____

8. Mi sveglio presto tutte le mattine.

_____

9. Il treno arriva sempre in orario.

_____

10. Mangio sia pane che formaggio.

_____

11. Ho tante cose da mangiare.

_____

12. Compro tutto l'occorrente per tutti.

_____

13. Loro sciano tutti gli inverni.

_____

Prepositions

Prepositions link a noun or a pronoun to other words in a sentence to express time, location, possession, cause, manner, or purpose. You already know the most commonly used prepositions.

a (*at, to*)	in (*in, on*)
con (*with*)	per (*for, in order to*)
di (*of*)	da (*from, at*)
su (*on*)	senza (*without*)

Usually, prepositions are followed by verbs in the infinitive form, nouns, or pronouns. Here are the rules explained with examples.

- Prepositions can be followed by the infinitive form of a verb.

  An infinitive, for example, **guardare** (*to look*), that follows a preposition in Italian is translated with the gerund (*looking*) in English.

Lei va all'università **per imparare**.	*She goes to college in order to learn.*
Lui suona il piano **senza guardare** la musica.	*He plays the piano without looking at the music sheet.*

- Prepositions can be followed by a noun.

Lei ha la torta **per** suo marito.	*She has a cake for her husband.*

- Prepositions can be followed by a pronoun.

La torta è **per** lui.	*The cake is for him.*

Prepositions Followed by Verbs or Nouns

prima di *before*

Prima di andare a dormire, lei vuole leggere.	*Before going to sleep, she wants to read.*
Prima degli esami, loro studiano molto.	*Before the exams, they study a lot.*

invece di *instead of*

Invece di studiare, lui vuole giocare.	*Instead of studying, he wants to play.*

Prepositions Followed by Nouns or Pronouns

contro (*against*)	salve (*except*)
durante (*during*)	secondo (*according to*)
eccetto (*except*)	sopra (*above, on top of*)
fino (*until*)	tranne (*except*)
fra, tra (*among; between*)	verso (*toward*)

Use of *tra* and *fra*

The prepositions **tra** and **fra** (*between, among*) are interchangeable. That is, their meaning is the same, but their use is determined by sound more than by exact rules. Thus it is preferable to say **tra le foglie** rather than **fra le foglie** (*among the leaves*), and **fra Trento e Trieste** rather than **tra Trento e Trieste** (*between Trento and Trieste*).

L'uccello é nascosto **tra** le foglie dell'albero.	The bird hides among the leaves of the tree.

Sopra means *on top of* or *about* a theme or a topic.

Metto la radio **sopra** la televisione.	*I am putting the radio on top of the TV.*
Questa lezione è **sopra** le preposizioni.	*This lesson is about prepositions.*

In addition to simple prepositions, there are many compound prepositions that are followed by nouns and pronouns. In the list below you can find both types.

accanto a (*next to*)	fuori da (*outside*)
attorno a (*around*)	in cima a (*on top of*)
davanti a (*in front of*)	lontano da (*far from*)
dentro a (*inside*)	prima di (*before*)
dietro a (*behind*)	sotto (*under*)
dopo (*after*)	sotto a (*underneath*)
di fianco a (*next to*)	verso (*toward*)
di fronte a (*in front of*)	vicino a (*near*)

Prepositions Followed by Pronouns

You have already learned that subject pronouns follow prepositions. Note the following expressions:

per me (*for me*)	per noi (*for us*)
per te (*for you*)	per voi (*for you*)
per lui (*for him*)	per loro (*for them*)
per lei (*for her*)	

Questo caffè è per te.	*This coffee is for you.*
Il giornale è per lui.	*The newspaper is for him.*
La vita è difficile per loro.	*Life is hard for them.*

The Many Meanings of the Preposition *per*

Per has many meanings, such as *through*; *because of*, *for the sake of*; *out of*; *about*; *in exchange for*; *for fear of*; and *for*. The following examples help you learn these different meanings.

- ***Through, by***

  Passo **per** Roma con la   *I will go through Rome with*
    mia famiglia.   *my family.*

- ***Because of, on account of, for the sake of, out of, about***

  Lei è infelice **per** la pioggia.   *She is unhappy because of the rain.*

- ***In exchange for, in place of***

  Pago molto **per** questo quadro.   *I pay a lot for this painting.*
  Vado allo stadio **per** Maria.   *I go to the stadium for (instead of)*
                                          Maria.

  Devo pagare molto **per** questo   *I have to pay a lot for this apartment.*
    appartamento.

- ***For fear of, by means of***

  Per paura di perdere il treno   *For fear of missing the train,*
    va alla stazione molto presto.   *he goes to the station very early.*

- ***Per***

  Lui guadagna duemila dollari   *He earns $2,000 per month.*
    per mese.
  Kyria riceve 3 euro **per**   *Kyria receives three euros per week.*
    settimana.

- ***For***

  Ogni giorno, parlo al telefono   *Each day, I speak on the phone for*
    per due ore.   *two hours.*
  Ogni sera, leggo **per** un'ora.   *Each night, I read for an hour.*

The following list shows some of the most common Italian expressions using **per**.

per adesso (*for now*)   per lo meno (*at least*)
per caso (*by chance*)   per ora (*for now, for the time being*)
per conto mio, tuo, ecc.   per piacere (*please*)
   (*as far as I am/you are,*   per questo (*therefore, for this reason*)
   etc., concerned)   giorno per giorno (*day by day*)
per esempio (*for example*)
per favore (*please*)
per la prima volta
   (*for the first time*)

NOTE: **Per** is used to express a specific time limit or deadline in the future. In this context, it can be translated as *for, by,* or *on.*

Voglio viaggiare **per** tre mesi.   *I want to travel for three months.*
Il treno viaggia **per** due ore.   *The train travels for two hours.*
Luigi parte **per** il Marrocco.   *Luigi is leaving for Morocco.*

 ## Exercise 9.3

Complete the sentences using the expressions in parentheses.

1. Non mangiano _____ non ingrassare. (*for fear of*)

2. Napoli è conosciuta _____ la sua musica. (*for*)

3. Avete visto il mio libro _____? (*by chance*)

4. Vorrei una camera per due notti, _____. (*please*)

5. _____ non è una buona idea. (*as far as I am concerned*)

6. Vai a comprare il giornale _____? (*by chance*)

7. Hai chiamato il tuo capo _____? (*by chance*)

8. _____ il freddo abbiamo alzato il calorifero. (*because of*)

9. Lavoriamo tutta la settimana _____ otto ore al giorno. (*for*)

10. Ti mando una lettera _____ posta. (*by*)

11. La mia famiglia parte domani _____ le vacanze. (*for*)

12. Il treno parte _____ Roma. (*for*)

13. Il ragazzo corre tutti i giorni _____ stare in forma. (*in order to*)

14. _____ non dire niente a nessuno. (*for now*)

Exercise 9.4

Translate the sentences into Italian.

1. The school is next to the theater.

   _____

2. The bus stops in front of the school.

   _____

3. He is sitting behind me.

   _____

4. The church is behind the museum.

   _____

5. Call me, before you come.

   _____

6. My house is near the highway.

   _____

7. The theater is in front of the park.

   _____

8. We are near the school.

   _____

9. We play every day after school.

   _____

10. For me, it is a big sacrifice not to speak.

    _____

11. The flowers are frozen because of the cold.

    _____

12. To drive the car, it is necessary to have a license.

    _____

Exercise 9.5

Translate the sentences into English.

1. Non andare contro il muro.

_____

2. Durante la lezione, bisogna spegnere il telefonino.

_____

3. Rimango qui fino a domani.

_____

4. Fra te e me non ci sono discussioni.

_____

5. Secondo loro, la terra non è abusata.

_____

6. Noi andiamo verso casa.

_____

7. Lovoro tutti i giorni salve il sabato e la domenica.

_____

8. Tranne io e te, gli altri parlano troppo.

_____

9. Gli uccelli stanno sopra il tetto.

_____

10. Sono l'uno contro l'altro.

_____

11. Il cerbiatto dorme tra i cespugli.

_____

12. Andiamo fino alla fine della strada.

_____

Exercise 9.6

Complete the sentences with the appropriate preposition. More the one answer is possible.

1. Io rimango qui _____ tre giorni.

2. Tu porti la valigia _____ Maria.

3. _____ non ho fame.

4. Ci parliamo _____.

5. Gioco al tennis _____ Giovanna.

6. Vado all'aeroporto presto, _____ non perdere l'aereo.

7. Noi abitiamo _____ dal centro.

8. Voi abitate _____ noi.

9. Noi studiamo _____ tre ore ogni sera.

10. Il ladro passa _____ la finestra.

Reading Comprehension
Il treno

Il treno è un mezzo di trasporto molto efficiente e molto usato in Italia. Viene usato da tutti. Gli studenti lo prendono per andare a scuola se non hanno l'autobus o se abitano lontano dalla scuola che frequentano.

Molti lavoratori, chiamati «pendolari», usano il treno per andare a lavorare alla mattina e per ritornare a casa dopo il lavoro.

Il treno è usato anche dagli uomini d'affari. Viaggiano con il computer e appena salgono sul treno, lo accendono e lavorano fino a quando arrivano a destinazione. Scelgono il treno anzichè la macchina, perchè vogliono evitare le autostrade spesso intasate e non devono cercare e pagare il parcheggio quando arrivano sul posto di lavoro.

Il treno è usato anche dai turisti che non hanno o non vogliono noleggiare la macchina e che preferiscono viaggiare in treno.

Il treno è usato anche dai tifosi del calcio. Alla domenica ci sono treni speciali per trasportare i tifosi nelle città dove vengono giocate le partite. Quando questi treni arrivano alla stazione, c'è molta polizia, perchè ogni tanto i tifosi sono violenti, e la polizia protegge il pubblico.

Ci sono tanti tipi di treni: il rapido che è molto veloce e fa pochissime fermate. Si ferma solo nelle stazioni principali. Per viaggiare sul rapido, è obbligatorio fare la prenotazione. Quando si fa il biglietto, uno può scegliere fra prima e seconda classe.

Un altro treno, chiamato «Inter City», è un treno veloce ma si ferma più spesso del rapido. Anche per questo treno è necessario fare la prenotazione. C'è poi l'espresso, meno veloce degli altri due, e fa anche più fermate e non è necessario fare la prenotazione.

Adesso stanno costruendo la ferrovia per il treno ad alta velocità. Dovrebbe iniziare il servizio entro i prossimi anni. Questo treno accorcerà i tempi di viaggio fra una città e l'altra e sarà molto importante per le persone che viaggiano per lavoro e hanno bisogno di raggiungere la loro meta nel tempo più breve possibile.

Nelle stazioni delle grandi città italiane come Roma, Milano, Torino e Bologna, c'è sempre molta gente che va e che viene a tutte le ore del giorno.

Nelle stazioni spesso si trovano ristoranti, negozi ed edicole, e ci sono anche sale d'aspetto dove i viaggiatori possono rilassarsi prima di mettersi in viaggio.

A me piace molto viaggiare in treno. Mi rilasso, leggo, dormo, ammiro il panorama fuori dal finestrino, e parlo con i passeggeri seduti vicino a me. Incontro spesso persone molto interessanti, che viaggiano in tutto il mondo e che conoscono le culture e le lingue di tanti paesi. Si parla del più e del meno. Quando si arriva a destinazione, si è quasi amici, ma si scende dal treno, ed ognuno va per la sua strada e non ci si rivede più.

Nomi (Nouns)

gli affari	*business*
la carrozza	*the car; wagon*
la destinazione	*the destination*
l'edicola	*the newspaper stand*
la ferrovia	*the railway*
il finestrino	*the window*
l'impiegato	*the employee*
il lavoratore	*the worker*
il mezzo di trasporto	*means of transport*
il negozio	*the shop*
gli operai	*hourly workers*
il pendolare	*people who travel back and forth to work*
la prenotazione	*the reservation*
la sala d'aspetto	*the waiting room*
il servizio	*the service*
il tifoso	*fan*

| il trasporto | transportation |
| la velocità | speed |

Verbi (Verbs)

accendere	to turn on	proteggere	to protect
accorciare	to shorten	raggiungere	to reach
ammirare	to admire	rilassarsi	to relax
costruire	to build	salire	to get on
evitare	to avoid	scegliere	to choose
fermarsi	to stop	scendere	to get off
iniziare	to start	trasportare	to transport
prendere	to take	usare	to use

Espressioni (Expressions)

| fare il biglietto | to get a ticket |
| fare la prenotazione | to make a reservation |

Aggettivi (Adjectives)

efficiente	efficient	modesto	modest
intasato	obstructed	violento	violent
interessante	interesting		

Domande (Questions)

After you have read the selection, answer the questions in Italian repeating your answers aloud.

1. Chi usa il treno in Italia?

_____

_____

2. Che cos'è il rapido?

_____

3. Che cosa bisogna fare per viaggiare sul rapido?

_____

_____

4. Che cosa farà il treno ad alta velcità?

_____

_____

5. Che cosa si trova nelle stazioni?

_____

_____

6. Ti piace viaggiare in treno? perchè?

_____

 Key Vocabulary

Knowing the following words will enhance your ability to communicate.

Natura (**Nature**)

l'alba	*the dawn*	la nebbia	*the fog*
il cielo	*the sky*	la neve	*the snow*
la collina	*the hill*	la nuvola	*the cloud*
il deserto	*the desert*	l'oceano	*the ocean*
il fiume	*the river*	la pioggia	*the rain*
la grandine	*the hail*	il sole	*the sun*
l'inondazione	*the flood*	la tempesta	*the storm*
il lago	*the lake*	la terra	*the earth*
il lampo	*the lightning*	il terremoto	*the earthquake*
la luna	*the moon*	la tormenta	*the storm*
il mare	*the sea*	la tromba d'aria	*the tornado*
la montagna	*the mountain*	il tuono	*the thunder*

Tempo (**Weather**)

Che tempo fa?	*What is the weather like?*
Fa bel tempo.	*The weather is good.*
Fa brutto tempo.	*The weather is bad.*

Fa caldo.	*It is hot.*	Ci sono le stelle.	*The stars are out.*
Fa freddo.	*It is cold.*	C'è la luna.	*There is the moon.*
Fa fresco.	*It is cool.*	C'è la nebbia.	*It is foggy.*
C'è il sole.	*It is sunny.*	È nuvoloso.	*It is cloudy.*
C'è vento.	*It is windy.*	C'è la brina.	*It is frosty.*
Ci sono lampi.	*There is lightning.*	Tuona.	*It is thundering.*
Piove.	*It is raining.*	Nevica.	*It is snowing.*

Exercise 9.7

Answer the questions aloud in Italian.

1. Noi ritorniamo dal lavoro alle sette. A che ora ritornate voi?

2. A che ora cenate?

3. Vivete in un appartamento o in una casa?

4. Preferite viaggiare all'estero o nel vostro paese?

5. Se avete fame che cosa mangiate? Se avete sete che cosa bevete?

6. Lei va alla spiaggia in estate?

7. Che cosa rispondete quando un amico vi telefona?

8. Quali libri leggi?

9. Quale giorno vai a fare la spesa?

10. Preferisci il mare o la montagna?

Exercise 9.8

Regular and irregular verbs. *Complete the sentences with the correct conjugation of the verbs in parentheses.*

1. Lui non _____ bene l'italiano, perchè non _____ mai. (*to speak, to study*)

2. Tutta la famiglia _____ in Italia tutti gli anni. (*to go*)

3. Che cosa (tu, *sing.*) _____ durante il giorno? (*to do*)

4. Linda _____ il violino, Luisa e Maria _____ il flauto. (*to play*)

5. La lezione _____ alle nove. (*to finish*)

6. Noi _____ di casa alle sette tutte le mattine. (*to go out*)

7. Dove (voi) _____ quando andate in Florida? (*to stay*)

8. Lei deve _____ e _____ per suo marito. (*to iron, to cook*)

9. Dove _____ le chiavi della macchina? (*to be*)

10. Oggi tutti i parenti _____ a pranzo a casa mia. (*to come*)

11. Mi _____ il tuo numero di telefono? (*to give*)

12. I due amici _____ a giocare al tennis. (*to go*)

13. Lui _____ andare a vedere la partita. (*to be able*)

14. Questa sera le stelle _____ nel cielo. (*to shine*)

15. Domani io _____ la torta. (*to make*)

16. A noi _____ molto sciare. (*to like*)

 ## Exercise 9.9

Prepositions and verbs. *Complete the sentences with the correct form of the verbs and prepositions in parentheses.*

1. Per arrivare alle otto, noi _____ prendere la metropolitana delle sette. (*to have to*)

2. Loro _____ il giornale _____ andare _____ lavorare. (*to read, before, to*)

3. _____ andare al parco, (voi) _____ a casa _____ leggere. (*instead of, to go, to*).

4. Lei _____ viaggiare _____ sei mesi. (*to want, for*)

5. Noi _____ Roma quando _____ in Italia. (*to visit, to come*)

6. Ho bisogno di una camera _____ due persone _____ tre notti. (*for, for*)

7. Io _____ in Italia _____. (*to go, for the first time*)

8. Noi non _____ _____ alla scuola. (*to live, near*)

9. La nostra casa è _____ centro della città. (*far from*)

10. _____ non ho bisogno di niente. (*for now*)

11. Il treno _____ Zurigo parte ogni ora, ma lui _____ andare _____ aereo. (*for, to prefer, by*)

12. _____ quel film non è molto interessante. (*as far as I am concerned*)

Exercise 9.10

Numbers, telling time, adverbs, prepositions, and comparisons. *Complete the sentences with the words in parentheses.*

1. Mi piace molto la _____ strada di New York. (*fifth*)

2. Lei guarda la mappa _____ camminare per _____ isolati. (*before, two*)

3. Io _____ con l'aereo alle _____. (*to arrive, twelve thirty*)

4. C'è un buon ristorante sulla _____ strada? (*third*)

5. Io _____ leggo _____ il giornale _____ andare in ufficio. (*never, before*)

6. La domenica noi dormiamo _____. (*until 10:00 A.M.*)

7. Noi ritorniamo _____ dalla festa. (*late*)

8. Le strade in Italia sono _____ delle strade in America. (*narrower*)

9. Il salmone è _____ del tonno. (*better*)

10. Mia zia è la donna _____ d'Italia. (*oldest*)

11. Qual'è il film _____ che hai visto? (*worst*)

12. Suo marito è _____ marito di Giovanna. (*taller than*)

13. Mi piace _____ il gelato italiano. (*very much*)

14. Non vedo _____ bambino giocare fuori di casa. (*any*)

 Exercise 9.11

Translate the sentences into Italian.

1. My granddaughter is going to be sixteen years old next week.

   _____

2. The lesson starts at seven o'clock. We have to be there on time.

   _____

3. I need to walk every day to be fit.

_____

4. That house is old. It is much older than the next one.

_____

5. Luigi is very intelligent.

_____

6. Lisa and Kyria are good girls.

_____

7. In this house no one likes to cook.

_____

8. Lisa has to take driving lessons in order to be able to drive a car.

_____

9. I am afraid of going to the dentist.

_____

10. My friend spends a lot of time in the stores, but she never buys anything.

_____

11. Now, I have to go to buy gifts for all the children.

_____

12. Elena and her sister eat more than the boys.

_____

13. You need to study Italian every day to be able to speak it.

_____

14. How many hurricanes are there in Florida every year?

_____

Exercise 9.12

On a separate sheet of paper, write the English translation of the following infinitives from Part I.

1. abitare	29. chiedere	57. incontrare	85. ripetere
2. accendere	30. chiudere	58. inghiottire	86. rispondere
3. accettare	31. cominciare	59. iniziare	87. rompere
4. accompagnare	32. compilare	60. lavare	88. sapere
5. accorciare	33. comprare	61. lavorare	89. scoprire
6. accudire	34. costare	62. leggere	90. scrivere
7. alzare	35. costruire	63. mangiare	91. seguire
8. ammirare	36. credere	64. mentire	92. sentire
9. andare	37. dare	65. mettere	93. servire
10. apparire	38. dimagrire	66. morire	94. spedire
11. applaudire	39. dipingere	67. nascere	95. spegnere
12. aprire	40. dire	68. nuotare	96. starnutire
13. arrivare	41. diventare	69. nutrire	97. stirare
14. ascoltare	42. domandare	70. ordinare	98. strisciare
15. assentarsi	43. dormire	71. pagare	99. suonare
16. assentire	44. dovere	72. partire	100. svegliarsi
17. assorbire	45. entrare	73. passare	101. tagliare
18. attendere	46. essere	74. perdere	102. tossire
19. avere	47. evitare	75. piacere	103. studiare
20. avviare	48. fare	76. piangere	104. ubbidire
21. bere	49. fermare	77. potere	105. uscire
22. bisognare	50. finire	78. pranzare	106. vedere
23. camminare	51. fissare	79. preferire	107. vendere
24. cantare	52. giocare	80. preparare	108. venire
25. capire	53. girare	81. pulire	109. viaggiare
26. cenare	54. guadagnare	82. restituire	110. vivere
27. cercare	55. guardare	83. ricevere	111. volare
28. chiamare	56. impedire	84. ridere	112. volere

Reading Comprehension
La visita

Quasi ogni domenica la famiglia Fortina fa un viaggio. Fortina è il cognome di Marco e Cristina. Marco ha la mamma, la sorella, il fratello e la zia a Vercelli, una città a circa un'ora da Milano. Vanno spesso a visitare i parenti, specialmente la mamma di Marco che vive con il fratello di Marco. Vanno in macchina con le loro tre bambine, perchè la nonna vuole vedere tutta la famiglia. Durante il viaggio le bambine dormono o guardano la bella campagna o ascoltano la musica.

Alle bambine non piace molto viaggiare in macchina ma quando arrivano a casa della nonna sono contente. Di solito la nonna prepara il tè con tanti dolcetti deliziosi per tutti i suoi nipoti.

Prima di prendere il tè, aspettano la sorella di Marco con i suoi tre figli che hanno circa la stessa età delle bambine. I cuginetti sono molto felici di rivedersi e cominciano a fare paragoni con la scuola, i compiti e gli amici.

Vicino a casa della nonna c'è un grande parco con alberi secolari, e con molto spazio. I bambini dopo aver bevuto il tè e aver mangiato tutti i dolcetti escono di corsa per andare a giocare. Nel parco possono correre, saltare e divertirsi con i cugini.

Quando arriva la sera, devono lasciare la nonna e tutti gli altri parenti e ritornare a casa. Salutano tutti e salgono in macchina. Durante il viaggio di ritorno dormono.

Quando arrivano a casa le bambine aiutano la mamma a preparare la cena. In breve tempo possono sedersi a tavola. Parlano del bel pomeriggio passato con i cugini. Sono stanche, ma prima di andare a letto devono fare il bagno, e controllare se hanno finito tutti i compiti. Preparano i libri, li mettono negli zaini per il giorno dopo, perchè alla mattina devono uscire molto presto per andare a scuola e non c'è tempo per preparare lo zaino.

Nomi (Nouns)

la campagna	*countryside*	il paragone	*comparison*
i dolcetti	*sweets*	i parenti	*relatives*
l'età	*age*	il viaggio	*trip*
i nipoti	*grandchildren*		

Aggettivi (Adjectives)

felice	*happy*	secolare	*centuries old*

Verbi (Verbs)

controllare	*to check*	salutare	*to say hello, good-bye*
salire	*to get in*	visitare	*to visit*
saltare	*to jump*		

Domande (Questions)

After you have read the selection, answer the questions in Italian repeating your answers aloud.

1. Dove va la famiglia Fortina alla domenica?

   _____

2. Che cosa prepara la mamma di Marco?

   _____

3. Chi abita a Vercelli?

   _____

4. Che cosa fanno i bambini dopo aver bevuto il tè?

   _____

5. Che cosa fanno al parco?

   _____

6. Quando ritornano a casa che cosa fanno?

   _____

   _____

7. Che cosa fanno dopo cena?

   _____

   _____

   _____

II

Objects, Reflexive Verbs, and the Present Subjunctive

The Indirect Object

Piacere and the Indirect Object

Piacere means *to be pleasing to* and is used to express the idea of *liking* in Italian.

Mi piace and *mi piacciono*

Mi is the indirect object pronoun that means *to me*. In English, you say that someone likes somebody or something. In Italian, the same meaning is expressed differently.

Singular Noun as the Subject

ENGLISH CONSTRUCTION	*I like this book.*
ITALIAN CONSTRUCTION	**Mi piace** questo libro. (Literally: *To me is pleasing this book.*)

- **Questo libro** is a singular noun—the subject.
- **Piace** is the verb and agrees with the singular subject.
- **Mi** is the indirect object pronoun—the person to whom the action is pleasing.

Mi piace la pasta.	*I like pasta.*
Mi piace il film.	*I like the movie.*
Mi piace questa lezione.	*I like this lesson.*
Mi piace la birra.	*I like beer.*
Mi piace il gelato.	*I like ice cream.*

NOTE: In the Italian construction, subjects retain their articles (**il**, **lo**, **la**, **i**, **gli**, **le**) even when the English translation doesn't include them as, for example, **il gelato**. (In English, *ice cream*, not *the ice cream*.)

Practice *mi piace*

It is very important to practice orally **mi piace** and all the other forms that follow. The more you practice, the more natural you'll feel saying it.

Plural Noun as the Subject

If the subject of the sentence is a plural noun, **piace** becomes **piacciono** to agree with the plural subject.

ENGLISH CONSTRUCTION	*I like the books.*
ITALIAN CONSTRUCTION	**Mi piacciono** i libri. (*To me are pleasing the books.*)

- **I libri** is the plural noun—the subject.
- **Piacciono** is the verb and agrees with the plural subject.
- **Mi** is the indirect object pronoun—the person to whom the action is occurring.

Mi piacciono le mele.	*I like apples.*
Mi piacciono gli sport.	*I like sports.*
Mi piacciono i fiori.	*I like flowers.*

Verb as the Subject

Mi piace is also used when the subject is a verb. The verb form is the infinitive. When an infinitive is the subject, the singular **piace** is used.

ENGLISH CONSTRUCTION	*I like to read.*
ITALIAN CONSTRUCTION	**Mi piace** leggere. (*Reading is pleasing to me.*)

Mi piace viaggiare.	*I like to travel.*
Mi piace ballare.	*I like to dance.*
Mi piace andare a teatro.	*I like to go to the theater.*
Mi piace cucinare e ricamare.	*I like to cook and to embroider.*

NOTE: **Piace** remains singular even if it is followed by a series of verbs.

The only forms of **piacere** that you will use are the third-person singular, **piace**, and the third-person plural, **piacciono**. To make a sentence negative, place **non** before the indirect object pronoun.

Non mi piacciono i topi.	*I do not like mice.*
Non mi piace nuotare.	*I do not like swimming.*

Review

- If the subject of the sentence is a singular noun or a verb, use **piace**.

Mi piace il mare.	*I like the sea.*
Mi piace insegnare.	*I like to teach.*

- If the subject is a plural noun, use **piacciono**.

Mi piacciono le feste.	*I like parties.*

- If the sentence is negative, place **non** before the indirect object.

Non mi piacciono gli zucchini.	*I do not like zucchini.*

Ti piace and *ti piacciono*

Ti is the indirect object pronoun that means *to you*. When you use **ti**, you are speaking in the familiar **tu** form.

ENGLISH CONSTRUCTION	*You like his house.*
ITALIAN CONSTRUCTION	**Ti piace** la sua casa.

Singular Noun as the Subject

Ti piace la mia macchina.	*You like my car.*
Ti piace la frutta?	*Do you like fruit?*
Ti piace il teatro?	*Do you like the theater?*
Ti piace l'Italia?	*Do you like Italy?*

Plural Nouns as the Subject

Ti piacciono le rose?	*Do you like roses?*
Ti piacciono le paste?	*Do you like pastries?*
Ti piacciono i bambini?	*Do you like children?*

Verb as the Subject

Ti piace cantare.	*You like singing.*
Ti piace dormire.	*You like sleeping.*
Ti piace studiare e scrivere.	*You like to study and to write.*

Le piace and *le piacciono*

Le is the indirect object pronoun that means *to her* or *to you* *(form., m. and f.)*.

ENGLISH CONSTRUCTION	*She likes salad.*
ITALIAN CONSTRUCTION	**Le piace** l'insalata. *(The salad is pleasing to her.* Or, *The salad is pleasing to you* [*form.*].*)*

Le piace il cane.	*She likes the dog.*
Le piace ballare.	*She likes to dance.*
Le piacciono le caramelle?	*Do you (form.) like candies?*

Formal *Le* and *Lei*

When using the formal construction, the pronouns **le** or **lei** are capitalized.

Le parlo domani.	*I will talk to her tomorrow.*
Le parlo domani.	*I will talk to you tomorrow. (form., m. or f.)*
La sente **Lei** sua sorella?	*Will you hear from your sister? (form., m. or f.)*
Ha comprato il biglietto **Lei**?	*Did you buy the ticket?*

Gli piace and *gli piacciono*

Gli is the indirect object pronoun that means *to him* and *to them* *(m. and f.)*.

ENGLISH CONSTRUCTION	*He likes the sea.*
ITALIAN CONSTRUCTION	**Gli piace** il mare.

When a sentence in English begins with proper names and nouns, in Italian a prepositional phrase must be used and no pronoun is necessary.

A Mario piace sciare.   *Mario likes skiing.*
A Maria piace ballare.   *Maria likes dancing.*
A Giacomo piacciono   *Giacomo likes cars.*
  le macchine.

Singular nouns can be inserted in the prepositional phrases.

Alla donna piace il vestito.   *Women like dresses.*
Al ragazzo piace giocare   *Boys like football.*
  al calcio.

In the previous examples, the pronouns **gli** and **le** have been replaced by the impersonal prepositional phrase **alla donna** or **al ragazzo**.

Ci piace and ci piacciono

Ci is the indirect object pronoun that means *to us.*

ENGLISH CONSTRUCTION	*We like to study Italian.*
ITALIAN CONSTRUCTION	**Ci piace** studiare l'italiano.

Ci piace andare al mare.   *We like going to the sea.*
Ci piace il gelato italiano.   *We like Italian ice cream.*
Ci piacciono i nostri cani.   *We like our dogs.*

Vi piace and vi piacciono

Vi is the indirect object pronoun that means *to you (pl.).*

ENGLISH CONSTRUCTION	*You like to speak Italian.*
ITALIAN CONSTRUCTION	**Vi piace** parlare italiano.

Vi piace l'estate.   *You like summer.*
Vi piacciono le rose.   *You like roses.*
Vi piace comprare i regali.   *You like buying presents.*

A loro piace and a loro piacciono

A loro is the indirect object pronoun that means *to them* and *to you (pl. form.).* Usually, **a loro** is capitalized when used formally.

ENGLISH CONSTRUCTION	*They like Rome.*
ITALIAN CONSTRUCTION	**A loro** piace Roma.

Exercise 10.1

Pronounce the examples below aloud, so that you become familiar with the sound.

Singular Subject	Singular Subject	Plural Subject
Mi piace la casa.	Mi piace camminare.	Mi piacciono le fragole.
Ti piace la lezione.	Ti piace correre.	Ti piacciono i fiori.
Gli piace l'italiano.	Gli piace studiare.	Gli piacciono le patate.
Le piace il profumo.	Le piace parlare.	Le piacciono i vestiti.
Ci piace la pasta.	Ci piace mangiare.	Ci piacciono gli spaghetti.
Vi piace l'olio d'oliva.	Vi piace riposare.	Vi piacciono i mandarini.
A loro piace il ristorante.	A loro piace pulire.	A loro piacciono i cibi italiani.
Gli piace il ristorante.	Gli piace pulire.	Gli piacciono i cibi italiani.

In addition to **a loro**, Italian uses the phrases **a me, a te, a lui, a lei, a noi, a voi** besides **mi, ti, gli, le, ci, vi,** or **gli**. They are interchangeable, but may never be correctly used together. They are used with **piace** and **piacciono**.

Mi piace il caffè.
A me piace il caffè. } *I like coffee.*

Mi piacciono le rose.
A me piacciono le rose. } *I like roses.*

gli Not *a loro*

In today's Italian you often hear Italian native speakers replacing **a loro** with **gli** for the masculine or the feminine plural. This has become widely acceptable.

Exercise 10.2

Complete the sentences by choosing the correct indirect object pronoun, as indicated by the words in parentheses, together with the correct form of **piacere**. *You may use one or both forms of the indirect object pronoun.*

EXAMPLE   Mi piace il vestito.   I like the dress.   A me piace il vestito.

1. _____ il prato verde. (*I*)

2. _____ la casa nuova. (*I*)

3. _____ i pomodori. (*you, sing.*)

4. Non _____ le melanzane. (*you, pl.*)

5. _____ giocare al calcio. (*he*)

6. _____ il dolce. (*he*)

7. _____ le scarpe italiane. (*she*)

8. _____ scrivere le lettere. (*she*)

9. _____ visitare la famiglia. (*we*)

10. _____ le pesche. (*we*)

11. _____ parlare italiano. (*you, pl.*)

12. _____ gli spettacoli di varietà. (*you, pl.*)

13. _____ la vita comoda. (*they*)

14. _____ non _____ i fichi. (*they*)

15. _____ Maria _____ il tè verde.

16. _____ Marcello _____ le macchine americane.

17. _____ nostri figli _____ telefonare.

18. _____ Zach _____ i capelli lunghi.

19. _____ mangiare in un buon ristorante. (*they*)

20. _____ miei amici _____ le vacanze.

Verbs like *piacere*

You have just learned a very important verb. Not only does **piacere** express the idea of *I like*, but it also serves as a model for other impersonal verbs. The following verbs act like **piacere** and they, too, are used with an indirect object.

accadere *to happen*

Che cosa ti accade?	*What is happening to you?*
Mi accadono molte belle cose.	*Many beautiful things are happening to me.*

affascinare *to fascinate*

La sua bellezza mi affascina.	*Her beauty fascinates me.*
Le lingue straniere mi affascinano.	*Foreign languages fascinate me.*

bastare *to be enough, sufficient*

I soldi non mi bastano.	*The money is not enough for me.*
Ti basta questa carta?	*Is this paper enough for you?*

bisognare *to be necessary*

Bisogna parlare con il capo.	*It is necessary to speak to the manager.*
Bisogna rispettare le regole.	*It is necessary to respect the rules.*

dispiacere *to regret*

Mi dispiace sentire che non stai bene.	*I regret that you are not feeling well.*
Ci dispiace il suo atteggiamento.	*We regret his bad behavior.*

dolere *to suffer*

Mi duole la testa.	*My head hurts (me).*
Le dolgono i piedi.	*Her feet hurt (her).*

importare *to matter; to be important*

Non ci importa affatto.	*It doesn't matter to us at all.*
Mi importano molto i miei figli.	*My kids are very important to me.*

interessare *to interest*

Le interessa viaggiare.	*She is interested in traveling.*
Non ci interessano le cattive notizie.	*Bad news doesn't interest us.*

occorrere *to be necessary, needed*

Gli occorrono due ore per l'esame.	*They need two hours for the exam.*
Mi occorre un sacco di farina.	*I need a sack of flour.*

rincrescere *to regret*

Ci rincresce che non venite da noi.	*We regret that you are not coming to us.*
Gli rincrescono tutti i ritardi.	*He regrets all the delays.*

sembrare *to seem*

Mi sembra un bravo ragazzo.	*He seems like a good boy.*
Mi sembrano persone intelligenti.	*They seem like intelligent people.*

servire *to be of use; to need*

Ti serve il mio aiuto?	*Would my help be of any use to you?*
Ci servono dei piatti.	*We need some plates.*

succedere *to happen*

Che cosa succede?	*What is happening?*
Sono successe tante cose.	*A lot of things have happened.*

Exercise 10.3

Complete the sentences with the correct form of the prepositional phrases in paren-theses. Use both Italian forms if possible.

1. _____ piacciono tutti gli sport. (*to him*)

2. _____ piace giocare al tennis. (*to you, sing.*)

3. _____ piace leggere, ma mi affascina scrivere un libro. (*to me*)

4. _____ piace andare alle feste. (*to them*)

5. _____ interessa andare a visitare i musei. (*to us*)

6. _____ sembra che le piaccia cucinare. (*to me*)

7. _____ amici piacciono gli alberghi di lusso. (*to my*)

8. _____ italiani piace il prosciutto. (*to the*)

9. _____ affascinano le macchine italiane. (*to you, sing.*)

10. _____ succede sempre qualche cosa. (*to you, pl.*)

11. _____ piace vivere in Cina. (*to them*)

12. _____ sembra di avere l'influenza. (*to me*)

Exercise 10.4

Rewrite the sentences in the plural making sure that the subject and verb agree. The indirect object pronoun will remain the same.

1. Mi piace la tua pianta.

   _____

2. Ti piace il programma.

   _____

3. Gli piace il melone.

   _____

4. Le affascina quello strumento musicale.

   _____

5. Gli interessa il giornale.

   _____

6. Le duole la gamba.

   _____

7. Ci serve il bicchiere.

   _____

8. Vi basta il panino.

   _____

9. A loro occorre la palla.

   _____

10. Mi interessa il museo.

    _____

Exercise 10.5

Translate the sentences into English.

1. Ti piace guardare il film.

   _____

2. Mi fa male la testa.

   _____

3. Gli occorre un bicchiere.

   _____

4. Perchè non ti piace sciare?

   _____

5. Ci affascinano i pesci tropicali.

   _____

6. Vi interessano le notizie giornaliere.

   _____

7. A loro interessa andare a fare la spesa?

   _____

8. A Mario non piace guidare con la nebbia.

   _____

9. A Erica serve la matita.

   _____

10. Non accade mai niente qui.

    _____

11. Tutti hanno bisogno del computer.

    _____

12. Ai giovani piace la musica moderna.

    _____

13. Ai giovani piacciono le canzoni nuove.

    _____

14. A loro piace viaggiare.

    _____

Exercise 10.6

Answer the questions aloud in Italian.

1. Ti piace il vino?

2. Quanti libri sono necessari per il corso?

3. Vi interessa la politica?

4. Perchè volete studiare l'Italiano?

5. Gli piacciono le macchine grandi?

6. Ti piace questa macchina bianca?

7. A loro affascina la tecnologia moderna?

8. A chi piace ballare?

9. Quanta benzina è necessaria per il viaggio?

10. Gli interessa leggere il giornale?

Indirect Object Pronouns

Review the following indirect object pronouns.

mi	*to me/for me*
ti	*to you/for you (sing. inf.)*
gli	*to him/for him*
le	*to her/for her*
Le	*to you/for you (sing. form.)*
ci	*to us/for us*
vi	*to you/for you (pl. inf.)*
loro	*to them/for them*
Loro	*to you/for you (pl. form.)*

More About *gli*

Today **gli** is often used in place of **loro**. It is used for the singular masculine and for the plural masculine and feminine.

So far you have learned the indirect object pronouns with verbs such as **piacere**. Now you will learn what an indirect object is in other sentences and how it is used. For example, *I give **him** the book*. In this sentence, *him* is the indirect object pronoun.

The indirect object receives the action of the verb indirectly. Indirect object pronouns answer the question **a chi?** (*to whom?*) or **per chi?** (*for whom?*).

Structure of Indirect Object Pronouns

The structure of Italian and English indirect object pronouns is quite different, so take your time and practice as much as possible.

The following verbs commonly take the indirect object:

assomigliare *to resemble*		**chiedere** *to ask*	
io assomiglio	noi assomigliamo	io chiedo	noi chiediamo
tu assomigli	voi assomigliate	tu chiedi	voi chiedete
lui/lei assomiglia	loro assomigliano	lui/lei chiede	loro chiedono

dare *to give*		**dire** *to say*	
io do	noi diamo	io dico	noi diciamo
tu dai	voi date	tu dici	voi dite
lui/lei dà	loro danno	lui/lei dice	loro dicono

domandare *to ask (for)*		**donare** *to donate to*	
io domando	noi domandiamo	io dono	noi doniamo
tu domandi	voi domandate	tu doni	voi donate
lui/lei domanda	loro domandano	lui/lei dona	loro donano

imprestare *to lend*		**insegnare** *to teach*	
io impresto	noi imprestiamo	io insegno	noi insegniamo
tu impresti	voi imprestate	tu insegni	voi insegnate
lui/lei impresta	loro imprestano	lui/lei insegna	loro insegnano

mandare *to send*		**portare** *to bring to*	
io mando	noi mandiamo	io porto	noi portiamo
tu mandi	voi mandate	tu porti	voi portate
lui/lei manda	loro mandano	lui/lei porta	loro portano

rispondere *to answer*		**scrivere** *to write to*	
io rispondo	noi rispondiamo	io scrivo	noi scriviamo
tu rispondi	voi rispondete	tu scrivi	voi scrivete
lui/lei risponde	loro rispondono	lui/lei scrive	loro scrivono

telefonare *to call (telephone)*		**vendere** *to sell*	
io telefono	noi telefoniamo	io vendo	noi vendiamo
tu telefoni	voi telefonate	tu vendi	voi vendete
lui/lei telefona	loro telefonano	lui/lei vende	loro vendono

volere bene a *to love*

io voglio bene	noi vogliamo bene
tu vuoi bene	voi volete bene
lui/lei vuole bene	loro vogliono bene

The previous verbs usually use the preposition **a** after the verb when followed by a noun, a proper name, or a prepositional phrase.

Lui assomiglia a suo padre.	*He looks like his father.*
Io chiedo a Maria di uscire con me.	*I ask Maria to go out with me.*
Scrivo una lunga lettera **a lei**.	*I write her a long letter.*
Vendiamo la casa **ai nostri figli**.	*We are going to sell the house to our kids.*
Riccardo **vuole bene alla nonna**.	*Riccardo loves his grandmother.*

Position of the Indirect Object Pronoun

The indirect object pronoun can be placed in either of two positions in a sentence.

Indirect Object Pronoun Placed Directly Before the First Verb

In the first position, the indirect object pronoun is placed *directly before the first verb* in a sentence or question.

Luigi **mi telefona** tutti i giorni.	*Luigi calls me every day.*
Luigi **ti telefona** tutti i giorni.	*Luigi calls you every day.*
Io **le telefono** tutti i giorni.	*I call her every day.*
Io **Le telefono** tutti i giorni.	*I call you (form., m. or f.) every day.*
Luigi **ci telefona** tutti i giorni.	*Luigi calls us every day.*
Luigi **vi telefono** tutti i giorni.	*Luigi calls you every day.*
Io **gli telefono** tutti i giorni.	*I call him/them (m. or f.) every day.*

A noun can also be inserted in the prepositional phrase.

Liliana **telefona a sua sorella**.	*Liliana calls her sister.*
Liliana **le telefona**.	*Liliana calls her.*
Liliana **telefona a mio padre**.	*Liliana calls my father.*
Liliana **gli telefona**.	*Liliana calls him.*
Lui **telefona ai suoi fratelli**.	*He calls his brothers.*
Lui **gli telefona (a loro)**.	*He calls them.*

With the verbs **comprare** and **fare** the translation of the indirect object pronoun is *for me, for you, for him, for her, for us, for you (pl.), for them*.

Roberto **mi compra** i fiori.	*Roberto buys flowers for me.*
Io **le compro** i fiori.	*I buy flowers for her.*
Ti faccio un favore.	*I do (for) you a favor.*

Exercise 10.7

Complete the sentences with the correct form of the indirect object pronouns in parentheses.

1. _____ scrivo tutte le settimane. (*to him*)

2. Lui _____ parla. (*to him*)

3. _____ mando un regalo. (*to her*)

4. Tu _____ telefoni ogni giorno. (*to him*)

5. _____ mando un invito. (*to her*)

6. _____ mandiamo un regalo. (*to him*)

7. Carlo _____ risponde. (*to her*)

8. Il professore _____ fa una domanda. (*to them*)

9. Tu _____ scrivi spesso. (*to her*)

10. Giovanni _____ parla tutte le settimane. (*to her*)

11. Luisa non _____ risponde. (*to me*)

12. _____ scrivo per sapere a che ora vieni. (*to you*)

13. _____ parlo tutti i giorni. (*to her*)

14. Luisa _____ scrive due lettere alla settimana. (*to us*)

15. Elena _____ dice sempre che vuole andare a New York. (*to me*)

16. Io _____ compro un anello. (*to you*)

 ## Exercise 10.8

Complete the sentences with the correct form of the indirect object pronouns and verbs in parentheses. Notice that these sentences have two verbs. Remember: the indirect object pronoun has to be placed before the first verb.

EXAMPLE   Loredana <u>*mi vuole telefonare*</u> stasera. (*to want to telephone/ to me*)

1. Luisa _____ un regalo. (*to want to give/to me*)

2. Mio marito _____ una macchina nuova. (*to want to buy/to me*)

3. Lei _____ ottime direzioni. (*to want to give/to me*)

4. Lucia _____ alla domenica sera. (*to want to call/to us*)

5. Il professore _____ il francese. (*to want to teach/to you, pl. inf.*)

6. Chi _____ inglese? (*to be able to teach/to us*)

7. La professoressa _____ inglese. (*to be able to teach/to you*)

8. Giovanni _____ la cena. (*to have to bring/to us*)

9. Loro _____ un favore. (*to want to ask/to them*)

10. Mio cugino _____ un cane. (*to want to buy/for me*)

Indirect Object Pronoun Attached to the Infinitive

In the second position, the indirect object pronoun is attached to the infinitive (if there is one) in the sentence.

If the sentence includes the infinitive, but has no other form of a verb, any indirect object pronoun *must* be attached to the infinitive, and the infinitive drops the final -e before the indirect object pronoun.

Voglio telefonarti, invece di
scriverti una lettera.

*I want to call (you), instead of
writing you a letter.*

Prima di darti i soldi, devo
telefonare a Guido.

*Before giving you the money,
I must telephone Guido.*

There are times when sentences include more than one verb, one of which is an infinitive. You may attach an indirect object pronoun to the infinitive in this situation.

Voglio insegnarle a giocare
a tennis.

*I want to teach her how to play
tennis.*

Lei **vuole darci** un cappuccino. *She wants to give us a cappuccino.*

Exercise 10.9

Complete the sentences by attaching the indirect object pronouns to the infinitives, using the correct form of the words in parentheses.

1. Luisa _____ la storia della sua vita. (*to want to tell/ to me*)

2. Noi _____ la nostra casa. (*to want to sell/to them*)

3. Lui _____ la penna. (*to want to lend/to her*)

4. Maria _____. (*to have to write/to her*)

5. La mamma _____ la cena. (*to have to prepare/for him*)

6. Io _____ un regalo. (*to want to send/to you, inf.*)

7. Voi _____ dei soldi. (*to want to lend/to me*)

Exercise 10.10

Complete the sentences with the correct form of the verbs and indirect object pronouns in parentheses.

1. Marcella _____ a cucinare. (*to want to teach/to us*)

2. Se hai freddo, io _____ una coperta. (*to give/to you*)

3. Noi _____ spesso. (*to write/to you*)

4. Tu _____ spesso dei regali. (*to want to send/to me*)

5. Io _____ un cane. (*to want to buy/for them*)

Review: Indirect Object Pronouns

Review the positions of the indirect object pronouns.

- Directly before the first verb

- Attached to the infinitive

Whether the indirect object pronoun is placed directly before the first verb or attached to the infinitive, the meaning is exactly the same. Practice the indirect object pronouns as much as you can. It is a difficult concept to master.

Io **voglio spedirti** un pacco. Io **ti voglio spedire** un pacco.	*I want to send you a package.*
Vogliono raccontarci una storia. **Ci vogliono raccontare** una storia.	*They want to tell us a story.*
Devi dirmi la verità. **Mi devi dire** la verità.	*You have to tell me the truth.*

Exercise 10.11

Translate the sentences into English.

1. Mi puoi dire perchè non vuoi andare con noi?

   _____

2. Il mio amico deve imprestarmi quattro sedie.

   _____

3. Lucia vuole dargli un bicchierino di liquore.

   _____

4. Mi interessa molto imparare a suonare il piano.

   _____

5. Il dottore vuole parlarmi.

   _____

6. Mando un regalo ai bambini.

_____

7. Voglio mandare un regalo.

_____

8. Non ho voglia di parlargli.

_____

9. Le devo telefonare.

_____

10. Il professore gli fa una domanda.

_____

11. Hai telefonato a Giovanni? Sì, gli ho telefonato.

_____

12. Voglio telefonarle appena posso.

_____

13. A Maria non piace il caffè, ma le piace il cappuccino.

_____

14. Il cameriere le porta una bottiglia di acqua minerale.

_____

15. Le devo dire che legge molto bene.

_____

 Exercise 10.12

Answer the questions in Italian with full sentences. Replace the indirect object with the indirect object pronoun where possible, paying attention to the placement.

1. Ti piace questa lezione?

   Sì, _____.

2. Ti piace andare al mare?

   Sì, _____.

3. Gli piace andare a ballare?

   No, _____.

4. Devo portarle dei fiori, perchè è il suo compleanno?

   No, ma _____.

5. Mandi l'invito al tuo professore?

   Sì, _____.

6. Vuoi farle una sorpresa?

   Sì, _____.

7. Vuoi scrivergli una lettera?

   Sì, _____.

8. Hai detto a Marco di studiare?

   Sì, _____.

9. Vuoi imprestare il tuo libro a Giovanni?

   Sì, _____.

10. Vuoi farmi una domanda?

    Sì, _____.

11. Gli dici che deve ritornare a casa presto?

    Sì, _____.

12. Devo imprestarti dei soldi?

    Sì, _____.

13. Vuoi che ti insegni a dipingere?

    No, _____.

14. Ti piace cucinare?

    No, _____.

Exercise 10.13

Translate the sentences into Italian.

1. He gives her a diamond ring every year.

   _____

2. Luisa never tells me anything.

   _____

3. We will lend her our books.

_____

4. I will bring you wine, if you bring me beer.

_____

5. I want to bring you pasta.

_____

6. He wants to tell her many things.

_____

7. When will you answer my letter?

_____

8. The homework seems to me very difficult.

_____

9. I love my children.

_____

10. I tell you that the train is on time.

_____

11. Why don't you answer my questions?

_____

12. Maria tells me that she wants to go to Venice.

_____

13. Maria wants to tell me where she wants to go.

_____

14. I have to get ready.

_____

15. The girl looks like her father.

_____

Reading Comprehension
Andare a fare spese

Io e le mie amiche siamo molto contente quando possiamo andare a fare compere. Ci affascina andare nei centri commerciali e guardare la merce esposta. Ci piace anche comprare qualche vestito anche se non ne abbiamo bisogno.

Ci fermiamo sempre davanti ai banchi dei profumi. Guardiamo e proviamo i profumi. Le commesse ci chiedono se abbiamo bisogno di qualche cosa. Ci chiedono di provare i profumi e alla fine non sappiamo quale scegliere. Ci sembrano tutti uguali.

Quando siamo stanche e abbiamo fame, decidiamo dove vogliamo andare a mangiare un boccone in fretta.

Guardiamo il menù e chiediamo al cameriere che cosa ci suggerisce. Il cameriere ci dice che la specialità del ristorante è il pesce. Siamo contente, perchè il pesce ci piace molto.

Dopo aver finito di mangiare, ritorniamo nei negozi e continuiamo a fare compere.

Vogliamo portare un regalo ai bambini. Scegliamo un libro e un giocattolo. Ci dispiace quando dobbiamo ritornare a casa. Telefoniamo ai nostri mariti per dire che stiamo ritornando.

Vocabolario (Vocabulary)

andare a fare compere	*to go shopping*
il banco	*the counter*
il centro commerciale	*the shopping center*
la commessa	*the clerk*
esposta	*displayed*
in fretta	*in a rush, quickly, fast*
il giocattolo	*the toy*
mangiare un boccone	*to have a bite to eat*
la merce	*the merchandise*
il profumo	*the perfume*
provare	*to try*
scegliere	*to choose*
la specialità	*the speciality*
suggerire	*to suggest*

Domande (Questions)

After you have read the selection, answer the questions in Italian repeating your answers aloud.

1. Dove vanno le amiche e perchè?

_____

_____

2. Dove si fermano nei negozi?

_____

_____

3. Che cosa fanno quando si fermano al banco dei profumi?

_____

_____

4. Dove vanno quando sono stanche?

_____

_____

5. Prima di ritornare a casa che cosa fanno?

_____

_____

 # Reading Comprehension

La spiaggia

Mi piace molto andare in spiaggia alla mattina presto, per vedere l'alba e il sorgere del sole e alla sera per vedere il tramonto. Di solito alla mattina non c'è molta gente. Dormono ancora tutti. Quelli come me che vanno in spiaggia così presto, sono lì per correre, camminare, per fare camminare il loro cane. Spesso vedo persone sedute, con gli occhi chiusi che meditano. Mi piace camminare sul bordo del mare, cercare le conchiglie che sono venute sulla spiaggia spinte dalle onde durante la notte, e bagnarmi i piedi sulla riva del mare. Alla mattina l'acqua è fredda e ci sono pochissimi bagnanti. Solo pochi coraggiosi.

Quando il sole comincia a sorgere è come una grossa palla rossa, sospesa sull'acqua. Qualche volta, il cielo si riempie di raggi rossi. In poco tempo il sole è alto nel cielo ed è chiaro. Il giorno è cominciato. La gente lascia la spiaggia per andare a compiere il dovere giornaliero. Durante il giorno non vado in spiaggia. È troppo caldo, c'è troppa gente, e non fa molto bene stare al sole.

Ritorno in spiaggia alla sera all'ora del tramonto. Non fa più tanto caldo. Non c'è più tanta gente. Ci sono solo le persone che vogliono godersi la natura, osservare la fine di un'altra giornata, e ammirare il saluto serale del sole che spesso è spettacolare. Qualche volta, il cielo si riempie di nuvole rosse e arancioni. Tutto il cielo è come un quadro meraviglioso che dura solo pochi istanti, ma che si ripete ogni sera.

Dopo che il sole è tramontato, e la terra è circondata da oscurità, comincia un altro miracolo. Il cielo si riempie di migliaia di stelle che scintillano. La luna brilla sulla terra e la spiaggia si riempie di mistero.

Nomi (Nouns)

l'alba	the *dawn*	il mistero	*the mystery*
il bagnante	*the swimmer*	la natura	*the nature*
il bordo	*the edge*	la nuvola	*the cloud*
il cielo	*the sky*	l'onda	*the wave*
la conchiglia	*the shell*	l'oscurità	*the darkness*
il dovere	*the duty*	il raggio	*the ray*
la gente	*the people*	la riva	*the edge*
l'istante	*the instant*	il saluto	*the greeting*
la luna	*the moon*	il sorgere	*the rising*
il mare	*the sea*	la spiaggia	*the beach*
il miracolo	*the miracle*	il tramonto	*the sunset*

Verbi di espressioni (Verbs of Expression)

ammirare	*to admire*	durare	*to last*
andare	*to go*	godere	*to enjoy*
bagnare	*to wet*	meditare	*to meditate*
brillare	*to shine*	osservare	*to observe*
cercare	*to seek*; *to look for*	riempire	*to fill*
cominciare	*to start*	ripetere	*to repeat*
compiere	*to do*	scintillare	*to shine*
correre	*to run*	sorgere	*to rise*
dormire	*to sleep*	tramontare	*to set*

Aggettivi (Adjectives)

altro	*other*	meraviglioso	*wonderful*
chiaro	*light*	serale	*in the evening*
coraggioso	*courageous*	sospeso	*suspended*
giornaliero	*daily*	spettacolare	*spectacular*
grosso	*fat*		

Espressioni (Expressions)

Non fa bene stare al sole.	*It is not good to stay in the sun.*
Godersi la natura.	*Enjoy nature.*

Participi Passati (Past Participles)

circondata	*surrounded*	tramontato	*set*

Domande (Questions)

After you have read the selection, answer the questions in Italian repeating your answers aloud.

1. A che ora è meglio andare alla spiaggia?

   _____

   _____

2. Chi c'è sulla spiaggia alla mattina?

   _____

   _____

3. Che cosa si vede la mattina dalla spiaggia?

   _____

   _____

4. Che cosa si vede alla sera dalla spiaggia?

   _____

   _____

5. Quando cade l'oscurità che cosa c'è nel cielo?

   _____

   _____

11

The Direct Object

Transitive Verbs and the Direct Object

A direct object receives the action of the verb directly. The direct object can be a person or a thing.

*I read **the book**.*
*I see **the woman**.*

Verbs that take a direct object are called transitive verbs; the direct object answers the question *whom?* or *what?*

The English translation for many Italian verbs includes a preposition. In these situations, the direct object will immediately follow the verb in Italian, but it will follow the preposition in English.

Io ascolto la musica.   ***I listen to*** *the music.*
Tu aspetti gli amici.   ***You wait for*** *the friends.*

The following conjugations are of frequently used transitive verbs.

abbracciare *to embrace, to hug*		**accompagnare** *to accompany*	
io abbraccio	noi abbracciamo	io accompagno	noi accompagniamo
tu abbracci	voi abbracciate	tu accompagni	voi accompagnate
lui/lei abbraccia	loro abbracciano	lui/lei accompagna	loro accompagnano

aiutare *to help*		**amare** *to love*	
io aiuto	noi aiutiamo	io amo	noi amiamo
tu aiuti	voi aiutate	tu ami	voi amate
lui/lei aiuta	loro aiutano	lui/lei ama	loro amano

ascoltare *to listen to*

io ascolto	noi ascoltiamo
tu ascolti	voi ascoltate
lui/lei ascolta	loro ascoltano

aspettare *to wait for*

io aspetto	noi aspettiamo
tu aspetti	voi aspettate
lui/lei aspetta	loro aspettano

chiamare *to call*

io chiamo	noi chiamiamo
tu chiami	voi chiamate
lui/lei chiama	loro chiamano

guardare *to look at*

io guardo	noi guardiamo
tu guardi	voi guardate
lui/lei guarda	loro guardano

incontrare *to meet*

io incontro	noi incontriamo
tu incontri	voi incontrate
lui/lei incontra	loro incontrano

invitare *to invite*

io invito	noi invitiamo
tu inviti	voi invitate
lui/lei invita	loro invitano

portare *to bring*

io porto	noi portiamo
tu porti	voi portate
lui/lei porta	loro portano

raccogliere *to gather*

io raccolgo	noi raccogliamo
tu raccogli	voi raccogliete
lui/lei raccoglie	loro raccolgono

salutare *to greet*

io saluto	noi salutiamo
tu saluti	voi salutate
lui/lei saluta	loro salutano

trovare *to find*

io trovo	noi troviamo
tu trovi	voi trovate
lui/lei trova	loro trovano

vedere *to see*

io vedo	noi vediamo
tu vedi	voi vedete
lui/lei vede	loro vedono

visitare *to visit*

io visito	noi visitiamo
tu visiti	voi visitate
lui/lei visita	loro visitano

 Exercise 11.1

Complete the sentences with the correct form of the phrases in parentheses.

EXAMPLE Noi <u>*visitiamo i nostri amici*</u>. *(to visit our friends)*

1. Prima di uscire di casa, lei _____. *(to kiss her husband)*

2. Lei _____ prima di uscire di casa. (*to call her friend*)

3. In primavera noi _____ nei campi. (*to gather flowers*)

4. Io non _____ mai la televisione. (*to watch*)

5. In classe noi _____. (*to listen to the teacher*)

6. Tu _____ ad attraversare la strada. (*to help the aunt*)

7. Lei mi _____. (*to bring a cup of tea*)

8. Roberto _____ a casa sua. (*to invite the friends*)

9. Lui non capisce la lezione perchè non _____. (*to listen to the teacher*)

10. Roberto _____ alla festa. (*to invite all of his friends*)

11. Noi _____ l'autobus tutte le mattine. (*to wait for*)

12. Voi _____ Pietro. (*to know well*)

13. Lei _____ sulla spiaggia. (*to see many birds*)

14. Maria _____. (*to help the old lady*)

15. La mamma _____ a scuola. (*to accompany the children*)

16. Loro _____ del prete. (*to listen to the sermon*)

Direct Object Pronouns

The direct object pronouns **mi**, **ti**, **ci**, and **vi** have the same forms as the indirect object pronouns **mi**, **ti**, **ci**, and **vi**. The new forms are **lo**, **li**, **la**, and **le**.

mi	*me*	ci	*us*
ti	*you*	vi	*you*
lo	*him, it* (*m.*, object)	li	*them* (*m.*, persons and objects)
la	*her, it* (*f.*, object)	le	*them* (*f.*, persons and objects)

Make sure you know what the direct object and the direct object pronouns are in all cases. Review the following.

*I read **the book**.*
*I see **the boy**.*

- In these sentences *the book* and *the boy* are the direct objects.
- The direct object pronoun replaces the direct object.

*I read the book. I read **it**.*
*I see the boy. I see **him**.*

 Review: Direct Object Pronouns

The direct object pronoun:

- Replaces the direct object

- Can refer to a person or a thing

- Receives the action of the verb directly

- Answers the question about what or who received the action

Position of the Direct Object Pronoun

The direct object pronoun can be placed in either of two positions in a sentence.

Direct Object Pronoun Placed Directly Before the First Verb

In the first position, the direct object pronoun is placed directly before the first verb in a sentence or question.

Lei **mi** chiama.	*She calls me.*
I bambini **ti** guardano.	*The children look at you.*
Loro **ci** vedono.	*They see us.*
Vi possiamo aspettare?	*Can we wait for you?*

Direct Object Pronoun Attached to the Infinitive

In the second position, the direct object pronoun is attached to the infinitive. In either case, the meaning of the sentence does not change.

Lei vuole **visitarmi** in Italia.	*She wants to visit me in Italy.*
Vogliamo **invitarlo** a cena.	*We want to invite him to dinner.*

Devo **chiamarlo.**   *I have to call him.*
Chi vuole **chiamarlo?**   *Who wants to call him?*
Vuoi **aspettarla?**   *Do you want to wait for her?*
Puoi **chiamarla?**   *Can you call her?*

Direct Object Pronoun and the Infinitive

As with the indirect object pronoun, when the direct object pronoun is attached to the end of the infinitive verb, the final **-e** of the infinitive is dropped.

Voglio **vederla.**   *I want to see her.*

The Direct Object Pronoun as a Person

The direct object pronoun doesn't need any clarification. It is clear that **lo** can only mean *him*, **la** can only mean *her*, **li** can only mean *them (m. pl.)*, and **le** can only mean *them (f. pl.)*.

lo	*him*	li	*them (m.)*
la	*her*	le	*them (f.)*

Luisa **lo** guarda.   *Luisa looks at him.*
Carla **la** chiama.   *Carla calls her.*
Li vedo domani.   *I see them tomorrow.*
Io **le** conosco bene.   *I know them well.*

To make a sentence negative, **non** is placed before the direct object pronoun.

Non lo vedo   *I don't see him.*
Non la conosco.   *I don't know her.*
Tu **non** la baci.   *You don't kiss her.*

When the direct object pronoun is attached to the infinitive, **non** is placed before the first verb.

Non voglio vederlo.   *I don't want to see him.*
Non vuoi aspettarla.   *You don't want to wait for her.*
Non posso cantarla.   *I cannot sing it.*

Exercise 11.2

Complete the sentences with the correct verb forms and direct object pronouns.

1. Luisa _____ tutte le domeniche. (*to wait for him*)

2. Io non _____. (*to remember it*)

3. Dov'è il gatto? Io non _____. (*to see it*)

4. Tu _____. (*to know her*)

5. Marco _____ molto. (*to love her*)

6. Domani andiamo a _____. (*to visit them*)

7. Loro _____. (*to listen to her*)

8. Voi _____. (*to listen to them*)

9. Lui _____. (*to kiss her*)

10. Io _____ sempre. (*to think about her*)

11. _____ a pranzo. (*to invite him*)

12. Dov'è tua sorella? Non _____. (*to know it*)

13. Noi _____ al cinema. (*to accompany them*)

14. Conoscete Luisa? Sì, _____. (*to know her*)

15. Decidiamo di _____. (*to help him*)

16. Non voglio _____. (*to want to see her*)

Exercise 11.3

Translate the sentences into English.

1. Il ragazzo sembra ammalato. Dobbiamo aiutarlo.

   _____

2. Quando la vedi, devi abbracciarla.

   _____

3. Maria arriva sempre tardi e noi non la aspettiamo più.

   _____

4. Chiamiamo i nostri genitori e li avvisiamo che andiamo a visitarli.

   _____

5. Voglio invitare Mario e Nadia a cena. Li chiamo questa sera.

The Direct Object Pronoun as a Thing

Carlo compra **lo stereo**.   *Carlo buys **the stereo**.*
Carlo **lo** compra.   *Carlo buys **it**.*

Let's review what we have learned about the direct object pronouns.

- The direct object pronoun replaces the direct object.
- The direct object pronoun is placed directly before the first verb or is attached to the infinitive.

Carlo compra lo stereo.   *Carlo buys the stereo.*
Carlo **lo** compra.   *Carlo buys it.*

Io canto la canzone.   *I sing the song.*
Io **la** canto.   *I sing it.*

Compriamo i piselli.   *We buy the peas.*
Li compriamo.   *We buy them.*

Lei legge le riviste.   *She reads the magazines.*
Lei **le** legge.   *She reads them.*

Deve prendere il treno alle nove. *She has to get the train at nine.*
Deve prender**lo** alle nove.   *She has to get it at nine.*

Io non capisco la matematica.   *I don't understand math.*
Devo studiar**la** per capir**la**.   *I have to study it to understand it.*

 ## Exercise 11.4

Complete the sentences with the correct verb forms and direct object pronouns.

1. Dove sono le riviste? Io _____ sempre nel cestino, ma adesso non _____. (*to put them, to see them*)

2. La sua camera è sporca, ma Carlo non _____. (*to want to clean it*)

3. La mia macchina è rotta. Io non _____.
   Forse _____. (to be able to use it, to sell it)

4. Il vestito è pieno di macchie. Io _____ in
   lavanderia. (to have to take it)

5. Io ho tanti bei libri a casa mia. Io _____. (to want
   to read them)

6. Vogliamo andare nei negozi e comprare i regali. Noi _____
   oggi perchè _____. (to have to buy them, to have
   to ship them)

7. Loro non capiscono la lezione. È necessario _____
   per _____. (to study it, to understand it)

8. In inverno la gente prende il raffreddore. _____
   spesso. (to catch a cold)

9. Vuoi leggere il libro? Sì, _____ ma non ho tempo.
   (to want to read it)

10. Domani invito gli amici di Maria. _____ per una
    festa. (to want to invite them)

Review Table of Indirect and Direct Object Pronouns

Subject Pronoun	Indirect Object Pronoun	Direct Object Pronoun
io	mi	mi
tu	ti	ti
lui	gli	lo
lei	le	la
noi	ci	ci
voi	vi	vi
loro (*m.*)	gli (a loro)	li
loro (*f.*)	gli (a loro)	le

 ## Exercise 11.5

Complete the sentences with the correct indirect or direct object pronoun by placing the pronoun in front of the first verb or attaching it to the infinitive.

1. Conosci bene l'Italia? Sì, _____ conosco. (*her*)

2. Dov'è la rivista? _____ vedi? (*it*)

3. Lui compra i dolci per la festa. _____ compra. (*them*)

4. Voglio aiutare mia sorella in cucina. _____ voglio aiutare. (*her*)

5. Noi diamo i regali ai bambini. _____ diamo i regali. (*to them*)

6. Prima di incontrar _____ va al cinema. (*them*)

7. Quando _____ scrivi? Io _____ scrivo domani. (*to him, to him*)

8. Io capisco l'italiano. Tu non _____. (*to understand it*)

9. Invece di _____ a casa, _____ al ristorante. (*to invite him, to bring him*)

10. Io _____ una lunga lettera, ma lei non _____ trova. (*to write to her, to find it*)

11. Tu _____ al telefono, ma io non _____. (*to speak to me, to understand you*)

12. La bambina _____ di _____ un bacio. (*to ask me, to give her*)

13. Io _____ le scarpe, ma lei non _____, perchè _____ male ai piedi. (*to buy for her, to want them, to hurt her*)

14. Lei _____ tutti i giorni, ma non _____ mai. (*to call me, to find me*)

15. Lui non _____ quando lei _____ parla. (*to hear her, to him*)

16. Noi _____ un invito. (*to send to him*)

17. Il professore _____ fa una domanda, ma loro non _____ rispondono. (*to him, to him*)

18. Vediamo Maria tutti i giorni, ma non _____ parliamo. (*to her*)

19. Voi _____ portate il pacco. (*to her*)

20. Mia mamma compra i fiori tutti i giorni. _____ compra al mercato. (*them*)

Exercise 11.6

*Review **piacere** and indirect object pronouns, then answer the questions aloud.*

1. Che cosa vi piace fare alla domenica?

2. Che cosa piace ai bambini?

3. A chi piace viaggiare e andare in vacanza?

4. A chi piace andare a sciare?

5. Perchè vi piace andare al cinema?

Exercise 11.7

Translate the sentences into Italian.

1. Lisa waits for her brothers who always arrive late.

   _____

2. We go to the movies every week. We like going to the movies.

   _____

3. Italian verbs are difficult, but we study and we learn them.

   _____

4. Do you want to accompany him to the football game? He doesn't like going by himself.

   _____

   _____

5. When he sees her, he embraces her, he kisses her, and he talks to her for a long time.

   _____

6. I ask him how much the ticket costs, but he doesn't know.

   _____

7. They eat pizza all the time. I don't eat it because I don't like it.

   _____

8. They like the beach. I don't like it because it is too crowded.

   _____

9. She has a new bathing suit, but she never wears it.

_____

10. Do you speak to her all the time? Do you see her often?

_____

 ## Reading Comprehension
Gli svaghi degli italiani

Agli italiani piace mangiare. Ma agli italiani piace soprattutto mangiare in compagnia degli altri. Sia per grandi banchetti in occasione di ricorrenze importanti, o piccole feste con amici e parenti la cena fuori al ristorante o in trattoria, è un passatempo perfetto e uno svago ideale.

Agli italiani non piace organizzare raduni con tanto anticipo. Agli italiani piace organizzare gite, pranzi, feste, all'ultimo momento. Se alla domenica mattina fa bel tempo, non sono stanchi, contattano gli amici o i parenti e in poco tempo sono pronti per andare a divertirsi.

Lo spazio pubblico della piazza è il salotto degli italiani dove si incontrano con gli amici. Nelle piazze italiane, a qualsiasi ora, si vedono gruppi di uomini o di ragazzi che parlano, gesticolano, ridono e a volte fanno pensare che stiano litigando tanto sono agitati e urlano. Stanno solo parlando di politica o di sport, mentre seguono con ammirazione le giovani passanti.

Nelle piazze italiane di solito si trovano ristoranti e bar con tavolini all'esterno dove la gente può sedersi e ordinare qualche cosa da mangiare o da bere e dove possono rimanere quanto vogliono. Nessuno li manda via.

Un altro svago italiano è il calcio. Gli italiani amano guardare, giocare, parlare del calcio. Tutti hanno una squadra favorita che seguono con passione. Tutti sono esperti e sanno tutto sulla squadra che preferiscono. Molti uomini italiani vanno alle partite domenicali o le seguono alla televisione.

Agli italiani piace vivere bene e svagarsi con gli amici e i parenti.

Nomi (Nouns)

il banchetto	*the banquet*	il passante	*the passerby*
la compagnia	*the company*	il passatempo	*the entertainment*
la gita	*the excursion*	il raduno	*the gathering*
la partita	*the game*	la ricorrenza	*the festivity*
l'occasione	*the occasion*	lo spazio	*the space*

Aggettivi (Adjectives)

agitato	*excited*	ideale	*ideal*
esperto	*expert*	importante	*important*
grande	*big, large*	perfetto	*perfect*

Verbi (Verbs)

gesticolare	*to gesticulate*	organizzare	*to organize*
incontrarsi	*to meet each other*	ridere	*to laugh*
litigare	*to quarrel*	seguire	*to follow*
mandare	*to send*	urlare	*to scream*

Domande (Questions)

After you have read the selection, answer the questions in Italian repeating your answers aloud.

1. Dove piace mangiare agli italiani?

_____

_____

2. Che cosa piace organizzare agli italiani?

_____

_____

3. Dove si incontrano gli italiani?

_____

_____

4. Che cosa si vede nelle piazza italiane?

_____

_____

5. Qual'è un altro svago italiano?

_____

_____

6. Con chi si svagano gli italiani?

_____

_____

12

Reflexive Verbs

A verb is called reflexive when both the subject and the object refer to the same person. In other words, the subject and the object are the same within a sentence. Reflexive verbs are easy to recognize because they add the reflexive pronoun **si** (*oneself*) to the infinitive form of the verb, replacing the final **-e** of the infinitive.

I wake myself.

Subject	Verb	Object
I	*wake*	*myself.*

Reflexive Pronouns

The reflexive pronouns are object pronouns.

mi	*myself*	ci	*ourselves*
ti	*yourself*	vi	*yourselves*
si	*himself, herself, yourself*	si	*themselves, yourselves*

To conjugate a reflexive verb, drop the **-si** from the infinitive and place the reflexive pronoun in front of the conjugated verb. The reflexive always has a reflexive pronoun.

svegliarsi *to wake oneself*		**lavarsi** *to wash oneself, to wash up*	
mi sveglio	*I wake myself*	**ci** laviamo	*we wash ourselves*
ti svegli	*you wake yourself*	**vi** lavate	*you wash yourselves*
si sveglia	*he/she wakes himself/herself*	**si** lavano	*they wash themselves*

Compare the reflexive verb with the nonreflexive verb.

REFLEXIVE	Io **mi** sveglio.	*I wake myself.*
NONREFLEXIVE	Io sveglio **il bambino**.	*I wake the baby up.*

Frequently Used Reflexive Verbs

abituarsi *to get used to*

mi abituo	ci abituiamo
ti abitui	vi abituate
si abitua	si abituano

chiamarsi *to call oneself*

mi chiamo	ci chiamiamo
ti chiami	vi chiamate
si chiama	si chiamano

chiedersi *to ask oneself*

mi chiedo	ci chiediamo
ti chiedi	vi chiedete
si chiede	si chiedono

dimenticarsi *to forget*

mi dimentico	ci dimentichiamo
ti dimentichi	vi dimenticate
si dimentica	si dimenticano

divertirsi *to have fun*

mi diverto	ci divertiamo
ti diverti	vi divertite
si diverte	si divertono

domandarsi *to wonder, to ask*

mi domando	ci domandiamo
ti domandi	vi domandate
si domanda	si domandano

prepararsi *to get ready*

mi preparo	ci prepariamo
ti prepari	vi preparate
si prepara	si preparano

presentarsi *to introduce oneself*

mi presento	ci presentiamo
ti presenti	vi presentate
si presenta	si presentano

A Word About Reflexive Verbs

It is not necessary to use both the subject pronoun and the reflexive pronoun, except in the third-person singular. The third-person plural doesn't need the subject pronoun either, since the ending of the verb indicates who is performing the action. From now on, the subject pronouns are omitted.

Reflexive Verbs Whose English Translations Do Not Include Oneself

The following are among the most commonly used reflexive verbs. These do not necessarily include *oneself* in the English translation like the reflexive verbs you just learned. These reflexive verbs will greatly enhance your ability to express yourself about everyday activities.

addormentarsi *to fall asleep*		**alzarsi** *to get up*	
mi addormento	ci addormentiamo	mi alzo	ci alziamo
ti addormenti	vi addormentate	ti alzi	vi alzate
si addormenta	si addormentano	si alza	si alzano

ammalarsi *to get sick*		**riposarsi** *to rest*	
mi ammalo	ci ammaliamo	mi riposo	ci riposiamo
ti ammali	vi ammalate	ti riposi	vi riposate
si ammala	si ammalano	si riposa	si riposano

sedersi *to sit*	
mi siedo	ci sediamo
ti siedi	vi sedete
si siede	si siedono

Position of the Reflexive Pronoun

The reflexive pronoun can be placed in two positions in a sentence.

- In the first position, the reflexive pronoun is placed directly in front of the conjugated verb.

Mi sveglio presto.	*I wake up early.*
Ti svegli alle otto.	*You wake up at eight o'clock.*

- In the second position, the reflexive pronoun is attached to the infinitive. As with the direct and indirect object pronouns attached to the infinitive, the infinitive drops the **-e**.

Lei vuole vestir**si** da sola.	*She wants to get dressed by herself.*
Vogliamo veder**ci** al più presto.	*We want to see each other as soon as possible.*

Exercise 12.1

Complete the sentences with the correct form of the reflexive verbs in parentheses.

1. Anna _____ molto tardi il sabato. (*to wake up*)

2. I bambini _____ presto ai cambiamenti. (*to get used to*)

3. Quando _____ devo fare subito il caffè. (*to wake up*)

4. Lavoriamo tutta la settimana e _____ il fine settimana. (*to have fun*)

5. Mia nipote ha un bel nome. _____ Kyria. (*to be called*)

6. Se volete _____, andate nel salotto. (*to sit*)

7. Loro vogliono _____ bene per l'esame. (*to get ready*)

8. Se non finisco il mio lavoro non _____ facilmente. (*to fall asleep*)

9. Tu _____ sempre di scrivermi una cartolina. (*to forget*)

10. Mi piace _____ per mezz'ora nel pomeriggio. (*to rest*)

Reflexive Verbs with Parts of the Body and Clothing

Italian does not use the possessive adjective when talking about parts of the body or clothing. The definite article is used instead.

farsi il bagno/la barba/la doccia		**mettersi**	
take a bath; shave; take a shower		*to put on (clothing)*	
mi faccio	ci facciamo	mi metto	ci mettiamo
ti fai	vi fate	ti metti	vi mettete
si fa	si fanno	si mette	si mettono

spazzolarsi (i denti, i capelli)		**svestirsi**	
to brush (one's teeth, hair)		*to take off (clothing)*	
mi spazzolo	ci spazzoliamo	mi svesto	ci svestiamo
ti spazzoli	vi spazzolate	ti svesti	vi svestite
si spazzola	si spazzolano	si sveste	si svestono

truccarsi *to put on makeup*		**vestirsi** *to get dressed*	
mi trucco	ci trucchiamo	mi vesto	ci vestiamo
ti trucchi	vi truccate	ti vesti	vi vestite
si trucca	si truccano	si veste	si vestono

Reflexive Verbs That Express Emotion or Movement

These lists show reflexive verbs that express emotion and movement.

Emotion

arrabbiarsi	*to become angry*	rallegrarsi	*to rejoice*
calmarsi	*to calm down*	spaventarsi	*to get frightened*
irritarsi	*to get irritated*	tranquillizarsi	*to calm down*
preoccuparsi	*to worry*		

Movement

alzarsi	*to stand up*
fermarsi	*to stop*
muoversi	*to move*

Exercise 12.2

Complete the sentences with the correct form of the reflexive verbs in parentheses.

1. Fa freddo e lei _____ una maglia pesante. (mettersi)

2. Piove, non vogliamo _____ sotto un albero. (fermarsi)

3. Se vedo un topo _____. (spaventarsi)

4. Io _____ quando ritorni a casa tardi. (preoccuparsi)

5. Loro _____ tardi alla mattina. (alzarsi)

6. A Lara piace _____ quando va con le amiche. (truccarsi)

7. Prima di andare a letto, io _____ sempre i denti. (spazzolarsi)

8. Tutte le mattine mio marito _____ la barba. (farsi)

9. Quando ritorno a casa _____. (rilassarsi)

10. L'autobus _____ davanti a casa. (fermarsi)

11. Io _____ quando vedo i nipotini. (rallegrarsi)

12. Il gatto _____ quando ci vede. (spaventarsi)

13. A lei piace _____ il vestito nuovo. (mettersi)

14. I giovani oggi giorno non _____ mai. (pettinarsi)

Reflexive Verbs Followed by a Preposition

In Italian, a preposition that follows a reflexive verb cannot be omitted, even if it is not included in the English translation.

approfittarsi (di) *to take advantage*		**bruciarsi (con)** *to get burned*	
mi approfitto	ci approfittiamo	mi brucio	ci bruciamo
ti approfitti	vi approfittate	ti bruci	vi bruciate
si approfitta	si approfittano	si brucia	si bruciano

burlarsi (di) *to make fun of*		**fidarsi (di)** *to trust*	
mi burlo	ci burliamo	mi fido	ci fidiamo
ti burli	vi burlate	ti fidi	vi fidate
si burla	si burlano	si fida	si fidano

incontrarsi (con) *to meet with*		**lamentarsi (di)** *to complain about*	
mi incontro	ci incontriamo	mi lamento	ci lamentiamo
ti incontri	vi incontrate	ti lamenti	vi lamentate
si incontra	si incontrano	si lamenta	si lamentano

Lui si approfitta di tutti.	*He takes advantage of everybody.*
Mi brucio con la candela.	*I burn myself with the candle.*
Lei non si fida di nessuno.	*She does not trust anybody.*
Ci lamentiamo del prezzo della benzina.	*We complain about the price of gasoline.*
Mi rendo conto di come è bella l'Italia.	*I realize how beautiful Italy is.*
Lui non si ricorda di te.	*He doesn't remember you.*

 ## Exercise 12.3

Complete the sentences with the correct form of the verbs in parentheses.

1. A mezzanotte io _____ a pulire la cucina. (*to start to*)

2. Lei non _____ dello sbaglio che fa. (*to realize*)

3. Lei _____ con la pentola calda. (*to get burned*)

4. La nonna _____ di tutti. (*to remember*)

5. Io non _____ di nessuno. (*to trust*)

6. Giovanni _____ di tutti. (*to make fun*)

7. Oggi non lavora perchè non _____. (*to feel well*)

8. Devi _____ di mandare gli auguri alla zia. (*to remember*)

9. Lui _____ a studiare sempre troppo tardi. (*to start*)

10. Le donne italiane _____ sempre di tutto. (*to complain about*)

11. Il bambino _____ con i fiammiferi. (*to get burned*)

12. Noi _____ di non poter vedere tutta l'Italia in due settimane. (*to realize*)

13. Tu _____ di tutto. (*to complain about*)

14. Noi _____ tutte le settimane. (*to meet*)

15. I ragazzi _____ con gli amici dopo la scuola. (*to meet*)

16. Io _____ di te. (*to trust*)

Review of Indirect and Direct Object Pronouns and Reflexive Pronouns

Subject Pronoun	Indirect Object Pronoun	Direct Object Pronoun	Reflexive Pronoun
io	mi	mi	mi
tu	ti	ti	ti
lui	gli	lo	si
lei	le	la	si
noi	ci	ci	ci
voi	vi	vi	vi
loro (*m.*)	gli (a loro)	li	si
loro (*f.*)	gli (a loro)	le	si

NOTE: Remember that in today's Italian, **gli** is often used in place of **loro**. It is used for the singular masculine indirect object pronoun and for the masculine and feminine plural.

Gli ho chiesto di uscire con me.   *I asked him to go out with me.*

Ho chiesto **loro** di venire con noi.   *I asked them to come with us.*

Gli ho chiesto di venire con noi.   *I asked them to come with us.*

Reflexive Verbs with Reciprocal Meanings

Sometimes in Italian, the plural forms of reflexive verbs are used to express the reciprocal idea of *each other*. Here are some of the most commonly used reflexive verbs.

aiutarsi	*to help each other*	parlarsi	*to speak to each other*
amarsi	*to love each other*	scriversi	*to write each other*
capirsi	*to understand each other*	vedersi	*to see each other*
conoscersi	*to know each other*		

Maria e Luisa si vedono tutti i giorni.	*Maria and Luisa see each other every day.*
Paolo e Lucia si amano molto.	*Paolo and Lucia love each other a lot.*
Si aiutano ad allacciarsi le scarpe.	*They help each other tying their shoes.*
Ci parliamo tutti giorni per telefono.	*We talk to each other every day by phone.*
Vi scrivete ogni settimana.	*You write each other every week.*
Non si capiscono bene.	*They don't understand each other well.*
Ci conosciamo da tanto tempo.	*We have known each other for a long time.*

Si and Impersonal Expressions

Expressions with **si** are used when the verb has no personal subject. In English these sentences are translated by subjects such as *one, they, you,* or by the passive voice.

The third-person singular or plural of the verb is used in these sentences.

ENGLISH CONSTRUCTION	*How do you say "good morning" in Italian?*
ITALIAN CONSTRUCTION	Come si dice «good morning» in italiano?

Qui **si parla** inglese.	*English is spoken here.*
In Italia **si vive** bene.	*One lives well in Italy.*
Si sa che sono bravi ragazzi.	*It is known that they are good boys.*

Exercise 12.4

Complete the story by filling in the blanks with the correct form of the verbs in parentheses.

Roberto (1) _____ (*wakes up*) molto presto tutte le mattine.

(2) _____ (*gets dressed*) e va in palestra per un'ora. Quando ritorna

a casa (3) _____ (*he gets undressed*), (4) _____ (*takes a*

shower), (5) _____ (*shaves*), and (6) _____ (*gets ready*) per

andare a lavorare. Prima di andare a lavorare, fa colazione con la sua famiglia.

Quando arriva al lavoro vede i suoi colleghi e (7) _____ (*greet*

each other). Roberto va nel suo ufficio per telefonare ai clienti. Alle nove

(8) _____ (*he meets*) con i colleghi e i direttori della ditta nella sala

delle riunioni. Loro (9) _____ (*to sit*) in comode e ampie poltrone

e per due o tre ore stanno lì e (10) _____ (*exchange*) le idee per

il progresso della ditta. Qualche volta Roberto (11) _____ (*to get*

bored) e (12) _____ (*to ask himself*) se è veramente necessario (13)

_____ (*to get together*) così spesso.

Reading Comprehension
Il saluto e l'educazione

Gli italiani, specialmente le persone anziane, di solito sono molto formali. Quando si incontrano, si salutano e si danno la mano. Agli amici, membri della famiglia, bambini e in generale con chi si conosce molto bene si dà del tu. Alle persone che non si conoscono molto bene, si dà del Lei sia agli uomini che alle donne. Se si parla a più di una persona, si usa il Loro. In passato, oltre al Loro si usava anche il voi sia con le persone che non si conoscevano molto bene che con quelle che si conoscevano bene.

Quando due amici si incontrano, specialmente se non si vedono da tanto tempo, si baciano su entrambi le guance.

In Italia i titoli—dottore, avvocato, ecc.—si usano molto. Il titolo di dottore o dottoressa si usa non solo per salutare un medico, ma anche chiunque abbia una laurea universitaria.

Infine, per essere cortesi e per attenuare una richiesta, gli italiani al posto del presente indicativo, usano il condizionale. Così, anziché dire: puoi aiutarmi, mi sai dire, voglio un/una..., preferiscono dire: Potresti aiutarmi? Potresti dirmi? Vorrei un/una, ecc.

Nomi (Nouns)

l'avvocato	*the lawyer*	il membro	*the member*
il condizionale	*the conditional*	il passato	*the past*
l'educazione	*manners*	la richiesta	*the request*
la guancia	*the cheek*	il saluto	*the greeting*
la laurea	*the degree*		

Aggettivi (Adjectives)

anziano	*old*	formale	*formal*
cortese	*kind*	universitaria	*university*

Verbi (Verbs)

attenuare	*to diminish*	potere	*to be able*
baciarsi	*to kiss*	salutare	*to greet*

Espressioni (Expressions)

darsi la mano	*to shake hands*
darsi del tu	*use the **tu** form of address*

Domande (Questions)

After you have read the selection, answer the questions in Italian repeating your answers aloud.

1. Che cosa fanno gli italiani quando si incontrano?

_____

2. Che cosa si dà alle persone che non si conoscono bene?

_____

3. Che cosa fanno gli amici quando si incontrano dopo tanto tempo?

_____

4. A chi si danno i titoli di dottore e avvocato?

_____

5. Che cosa usano gli italiani per attenuare una richiesta?

_____

Reading Comprehension
I mezzi di trasporto pubblici

La maggior parte delle grandi città italiane è ben servita da un'ottima rete di trasporti pubblici, come gli autobus, la metropolitana e i tassì.

Prima di salire sull'autobus, la gente deve acquistare i biglietti dalla macchinetta automatica, dall'edicola o dal tabaccaio. Se uno è sprovvisto di biglietto e viene il controllore, deve pagare una multa molto salata, oltre che provare molta vergogna per farsi vedere senza biglietto da tutti gli altri passeggeri.

I passeggeri di solito salgono sull'autobus dalla porta posteriore e scendono dalla porta centrale dell'autobus. Prima di scendere devono premere un pulsante che manda un messaggio al conduttore per chiedergli di fermarsi alla prima fermata a cui arriva.

I passeggeri devono stampare il loro biglietto appena salgono sull'autobus per validarlo, nella macchinetta che si trova nella parte posteriore dell'autobus. Una corsa sull'autobus, non è molto costosa, ma spesso gli autobus sono gremiti di gente, specialmente durante le ore di punta. Quando fa caldo, non è molto piacevole essere sull'autobus con tante persone attaccate l'una all'altra, senza aria condizionata.

Si può anche prendere un tassì. I tassì aspettano in posti designati, oppure si chiamano con il telefono. Di solito, c'è un costo aggiuntivo dopo le 10:00 di sera, alla domenica e durante le feste. Si paga un po' di più anche per i bagagli, se sono pesanti o se sono numerosi.

A Roma e a Milano c'è anche la metropolitana. I biglietti si comprano nelle edicole e dal tabaccaio e devono essere validati dalle macchinette all'entrata della stazione prima di salire sulla metropolitana.

Ci sono altri autobus, più precisamente chiamati pullman della SITA (Società Italiana di Trasporti) che attraversano l'Italia andando da una città all'altra o da un paese all'altro. Sono moderni, comodi e hanno l'aria condizionata. Questi pullman vanno in località dove non arrivano gli altri mezzi di trasporto dando così la possibilità alla gente in zone remote di spostarsi con una certa facilità.

Nomi (Nouns)

il costo	*the cost*	la rete	*the net*
l' edicola	*newspaper stand*	il tabaccaio	*the tobacco shop*
la macchinetta	*the small machine*	il trasporto	*the transportation*
la multa	*the fine*	la vergogna	*the shame*
il pulsante	*the knob*		

Aggettivi (Adjectives)

aggiuntivo	*additional*	gremito	*full, filled*
centrale	*central*	piacevole	*pleasant*
comodi	*comfortable*	posteriore	*posterior*
designato	*designated*	remoto	*remote*

Verbi (Verbs)

acquistare	*to purchase*	scendere	*to get off*
attraversare	*to cross*	spostarsi	*to move*
premere	*to push*	stampare	*to stamp*
salire	*to get on*	validare	*to validate*

Espressioni (Expressions)

essere sprovvisto	*to be without*
multa salata	*stiff fine*
essere gremito	*to be very crowded*

Domande (Questions)

After you have read the selection, answer the questions in Italian repeating your answers aloud.

1. Quali trasporti pubblici ci sono nelle città?

   _____

   _____

2. Dove si comprano i biglietti per l'autobus?

   _____

   _____

3. Dove si sale e dove si scende dall'autobus?

   _____

   _____

4. Dove si valida il biglietto dell'autobus?

   _____

   _____

5. Come si chiamano gli autobus che vanno da una città all'altra?

   _____

   _____

6. Come si viaggia su questi mezzi di trasporto e perchè?

   _____

13

The Present Subjunctive

So far you have studied the present tense in the indicative mood, the most frequently used mood in Italian. This chapter introduces the present subjunctive, which is used much more in Italian than in English.

The present subjunctive is never used independently and is usually preceded by a main clause connected by **che**: main clause + **che** + dependent clause.

Io credo che lei studi legge.   *I think that she studies law.*

You will often find yourself needing the subjunctive after the following sentence elements:

- Certain verbs
- Certain expressions
- Certain impersonal expressions
- Certain conjunctions
- Certain dependent adjective clauses

Formation of the Present Subjunctive

Keep these rules in mind when you are using the present subjunctive in Italian.

- The present subjunctive is formed by adding the required subjunctive endings to the root of the verb.
- Verbs that are irregular in the present indicative are also irregular in the present subjunctive.
- To create the subjunctive mood, the **-o** of the present tense conjugation in the first-person singular (**io** form) is replaced by the endings of the present subjunctive.

-*are* Verbs

In order to conjugate both regular and irregular -**are** verbs in the present subjunctive, start with the **io** form of the present indicative. Drop the **-o** and add to the stem the endings for the present subjunctive: **-i, -i, -i, -iamo, -iate, -ino**.

Infinitive	*io* Form	Present Subjunctive	
ballare	ballo	io balli	noi balliamo
		tu balli	voi balliate
		lui/lei balli	loro ballino
cantare	canto	io canti	noi cantiamo
		tu canti	voi cantiate
		lui/lei canti	loro cantino
pensare	penso	io pensi	noi pensiamo
		tu pensi	voi pensiate
		lui/lei pensi	loro pensino
ricordare	ricordo	io ricordi	noi ricordiamo
		tu ricordi	voi ricordiate
		lui/lei ricordi	loro ricordino

Note that the first-person singular, second-person singular, and third-person singular in the present subjunctive are identical.

-*care* and -*gare*

Verbs ending with **-care** and **-gare** add an **-h-** before the final ending in all forms of the present subjunctive.

Infinitive	*io* Form	Present Subjunctive	
giocare	gioco	io giochi	noi giochiamo
		tu giochi	voi giochiate
		lui/lei giochi	loro giochino
pagare	pago	io paghi	noi paghiamo
		tu paghi	voi paghiate
		lui/lei paghi	loro paghino

A Word About the Present Subjunctive

The present subjunctive is formed from the conjugation of the first-person singular of the present tense. If the subject in the **che** clause is the same as the subject of the main clause, the infinitive + **di** is used in place of **che** + subjunctive.

Penso che tu ritorni tardi.   *I think that you will return late.*

Io penso di ritornare tardi.   *I think I will return late.*

-ere and *-ire* Verbs

In order to conjugate both regular and irregular **-ere** and **-ire** verbs in the present subjunctive, drop the **-o** from the first-person singular of the present indicative and add **-a**, **-a**, **-a**, **-iamo**, **-iate**, **-ano** to the stem.

-ere Verbs

Infinitive	*io* Form	Present Subjunctive	
chiedere	chiedo	io chieda	noi chiediamo
		tu chieda	voi chiediate
		lui/lei chieda	loro chiedano
chiudere	chiudo	io chiuda	noi chiudiamo
		tu chiuda	voi chiudiate
		lui/lei chiuda	loro chiudano
scrivere	scrivo	io scriva	noi scriviamo
		tu scriva	voi scriviate
		lui/lei scriva	loro scrivano
vedere	vedo	io veda	noi vediamo
		tu veda	voi vediate
		lui/lei veda	loro vedano

-ire Verbs

Infinitive	*io* Form	Present Subjunctive	
aprire	apro	io apra	noi apriamo
		tu apra	voi apriate
		lui/lei apra	loro aprano
dormire	dormo	io dorma	noi dormiamo
		tu dorma	voi dormiate
		lu/lei dorma	loro dormano
sentire	sento	io senta	noi sentiamo
		tu senta	voi sentiate
		lui/lei senta	loro sentano
soffrire	soffro	io soffra	noi soffriamo
		tu soffra	voi soffriate
		lui/lei soffra	loro soffrano

-isc-

-ire verbs that add **-isc-** in the present indicative also add it in the present subjunctive.

Infinitive	*io* Form	Present Subjunctive	
capire	capisco	io capisca	noi capiamo
		tu capisca	voi capiate
		lui/lei capisca	loro capiscano
finire	finisco	io finisca	noi finiamo
		tu finisca	voi finiate
		lu/lei finisca	loro finiscano
preferire	preferisco	io preferisca	noi preferiamo
		tu preferisca	voi preferiate
		lui/lei preferisca	loro preferiscano

-ere and -ire Verbs with -g- and -c- in the io Form

In the present subjunctive, certain **-ere** and **-ire** verbs carry the irregularity of the first-person singular throughout the conjugation (except for the first-person plural, or **noi** form, and the second-person plural, or **voi** form). There are no **-are** verbs that have this irregularity.

Infinitive	*io* Form	Present Subjunctive	
conoscere	conosco	io conosca	noi conosciamo
		tu conosca	voi conosciate
		lui/lei conosca	loro conoscano
dire	dico	io dica	noi diciamo
		tu dica	voi diciate
		lui/lei dica	loro dicano
porre	pongo	io ponga	noi poniamo
		tu ponga	voi poniate
		lui/lei ponga	loro pongano
rimanere	rimango	io rimanga	noi rimaniamo
		tu rimanga	voi rimaniate
		lui/lei rimanga	loro rimangano
salire	salgo	io salga	noi saliamo
		tu salga	voi saliate
		lui/lei salga	loro salgano
tenere	tengo	io tenga	noi teniamo
		tu tenga	voi teniate
		lui/lei tenga	loro tengano

venire	vengo	io venga	noi veniamo
		tu venga	voi veniate
		lui/lei venga	loro vengano

Irregular Verbs

There are only five verbs that have a present subjunctive that is not formed from the first-person singular or the **io** form. This is why they are considered irregular.

Infinitive	*io* Form	Present Subjunctive	
avere	ho	io abbia	noi abbiamo
		tu abbia	voi abbiate
		lui/lei abbia	loro abbiano
dare	do	io dia	noi diamo
		tu dia	voi diate
		lui/lei dia	loro diano
essere	sono	io sia	noi siamo
		tu sia	voi siate
		lui/lei sia	loro siano
sapere	so	io sappia	noi sappiamo
		tu sappia	voi sappiate
		lui/lei sappia	loro sappiano
stare	sto	io stia	noi stiamo
		tu stia	voi stiate
		lui/lei stia	loro stiano

Verbs with Orthographic Changes

Verbs with orthographic (spelling) changes are not irregular. The spelling changes keep the sound of the **io** form. Some of the most common spelling changes are as follows.

- Verbs that end in -**care** add an -**h**- after the **c**.
- Verbs that end in -**gare** add an -**h**- after the **g**.

Infinitive	*io* Form	Present Subjunctive	
buscare	busco	io buschi	noi buschiamo
		tu buschi	voi buschiate
		lui/lei buschi	loro buschino

giocare	gioco	io giochi	noi giochiamo
		tu giochi	voi giochiate
		lui/lei giochi	loro giochino
impiegare	impiego	io impieghi	noi impieghiamo
		tu impieghi	voi impieghiate
		lui/lei impieghi	loro impieghino
legare	lego	io leghi	noi leghiamo
		tu leghi	voi leghiate
		lui/lei leghi	loro leghino
pagare	pago	io paghi	noi paghiamo
		tu paghi	voi paghiate
		lui/lei paghi	loro paghino
toccare	tocco	io tocchi	noi tocchiamo
		tu tocchi	voi tocchiate
		lui/lei tocchi	loro tocchino

Uses of the Present Subjunctive

The subjunctive mood expresses wishes, doubts, thoughts, and what is possible, rather than what is certain. Keep in mind these specific uses of the present subjunctive.

After Certain Impersonal Expressions

A sentence can consist of a main clause and a dependent clause connected by the conjunction **che**.

The following sentence is made up of a main clause and a dependent clause in the indicative mood.

| **Main clause** | Lui sa |
| **Dependent clause** | che io guido bene. |

If the main clause has an impersonal expression, such as **È possibile**, the dependent clause has to be in the subjunctive.

È dubbioso che io **scriva**   *It is doubtful that I'd write a letter.*
una lettera.

These are commonly used impersonal expressions.

basta che...	*it is enough (that)* . . .
bisogna che...	*it is necessary (that)* . . .
è bene che...	*it is good (that)* . . .
è difficile che...	*it is difficult (that)* . . .
è facile che...	*it is easy (that)* . . .
è giusto che...	*it is right (that)* . . .
è importante che...	*it is important (that)* . . .
è male che...	*it is bad (that)* . . .
è meglio che...	*it is better (that)* . . .
è necessario che...	*it is necessary (that)* . . .
è opportuno che...	*it is opportune (that)* . . .
è peccato che...	*it is a pity (that)* . . .
è possibile che...	*it is possible (that)* . . .
è probabile che...	*it is probable (that)* . . .
è raro che...	*it is rare (that)* . . .
è urgente che...	*it is urgent (that)* . . .
non importa che...	*it isn't important (that)* . . .

È importante che voi **veniate** a casa.	*It is important that you come home.*
È impossibile che tu **studi** alla sera.	*It is impossible that you study in the evening.*
È probabile che **nevichi** domani.	*It is probable that it will snow tomorrow.*
È meglio che voi le **telefoniate**.	*It is better that you call her.*

Impersonal expressions are followed by an infinitive instead of the subjunctive if no subject is expressed.

È necessario che **tu studi**.	*It is necessary that you study.*
È necessario **studiare** per imparare.	*It is necessary to study in order to learn.*

When impersonal expressions depict certainty, the indicative is used instead of the subjunctive. These expressions require the indicative.

è certo che...	*it is certain (that)* . . .
è chiaro che...	*it is clear (that)* . . .
è evidente che...	*it is obvious/evident (that)* . . .
è ovvio che...	*it is obvious (that)* . . .

Exercise 13.1

Complete the sentences with the correct form of the verbs in parentheses.

1. È probabile che loro _____ con noi. (venire)

2. È necessario che tu _____ bene le finestre. (chiudere)

3. È possibile che lui non _____ bene le direzioni. (sapere)

4. È meglio che voi _____ per gli esami. (studiare)

5. È difficile che lei _____ zitta. (stare)

6. È difficile che tu mi _____ una risposta. (dare)

7. È urgente che lui _____ dal dottore. (andare)

8. È possibile che loro _____ una pianta al professore. (portare)

9. È difficile che Maria _____ presto. (arrivare)

10. È probabile che loro _____ una macchina. (comprare)

11. Basta che lei _____ una lettera. (scrivere)

12. È possibile che tu _____ fame. (avere)

13. È difficile che loro _____ la lezione. (capire)

14. È meglio che io _____ i verbi. (spiegare)

After Certain Verbs

Expressing Wishes or Preferences

Verbs that express wishes in the main clause have the subjunctive in the dependent clause. The subject in the main clause must be different from the subject in the dependent clause.

desiderare	*to desire; to want*
preferire	*to prefer*
volere	*to want*

Here is a sentence with a main clause and a subordinate clause in the indicative mood.

MAIN CLAUSE	Lei sa
DEPENDENT CLAUSE	che io studio.

If the main clause of a sentence contains one of the verbs above, such as **volere**, the dependent clause has to use the subjunctive.

Lui vuole che io **parta**.   *He wants me to leave.* (Literal
                                         translation: *He wants that I leave*).

If there is only one subject for the two verbs in a sentence, there is neither a dependent clause nor a subjunctive clause.

Io voglio **partire**.	*I want to leave.*
Vogliamo **dormire**.	*We want to sleep.*
Loro preferiscono **riposare**.	*They prefer to rest.*

Expressing Hope, Happiness, Sadness, or Regret

Verbs that express hope, happiness, sadness, or regret with regard to other people in the main clause will use the subjunctive in the dependent clause.

avere paura	*to be afraid*	piacere a uno	*to be pleasing*
dispiacere	*to regret*	rallegrarsi di	*to be glad*
essere contento	*to be happy*	sperare	*to hope*
essere triste	*to be sad*	temere	*to fear*

Mi rallegro che lui **stia** meglio.	*I am glad that you are better.*
Speriamo che voi **andiate** in vacanza.	*We hope that you have a good vacation.*
Siete contenti che **veniamo**?	*Are you happy that we come?*
Temo che loro **perdano** la partita.	*I am afraid that they'll lose the game.*
Mi piace che tu **sia** vicina a me.	*I like that you are near me.*
L'allenatore ha paura che la squadra **perda** la partita.	*The coach is afraid that the team will lose the game.*

If the subject is the same for the two verbs in a sentence, there is neither a dependent clause nor the subjunctive. The second verb will remain in the infinitive.

Siamo contenti di essere qui.	*We are happy to be here.*
Mi piace parlare con le mie amiche.	*I like to speak with my friends.*
Lei ha paura di volare.	*She is afraid of flying.*

Expressing Orders, Requests, or Advice

Verbs expressing orders, requests, or advice in the main clause require the subjunctive in the dependent clause.

chiedere	*to ask for*	ordinare	*to order*
consigliare	*to advise*	permettere	*to permit, to allow*
dire	*to tell (someone to do something)*		
insistere	*to insist*	proibire	*to prohibit*
lasciare	*to let*	suggerire	*to suggest*

Ti suggerisco che tu **vada** a casa subito.	*I advise you to go home right away.*
Loro insistono che voi **rimaniate** da noi.	*They insist that you stay with us.*
Ordino al cane che non **salti** troppo.	*I order the dog not to jump a lot.*

Lasciare, **permettere**, **proibire**, and **ordinare** can be used in two ways.

Lascio che **aspettino**. Li lascio **aspettare**.	*I let them wait.*
Permetto che tu **dorma** qui. Ti permetto di **dormire** qui.	*I permit you to sleep here.*
Proibisco che **fumino** in casa. Gli proibisco di **fumare** in casa.	*I prohibit them from smoking in the house.*
Ti ordino che tu **mangi** tutto. Ti ordino di **mangiare** tutto.	*I order that you eat everything.*

Dire is used to relate a fact. This idea is expressed in the indicative.

Carlo non dice niente.	*Carlo doesn't say anything.*
Lei mi dice che le piace leggere.	*She says that she likes to read.*

However when **dire** is used to give *an order*, the subjunctive is required in the dependent clause.

Le dico che **stia** a letto.	*I tell her to stay in bed.*
Le dico che **vada** a letto subito.	*I tell her to go to bed right away.*
Vi dice che **stiate** attenti.	*She tells you to be careful.*

Expressing Doubt or Uncertainty

Verbs that express doubt or uncertainty in the main clause require the use of the subjunctive in the dependent clause.

dubitare   *to doubt*
non credere   *not to believe*
non pensare   *not to think*

Io dubito che tu **parli** il francese.   *I doubt that you speak French.*
Non crediamo che voi   *We don't believe that you will*
   arriviate presto.   *come soon.*
Tu dubiti che loro **vengano**.   *You doubt that they will come.*

Exercise 13.2

Complete the sentences with the correct form of the present subjunctive of the verbs given in parentheses.

1. Che cosa vuoi che io le _____? (dire)

2. Spero che tu _____ la musica. (ascoltare)

3. Vogliamo che voi _____ molto. (studiare)

4. Luisa spera che tua mamma _____ bene. (stare)

5. Maria dubita che ci _____ molto traffico oggi. (essere)

6. Non voglio che loro mi _____ troppo. (aspettare)

7. Non credo che Alessia _____ la lezione. (sapere)

8. Le suggerisco che _____ sua sorella. (chiamare)

9. Io dubito che ci (loro) _____ domani. (vedere)

10. Lei vuole che suo marito _____ il conto. (pagare)

11. Tu credi che io _____ tutto il giorno? (viaggiare)

12. Mi rallegro che non _____ niente di grave. (essere)

13. Il dottore non vuole che io _____ ginnastica. (fare)

14. Io credo che voi _____ la casa. (potere)

Exercise 13.3

Translate the sentences into English, rewriting the indicative sentence so that the subjunctive is required. Choose any appropriate verb that causes the subjunctive to be needed in the dependent clause and then translate the second sentence into English as well.

EXAMPLES *So che* **mangia** *molto.*   *I know she eats a lot.*

　　　　　　Penso che **mangi** *molto.*   *I think she is eating a lot.*

1. Lei si diverte molto. _____

　_____

2. Luisa mi compra i fiori. _____

　_____

3. Silvia è polacca. _____

　_____

4. So che tu hai molti figli. _____

　_____

5. A mia sorella piace viaggiare. _____

　_____

6. Tu vedi la figlia di Paola. _____

　_____

7. Non abbiamo la classe martedì. _____

　_____

8. Sono sicuro che loro vengono. _____

　_____

9. Vi piace la macchina rossa. _____

　_____

10. Sappiamo che vivono negli Stati Uniti. _____

　_____

Exercise 13.4

Complete the sentences with the correct form (indicative or subjunctive) of the verbs in parentheses.

EXAMPLES *So che lei* **ama** *la musica.* <u>I know she likes music.</u>

Spero che le piaccia la musica. <u>I hope she likes the music.</u>

1. Cristina preferisce che noi la _____ in marzo. (visitare)

2. È importante che le _____ al telefono. (noi parlare)

3. So che lei _____ bene l'italiano. (capire)

4. Spero che lei _____ la lezione. (capire)

5. Credo che quella torta _____ deliziosa. (essere)

6. So che quella torta _____ deliziosa. (essere)

7. Loro viaggiano sempre. Credo che loro _____ sempre. (viaggiare)

8. So che Carlo _____ Maria. (amare)

9. Credo che Carlo _____ Maria. (sposare)

10. Loro _____ negli Stati Uniti. (vivere)

Exercise 13.5

Complete the story with the correct form and mood (indicative, subjunctive, or infinitive) of a verb from the list (verbs may be used more than once, but each verb must be used).

andare, dovere, essere, imparare, mangiare, parlare, piacere, preparare

Luisa (1) _____ alzarsi presto alla mattina, perchè vuole fare

molte cose mentre i figli (2) _____ a scuola e il marito (3) _____

al lavoro. Quando si alza, (4) _____ la colazione per la famiglia e

insiste che tutti (5) _____ molto e bene prima di andare a scuola o

al lavoro. Oggi, la figlia più piccola di Luisa (6) _____ al museo con

la sua classe. Luisa spera che il museo (7) _____ alla bambina. Luisa

spera che la bambina (8) _____ qualche cosa di nuovo. Spera che

quando la bambina ritorna a casa (9) _____ molto della sua prima

visita al museo.

After Certain Conjunctions

The subjunctive form immediately follows one of the following conjunctions when the main clause has a different subject from the dependent clause.

affinchè	*in order that*	fino a quando	*until*
benchè	*although, even if*	malgrado	*although; in spite of*
così che	*so that*	nel caso che	*in case*
dopo che	*after*	prima che	*before*
finchè non	*until*	senza che	*without*

Here is a sentence where there is only one subject.

Lei mangia **prima di studiare**.   *She eats before studying.*

In the following sentence, there are two subjects connected by the conjunction **che**.

Lei mangia **prima che** lui **studi**. *She eats before he studies.*

In English there is not such a definite distinction in moods as there is in Italian. Observe the sentence above and you will notice that there are two distinct subjects: *she* and *he*.

Io aspetto **fino a quando** tu **arrivi**.	*I will wait until you arrive.*
Lei finisce il lavoro **senza che tu lo aiuti**.	*He will finish his work without your help.*

If there is only one subject in the sentence, an infinitive follows the preposition.

Lui lavora **per mangiare**.	*He works in order to eat.*
Luisa parla **senza pensare**.	*Luisa speaks without thinking.*

Some conjunctions of time require the subjunctive whether there is one or two subjects.

a meno che	*unless*
allorchè	*when; if*
purchè	*as long as*

Vado fuori **purchè** non abbia
il raffreddore.

*I will go out as long as I don't have
a cold.*

Vado a camminare **allorchè**
non piova.

I will go to walk if it does not rain.

Ti chiamo **a meno che**
il telefono non funzioni.

*I will call you unless the phone
does not function.*

 ## Exercise 13.6

Complete the sentences with the correct form of the verbs and conjunctions in parentheses.

1. Io non vado _____ tu _____ con me. (*unless, to come*)

2. Io lo aiuto _____ lui _____ a leggere. (*so that, to learn*)

3. Oggi andiamo al parco _____ non _____. (*unless, to rain*)

4. Puoi venire a casa mia _____ io ti _____. (*without, to invite*)

5. _____ loro _____ , vanno a sciare. (*in spite of, to be cold*)

6. Ti impresto i soldi _____ tu _____ comprare i regali ai bambini. (*so that, to be able*)

7. Ti vengo a prendere _____ tu _____ andare da solo. (*unless, to want*)

8. Vado a visitarla _____ lei mi _____. (*without, to invite*)

9. Loro bevono il caffè _____ _____ troppo forte. (*although, to be*)

10. La donna pulisce la sua casa _____ _____ gli ospiti. (*before, to arrive*)

In Certain Dependent Adjective Clauses

In Italian, the subjunctive mood is used in the dependent clause if the object or person in the main clause is indefinite or nonexistent. In the following sentences, the objects and persons described in the main clause are not known.

Cerco **una macchina** che **sia**
bella ed economica.

*I am looking for a car that is nice
and cheap.*

Conosci **qualcuno** che **sappia**
l'italiano?

*Do you know anyone who knows
Italian?*

C'è **nessuno** qui che **sappia**
nuotare?

*Is there anyone here who knows
how to swim?*

After the Expression *per quanto*

Per quanto lei **studi**, non
prende buoni voti.

*No matter how much she studies,
she doesn't get good grades.*

Per quanto leggiate non vi
ricordate molto.

*No matter how much you read,
you don't remember a lot.*

After *benché*

Benché abbiano ospiti, lui
va a dormire.

*Although they have guests, he goes
to sleep.*

Benché lei **viaggi** molto, non
le piace stare negli alberghi.

*Although she travels a lot, she does
not like to stay in hotels.*

After Compounds of *-unque*

Chiunque venga a casa nostra,
deve togliersi le scarpe.

*Whoever comes to our house has to
take off his shoes.*

Dovunque lui sia, io lo seguo.

Wherever he goes, I will follow him.

Qualunque cosa tu faccia,
va bene.

Whatever you do, it is fine.

 ## Exercise 13.7

Complete the sentences with the correct form of the verbs in parentheses.

1. Voglio affittare un appartamento che _____ bello e spazioso.
   (essere)

2. Ovunque loro _____ io li aspetto. (essere)

3. Chiunque _____ bene, mandi una cartolina. (scrivere)

4. La famiglia necessita di una casa che _____ vicina all'ufficio.
   (essere)

5. Il padrone vuole che voi _____ la casa per un anno. (affittare)

6. Non conosco nessuno che mi _____ al telefono. (chiamare)

7. Chiunque _____ viaggiare deve essere paziente. (volere)

8. Lei cerca un ragazzo che _____ intelligente. (essere)

9. Talvolta penso che voi non la _____. (ascoltare)

10. Noi abbiamo bisogno di una casa che _____ grande e luminosa. (essere)

11. Chiunque _____ piante, deve annaffiarle. (comprare)

12. Dovunque voi _____ vi prego di ritornare presto. (andare)

Exercise 13.8

Complete the sentences with the correct form (subjunctive or indicative) of the verbs in parentheses.

1. È importante che voi _____ bene. (ascoltare)

2. È sicuro che voi _____. (studiare)

3. Noi sappiamo che la macchina _____ nuova. (essere)

4. Noi speriamo che la macchina _____ nuova. (essere)

5. Sappiamo che a loro non _____ mangiare la minestra. (piacere)

6. Penso che tu _____ troppo. (parlare)

7. So che lei _____ troppo. (parlare)

8. Quando Maria e Carlo vanno in vacanza, _____ molto. (dormire)

9. Penso che quando i miei amici vanno in vacanza _____ molto. (dormire)

10. Io so che tu _____ a casa mia fra una settimana. (venire)

11. Desidero che tu _____ a casa mia fra una settimana. (venire)

12. Sappiamo che tu _____ dal dentista spesso. (andare)

13. Ti consiglio che tu _____ dal dentista spesso. (andare)

14. Tu pensi che io _____ bisogno di una macchina nuova. (avere)

15. La mamma insiste che i ragazzi _____ i compiti. (fare)

16. La maestra sa che lei _____ sempre i compiti. (fare)

17. Ci sembra che lei _____ troppo. (lavorare)

18. Il capo sa che voi _____ molto. (lavorare)

 ## Exercise 13.9

Subjunctive, indicative, or infinitive? *Complete the sentences with the correct form of the verbs in parentheses.*

1. Loro sono innamorati e vogliono _____. (sposarsi)

2. Io spero che loro _____ la macchina. (vendere)

3. Loro sperano di _____ una macchina nuova. (comprare)

4. Alla bambina piace molto _____. (leggere)

5. È possibile che voi _____ in Italia? (andare)

6. So che voi _____ in Italia. (andare)

7. Pensiamo di _____ in Italia. (andare)

8. È importante _____ bene. (mangiare)

9. È importante che voi _____ bene. (mangiare)

10. Siamo felici quando noi _____. (imparare)

11. Speriamo di _____. (imparare)

12. Speriamo che loro _____ i verbi italiani. (imparare)

13. Io preferisco che voi _____ il libro italiano. (leggere)

14. Io preferisco _____ le novelle storiche. (leggere)

15. Io so che vi _____ leggere. (piacere)

16. Tu proibisci a Maria di _____ la cioccolata. (mangiare)

17. Tu non vuoi che Maria _____ la cioccolata. (mangiare)

18. Io so che tu _____ molta cioccolata. (mangiare)

19. Luisa mi dice che i guanti _____ di pelle. (essere)

20. Voglio che tu _____ i guanti di pelle. (comprare)

21. Penso che i guanti _____ di pelle. (essere)

22. Spero di _____ i guanti di pelle. (comprare)

Exercise 13.10

Change the sentences to the subjunctive mood where necessary. Use the words in parentheses to introduce your answer.

1. Lei porta i dolci a suo marito. (è contenta)

   _____

2. Voi venite da noi la prossima settimana. (spero)

   _____

3. Lei è contenta che voi venite. (spera)

   _____

4. Fa bel tempo. (pensiamo)

   _____

5. Il film è bello. (speriamo)

   _____

6. Il treno arriva in ritardo. (penso)

   _____

7. I miei amici stanno bene. (so)

   _____

8. I miei amici stanno bene. (spero)

   _____

9. Voi siete bravi studenti. (io so)

   _____

10. Voi siete bravi studenti. (io penso)

    _____

11. Qualche volta l'aereo arriva in ritardo. (Maria dice)

    _____

12. Maria dice che qualche volta il treno arriva in ritardo. (pensa)

    _____

13. Le fotografie sono belle. (Giovanni spera)

    _____

14. Giovanni è contento che le fotografie sono belle. (essere)

    _____

Exercise 13.11

Translate the sentences into Italian.

1. I hope that you are feeling better.

   _____

2. Christine insists that Lara put on her winter jacket.

   _____

3. Mario hopes that you like Italian wine.

   _____

4. I am glad to know you.

   _____

5. Can you call me when you arrive home?

   _____

6. She hopes that the food will be good.

   _____

7. We hope it will not snow on Saturday.

   _____

8. We know that you'll leave for Italy next Friday.

   _____

Exercise 13.12

On a separate sheet of paper, write the English translation of the following infinitives from Part II.

1. abbracciare
2. abituarsi
3. accadere
4. accompagnare
5. affascinare
6. ammalarsi
7. approfittarsi

8. aprire
9. assomigliare
10. bagnare
11. ballare
12. bisognare
13. bruciarsi
14. burlarsi

15. buscare
16. calmarsi
17. cancellare
18. capire
19. cercare
20. chiedere
21. chiedersi

22. conoscere
23. consigliare
24. continuare
25. correre
26. costruire
27. credere
28. cucinare
29. dimenticare
30. dolere
31. donare
32. dovere
33. dubitare
34. durare
35. evitare
36. fermare
37. fidarsi
38. gesticolare
39. giocare
40. guardare
41. guidare
42. impiegare
43. importare
44. incontrare
45. indossare
46. insegnare
47. insistere
48. interessare
49. invitare
50. lavarsi
51. legare
52. litigare

53. mandare
54. meditare
55. mettere
56. modificare
57. muoversi
58. nevicare
59. occorrere
60. organizzare
61. osservare
62. permettere
63. piacere
64. piovere
65. porre
66. prendere
67. preoccuparsi
68. preparare
69. prepararsi
70. proibire
71. proteggere
72. pulire
73. raccogliere
74. raccontare
75. rallegrarsi
76. regalare
77. ridere
78. riempire
79. rimanere
80. rincrescere
81. ripetere
82. riposare
83. rispondere

84. salire
85. salutare
86. sapere
87. scegliere
88. scendere
89. scherzare
90. sciare
91. scintillare
92. sedere
93. seguire
94. sentire
95. servire
96. sorgere
97. spaventarsi
98. spazzolarsi
99. spedire
100. succedere
101. suggerire
102. svegliarsi
103. svestirsi
104. telefonarsi
105. temere
106. tenere
107. toccare
108. tramontare
109. tranquillizzare
110. trasportare
111. truccarsi
112. urlare

Reading Comprehension
Lo sport in Italia

In Italia, come in altri paesi, lo sport ha un ruolo molto importante nella vita della gente. Lo sport preferito degli italiani è il calcio. Altri sport molto seguiti in Italia sono le corse automobilistiche, il ciclismo, il tennis, il pugilato, lo sci e la pallacanestro.

Negli ultimi dieci o quindici anni, sono cominciati ad essere conosciuti e seguiti anche altri sport, in gran parte provenienti dall'America, come il baseball, il football e l'hockey.

Le squadre di calcio di solito portano il nome delle città che rappresentano, come il Milan, il Napoli, la Roma, il Torino, il Bologna, ecc. Le partite di calcio, generalmente, si giocano la domenica pomeriggio. Ogni squadra ha una divisa diversa che consiste in una maglietta con i colori scelti per la squadra e pantaloncini corti. I giocatori di calcio, come pure gli atleti di altri sport, che giocano nelle squadre nazionali italiane, indossano una divisa azzurra, e per questo vengono chiamati «azzurri».

Spesso si vedono i bambini giocare al calcio. Giocano nei cortili, nei parchi, nelle piccole piazze delle città e dei paesi italiani. Dove ci sono bambini e una palla, c'è anche una partita di calcio.

Un altro sport che emoziona molto gli italiani è l'automobilismo. Infatti, la Ferrari ha regalato tante vittorie e tanto orgoglio agli italiani in tutto il mondo. La Ferrari è anche chiamata «cavallino rampante» per la sua velocità, oppure «cavallino rosso» per il suo inconfondibile colore rosso. Anche il ciclismo viene seguito molto dagli italiani, specialmente il Giro d'Italia dove partecipano ciclisti da tutto il mondo e ha luogo in maggio e giugno.

Le vicende sportive possono essere seguite alla televisione, alla radio, oppure si possono leggere sui giornali e sulle riviste sportive che abbondano in Italia.

Oltre alla politica, lo sport è soggetto di animata conversazione per gli uomini italiani che si radunano nelle piazze e nei bar tutti i giorni.

Nomi (Nouns)

l'automobilismo	*car racing*	il giornale	*the newspaper*
il ciclismo	*the cycling*	l'orgoglio	*pride*
la corsa	*the race*	la pallacanestro	*basketball*
il cortile	*the courtyard*		*(the game)*
la divisa	*the uniform*	la piazza	*the square*

il pugilato	boxing	la vicenda	the event
il ruolo	the task	la vittoria	the victory
la squadra	the team		

Aggettivi (Adjectives)

animato	animated
azzurro	blue
corto	short

Verbi (Verbs)

abbondare	to abound	portare	to bear
consistere	to consist	radunare	to get together
emozionare	to move	rappresentare	to represent
indossare	to wear	scegliere	to choose

Espressioni (Expressions)

| avere luogo | to take place |

Domande (Questions)

After you have read the selection, answer the questions in Italian repeating your answers aloud.

1. Qual'è lo sport preferito degli italiani?

   _____

2. Quali sport sono seguiti in Italia?

   _____

3. Come si chiamano gli atleti che partecipano a uno sport nelle squadre nazionali?

   _____

   _____

4. Che cosa ha dato la Ferrari agli italiani?

   _____

   _____

5. Dove giocano il calcio i bambini?

   _____

6. Quando ha luogo il Giro d'Italia?

_____

7. Dove possono leggersi gli eventi sportive?

_____

_____

III

The Preterit, Present Perfect, and Imperfect Tenses and Double Object Pronouns

14

The Preterit and the Present Perfect Tenses

Two tenses are used in colloquial as well as written Italian to express past events. They are the preterit and the present perfect. The preterit is a simple tense, expressed by a single verb: **parlai** (*I spoke*), **cantasti** (*you sang*), etc. It is used mostly in narrative writing to describe events that occurred in the remote past. It is also called the historical past. In speech and informal writing, however, the preterit has been replaced by the present perfect.

The present perfect is a compound tense, made up of two verbs: the present of the auxiliary **avere** or **essere** and the past participle of the verb: **ho parlato** (*I spoke, I have spoken*), **ho cantato** (*I sang, I have sung*), **sono andato** (*I went, I have gone*), etc. This chapter shows the uses of and difference between the tenses. The present perfect is preferred in colloquial Italian by those living in northern Italy, while people in southern and central Italy still prefer using the preterit, even when speaking about recent events.

The preterit is used to express:

- Actions completed in the past
- Conditions no longer in effect
- A series of actions completed in the past
- Events in history and literature

Formation of the Preterit

The preterit of regular verbs is formed by dropping the infinitive endings **-are**, **-ere**, **-ire** and adding to the stem the specific endings for the preterit.

Regular -*are* Verbs

In order to conjugate a regular -**are** verb in the preterit, drop the ending from the infinitive and add -**ai**, -**asti**, -**ò**, -**ammo**, -**aste**, -**arono** to the stem. All -**are** verbs are regular in the preterit except **dare**, **fare**, and **stare**.

aiutare *to help*		**cantare** *to sing*	
io aiutai	noi aiutammo	io cantai	noi cantammo
tu aiutasti	voi aiutaste	tu cantasti	voi cantaste
lui/lei aiutò	loro aiutarono	lui/lei cantò	loro cantarono

lavorare *to work*		**pensare** *to think*	
io lavorai	noi lavorammo	io pensai	noi pensammo
tu lavorasti	voi lavoraste	tu pensasti	voi pensaste
lui/lei lavorò	loro lavorarono	lui/lei pensò	loro pensarono

ricordare *to remember*		**viaggiare** *to travel*	
io ricordai	noi ricordammo	io viaggiai	noi viaggiammo
tu ricordasti	voi ricordaste	tu viaggiasti	voi viaggiaste
lui/lei ricordò	loro ricordarono	lui/lei viaggiò	loro viaggiarono

Pronunciation Tip

Notice that the third-person singular form has a written accent. It is very important to practice stressing this accented syllable. If you have any doubts, review the pronunciation rules.

Regular -*ere* Verbs

In order to conjugate regular -**ere** verbs in the preterit, drop -**ere** from the infinitive and add the endings for the preterit: -**ei**, -**esti**, -**è**, -**emmo**, -**este**, -**erono**.

Some -**ere** verbs such as **credere**, **ricevere**, and **vendere** have two ways of conjugating the preterit in the first- and third-person singular and the third-person plural. The forms are used interchangeably.

credere *to believe*		**ricevere** *to receive*	
io credei (credetti)	noi credemmo	io ricevei (ricevetti)	noi ricevemmo
tu credesti	voi credeste	tu ricevesti	voi riceveste
lui/lei credè (credette)	loro crederono (credettero)	lui/lei ricevè (ricevette)	loro riceverono (ricevettero)

ripetere *to repeat*		**vendere** *to sell*	
io ripetei	noi ripetemmo	io vendei (vendetti)	noi vendemmo
tu ripetesti	voi ripeteste	tu vendesti	voi vendeste
lui/lei ripetè	loro ripeterono	lui/lei vendè (vendette)	loro venderono (vendettero)

Regular *-ire* Verbs

In order to conjugate regular **-ire** verbs in the preterit, drop **-ire** from the infinitive and add the stem to the endings for the preterit: **-ii, -isti, -ì, -immo, -iste, -irono.**

capire *to understand*		**finire** *to finish*	
io capii	noi capimmo	io finii	noi finimmo
tu capisti	voi capiste	tu finisti	voi finiste
lui/lei capì	loro capirono	lui/lei finì	loro finirono

partire *to leave*		**proibire** *to prohibit*	
io partii	noi partimmo	io proibii	noi proibimmo
tu partisti	voi partiste	tu proibisti	voi proibiste
lui/lei partì	loro partirono	lui/lei proibì	loro proibirono

riempire *to fill*		**sentire** *to hear*	
io riempii	noi riempimmo	io sentii	noi sentimmo
tu riempisti	voi riempiste	tu sentisti	voi sentiste
lui/lei riempì	loro riempirono	lui/lei sentì	loro sentirono

Key Vocabulary

Expressions Often Used with the Preterit			
all'improvviso	*suddenly*	l'anno scorso	*last year*
due giorni fa	*two days ago*	l'estate scorsa	*last summer*
ieri	*yesterday*	l'inverno scorso	*last winter*
ieri pomeriggio	*yesterday afternoon*	la settimana scorsa	*last week*
ieri sera	*last night*	molto tempo fa	*long time ago*
il mese scorso	*last month*	poco fa	*a little while ago*

Exercise 14.1

Complete the sentences with the correct form of the preterit verbs in parentheses.

1. Lei _____ tutto il giorno. (cantare)

2. Noi _____ la finestra. (chiudere)

3. Loro _____ in Italia tre mesi fa. (andare)

4. Io _____ molto. (lavorare)

5. Ieri sera tu _____ al cinema. (andare)

6. Voi non _____ la macchina. (vendere)

7. Lei _____ una lunga lettera. (ricevere)

8. Mario _____ le direzioni per andare a casa sua. (ripetere)

9. Luisa mi _____ l'assegno per la festa. (dare)

10. Noi _____ il corso un anno fa. (fare)

11. La settimana scorsa (noi) _____ tutti al cinema. (andare)

12. Voi _____ sempre a tutti. (pensare)

13. Io non _____ di andare dal dentista. (ricordare)

14. Loro _____ per molti mesi. (viaggiare)

15. Lui _____ la scuola di medicina l'anno scorso. (finire)

16. Due anni fa noi _____ in un bell'albergo vicino alla spiaggia. (stare)

 How to Use the Preterit

Always keep in mind that the preterit expresses action or actions that are completed. It does not matter how long the action went on before it came to an end. Remember also that this tense is used mostly in the southern part of Italy and in literature and history.

Uses of the Preterit

To Express an Action Completed in the Past

Ieri, lui studiò per due ore.   *Yesterday, he studied for two hours.*
La mia amica partì avanti ieri.   *My friend left the day before
                                    yesterday.*

La settimana scorsa, lui parlò con noi al telefono.	*Last week, he spoke with us on the phone.*
Domenica scorsa andammo tutti in chiesa.	*Last Sunday, we all went to church.*
Venerdì scorso andai a pranzo con le mie amiche.	*Last Friday, I went out to lunch with my friends.*
Non vedemmo nessuno.	*We didn't see anybody.*
All'improvviso venne il vento.	*All of a sudden the wind started.*
Un mese fa, incontrai sua mamma.	*A month ago, I met his mother.*

To Express a Series of Completed Actions in the Past

Lui si alzò, si lavò, si vestì e andò a lavorare.	*He woke up, washed, got dressed, and went to work.*
Maria andò al mercato, comprò la verdura, andò a casa e la cucinò.	*Maria went to the market, bought the vegetables, went home and cooked them.*

To Express an Action That Is No Longer in Effect

La settimana scorsa andai a lavorare ma questa settimana sto a casa.	*Last week I went to work, but this week I am staying home.*

Exercise 14.2

Rewrite the sentences in the preterit.

1. Ascolto la radio.

   _____

2. Perchè ritorni tardi?

   _____

3. Vado a visitare il museo.

   _____

4. Tu lavori sempre.

   _____

5. Non cammino molto.

_____

6. Ogni giorno ascolto le notizie italiane.

_____

7. Maria non dorme molto bene.

_____

8. Il concerto comincia alle otto.

_____

Irregular Verbs

The following verbs have irregular roots in the preterit. There is no easy way to learn them; they must be memorized. The endings for the irregular verb roots are the same in the preterit as those shown for the regular verbs only in the **tu, noi,** and **voi** forms. The following verbs are irregular in the **io, lui/lei,** and **loro** forms.

Only three **-are** verbs are irregular in the preterit.

dare _to give_		**fare** _to do_	
io diedi	noi demmo	io feci	noi facemmo
tu desti	voi deste	tu facesti	voi faceste
lui/lei diede	loro diedero	lui/lei fece	loro fecero

stare _to be,_ _to stay_	
io stetti	noi stemmo
tu stesti	voi steste
lui/lei stette	loro stettero

Following are the most common irregular **-ere** verbs in the preterit.

accendere _to light_		**avere** _to have_	
io accesi	noi accendemmo	io ebbi	noi avemmo
tu accendesti	voi accendeste	tu avesti	voi aveste
lui/lei accese	loro accesero	lui/lei ebbe	loro ebbero

bere *to drink*

io bevvi (bevetti)	noi bevemmo
tu bevesti	voi beveste
lui/lei bevve (bevette)	loro bevvero (bevettero)

cadere *to fall*

io caddi	noi cademmo
tu cadesti	voi cadeste
lui/lei cadde	loro caddero

chiedere *to ask*

io chiesi	noi chiedemmo
tu chiedesti	voi chiedeste
lui/lei chiese	loro chiesero

chiudere *to close*

io chiusi	noi chiudemmo
tu chiudesti	voi chiudeste
lui/lei chiuse	loro chiusero

conoscere *to know*

io conobbi	noi conoscemmo
tu conoscesti	voi conosceste
lui/lei conobbe	loro conobbero

dovere *must, ought to*

io dovei (dovetti)	noi dovemmo
tu dovesti	voi doveste
lui/lei dovè (dovette)	loro doverono (dovettero)

essere *to be*

io fui	noi fummo
tu fosti	voi foste
lui/lei fu	loro furono

leggere *to read*

io lessi	noi leggemmo
tu leggesti	voi leggeste
lui/lei lesse	loro lessero

mettere *to put*

io misi	noi mettemmo
tu mettesti	voi metteste
lui/lei mise	loro misero

nascere *to be born*

io nacqui	noi nascemmo
tu nascesti	voi nasceste
lui/lei nacque	loro nacquero

prendere *to take*

io presi	noi prendemmo
tu prendesti	voi prendeste
lui/lei prese	loro presero

ridere *to laugh*

io risi	noi ridemmo
tu ridesti	voi rideste
lui/lei rise	loro risero

rimanere *to remain*

io rimasi	noi rimanemmo
tu rimanesti	voi rimaneste
lui/lei rimase	loro rimasero

sapere *to know*

io seppi	noi sapemmo
tu sapesti	voi sapeste
lui/lei seppe	loro seppero

scegliere *to choose*

io scelsi	noi scegliemmo
tu scegliesti	voi sceglieste
lui/lei scelse	loro scelsero

scrivere *to write*

io scrissi	noi scrivemmo
tu scrivesti	voi scriveste
lui/lei scrisse	loro scrissero

spegnere *to put out*

io spensi	noi spegnemmo
tu spegnesti	voi spegneste
lui/lei spense	loro spensero

vedere *to see*

io vidi	noi vedemmo
tu vedesti	voi vedeste
lui/lei vide	loro videro

vincere *to win*

io vinsi	noi vincemmo
tu vincesti	voi vinceste
lui/lei vinse	loro vinsero

vivere *to live*

io vissi	noi vivemmo
tu vivesti	voi viveste
lui/lei visse	loro vissero

volere *to wish*

io volli	noi volemmo
tu volesti	voi voleste
lui/lei volle	loro vollero

Memorize Irregular Verbs

It is very important to memorize all the irregular verbs. Once you do, you will be able to use any verb you wish in the preterit. Except for a couple of verbs, the third-person singular of irregular verbs in the preterit does not have an accent mark.

Following are the most common irregular **-ire** verbs in the preterit.

comparire *to appear*

io comparii (comparvi, comparsi)	noi comparimmo
tu comparisti	voi compariste
lui/lei comparì (comparve, comparse)	loro comparirono (comparvero, comparsero)

coprire *to hide*

io coprii (copersi)	noi coprimmo
tu copristi	voi copriste
lui/lei coprì (coperse)	loro coprirono (copersero)

dire *to say*

io dissi	noi dicemmo
tu dicesti	voi diceste
lui/lei disse	loro dissero

scoprire *to uncover*		**venire** *to come*	
io scoprii	noi scoprimmo	io venni	noi venimmo
tu scopristi	voi scopriste	tu venisti	voi veniste
lui/lei scoprì	loro scoprirono	lui/lei venne	loro vennero

Compound forms of the verbs are conjugated in the same way as the main verb. **Ridire** is conjugated as **dire**; **divenire** is conjugated as **venire**.

Here are some examples of the irregular verbs in the preterit.

Tu dicesti e ridicesti le   *You said and said again the same*
    stesse cose.   *things.*
Mario venne a casa nostra.   *Mario came to our house.*
Carlo divenne molto famoso. *Carlo became very famous.*

 ## Exercise 14.3

Complete the sentences with the correct form of the preterit verbs in parentheses.

1. Due anni fa io _____ lo spagnolo. (studiare)

2. Quando _____ in Florida, _____ una macchina.
   (andare, noleggiare)

3. Io gli _____ molte volte ma non lo _____ mai.
   (telefonare, trovare)

4. Lei _____ molto tardi. (arrivare)

5. Anni fa, noi _____ una bella casa. (comprare)

6. Voi _____ che non fossimo a casa. (pensare)

7. I bambini _____ nel parco per ore. (giocare)

8. Lei _____ i suoi amici. (vedere)

9. Loro _____ andare al mare. (preferire)

10. Tu _____ tutti i compiti. (finire)

11. Noi non _____ la lezione. (capire)

12. Voi _____ alla nonna. (telefonare)

13. Loro _____ molti musei. (visitare)

14. Lui _____ con tutti. (parlare)

Exercise 14.4

Rewrite the sentences in the preterit.

1. Io mangio bene.

   _____

2. Tu vieni a casa presto.

   _____

3. Lei visita Milano.

   _____

4. Carlo chiede la ricetta per il dolce.

   _____

5. Luigi legge il libro.

   _____

6. Monica mi porta un regalo.

   _____

7. Lei prega sempre.

   _____

8. Noi stiamo a casa.

   _____

9. Voi viaggiate in treno.

   _____

10. Loro temono il freddo.

    _____

11. Io vedo il mare.

    _____

12. La guerra distrugge tutto.

    _____

13. La vita è difficile.

    _____

14. Dò l'acqua agli assetati.

    _____

Exercise 14.5

Complete the sentences with the correct preterit form of **essere** *or* **stare**.

1. Io _____ a casa tutto il giorno.

2. Noi _____ a casa tutto il giorno.

3. Maria _____ in ospedale per molti giorni.

4. Lei _____ molto contenta di vederti.

5. Lui non _____ molto bene.

6. Loro _____ molto coraggiosi.

7. La vita di Leonardo da Vinci _____ molto interessante.

8. Leonardo _____ a Firenze per molti anni.

9. Carlo e Giovanni non _____ molto attenti.

10. Chi _____ il primo presidente americano?

 Exercise 14.6

Complete the sentences with the correct form of the preterit. Choose a verb from the following list (verbs may be used more than once, but all verbs must be used).

bere, cadere, chiedere, chiudere, dire, entrare, fare, perdere, ricevere, vedere, vincere, vivere

1. Il bambino _____ dalla sedia.

2. Io _____ tua sorella ieri.

3. Noi _____ il pacco due giorni fa.

4. Lui non _____ una vita molto felice.

5. Voi _____ in casa con le chiavi.

6. Loro _____ dove era il museo.

7. Io non _____ le vostre lettere.

8. Tu _____ ginnastica in palestra.

9. Lei _____ una cioccolata calda.

10. Lui non _____ bene la porta.

11. L'Italia _____ la coppa del mondo.

12. La Francia _____ la partita.

13. Perchè tu non mi _____ la verità?

14. Io _____ le chiavi di casa.

The Present Perfect Tense

The present perfect tense also is used to describe actions and events that happened in the recent past. The verb is often preceded or followed by time expressions such as **ieri**, **domenica scorsa**, **l'anno scorso**, **un anno fa**, **un'ora fa**, etc. This is the only compound tense you will learn in this book but it is an essential one, even at this stage.

Formation of the Present Perfect

The present perfect tense is formed by using the present tense conjugation of **avere** or **essere** + the past participle of the verb showing the action. When **avere** is used, the past participle doesn't agree in gender or number with the subject. The present perfect tense for verbs of motion or states of being is formed by using **essere**. In these cases, the past participle must agree in gender and number with the subject.

Present Perfect with *avere*

Verbs that use **avere** as the auxiliary (or helping) verb in the present perfect tense are generally transitive: that is, verbs that use a direct object and answer the question **Chi?** (*Who?*) or **Che cosa?** (*What?*). The past participle of regular transitive verbs is formed by dropping the infinitive ending and adding:

- **-ato** to the infinitive stem of **-are** verbs
- **-uto** to the infinitive stem of **-ere** verbs
- **-ito** to the infinitive stem of **-ire** verbs

Infinitive	Past Participle
parl**are**	parl**ato**
sent**ire**	sent**ito**
vend**ere**	vend**uto**

In English the present perfect is translated with either the simple past or the present perfect.

| Ho telefonato alle nove. | *I called at nine o'clock.* |
| Ho telefonato molte volte. | *I have called many times.* |

There are some intransitive verbs, or verbs that cannot be used with a direct object, that use **avere**: **camminare**, **dormire**, and **viaggiare**.

| **Ho camminato** nel bosco. | *I walked in the woods.* |

A Word About Transitive and Intransitive Verbs

Transitive verbs are verbs like **mangiare**, **cantare**, and **comprare** that take direct objects. In compound tenses, transitive verbs take **avere**.

Intransitive verbs do not take direct objects. They are typically verbs of motion (**venire**, **andare**, **arrivare**) or states of being (**stare**, **essere**). In general, intransitive verbs in compound tenses take the auxiliary **essere**. In these cases the past participle must agree in gender and number with the subject. If in doubt, consult a good dictionary. It will tell you which auxiliary verb to use.

Verbs with Irregular Past Participles

Many **-ere** verbs have irregular past participles. The most common are included in the following list.

Infinitive	Past Participle
accendere (*to turn on*)	acceso (*turned on*)
aprire (*to open*)	aperto (*opened*)
bere (*to drink*)	bevuto (*drank*)
chiedere (*to ask*)	chiesto (*asked*)
chiudere (*to close*)	chiuso (*closed*)
conoscere (*to know*)	conosciuto (*known*)
cuocere (*to cook*)	cotto (*cooked*)
dire (*to tell, say*)	detto (*said*)
fare (*to do, make*)	fatto (*done, made*)
leggere (*to read*)	letto (*read*)
mettere (*to put*)	messo (*put*)
morire (*to die*)	morto (*died*)
nascere (*to be born*)	nato (*born*)
perdere (*to lose*)	perso (*lost*)
piangere (*to cry*)	pianto (*cried*)
prendere (*to take*)	preso (*taken*)

promettere (*to promise*)   promesso (*promised*)
rimanere (*to remain*)   rimasto (*remained*)
rispondere (*to answer*)   risposto (*answered*)
scendere (*to descend*)   sceso (*descended*)
scrivere (*to write*)   scritto (*written*)
spegnere (*to turn off*)   spento (*turned off*)
spendere (*to spend*)   speso (*spent*)
spingere (*to push*)   spinto (*pushed*)
vedere (*to see*)   visto (*seen*)
vincere (*to win*)   vinto (*won*)
vivere (*to live*)   vissuto (*lived*)

 ## Exercise 14.7

Complete the sentences with the correct form of the present perfect tense of the verbs in parentheses.

1. Io _____ con tua sorella. (viaggiare)

2. Tu _____ molto bene. (cantare)

3. Il ragazzo _____ al tennis tutta la mattina. (giocare)

4. Noi _____ un libro. (ordinare)

5. Loro _____ la lettera. (leggere)

6. Noi _____ molti gelati. (mangiare)

7. Qualcuno _____ il campanello. (suonare)

8. Lei _____ suo fratello. (vedere)

9. Gli studenti _____ bene. (imparare)

10. Le ragazze _____ gli orecchini. (compare)

11. Loro _____ la luce. (accendere)

12. Noi _____ la televisione. (spegnere)

13. Il ragazzo _____ il torneo di tennis. (vincere)

14. La bambina _____ tutto il latte. (bere)

15. Oggi non _____ niente. (io/fare)

Past Participle Agreement of Verbs Conjugated with *avere* in the Present Perfect

As previously mentioned, for verbs that use **avere** the past participle does not agree with the subject in gender and number. However, there are some cases that differ from this rule.

- Regardless of which auxiliary is being used, the past participle must agree with the direct object pronouns **lo**, **la**, **li**, and **le**.

Avete visto il libro?	*Did you see the book?*
No, non **lo** abbiamo vist**o**.	*No, we didn't see it.*
Dove hai comprato i fiori?	*Where did you buy the flowers?*
Li ho comprat**i** al mercato.	*I bought them at the market.*
Hai comprato le patate?	*Did you buy the potatoes?*
Sì, **le** ho comprat**e**.	*Yes, I bought them.*
Hai visto le tue amiche?	*Did you see your friends?*
Sì, **le** ho vist**e**.	*Yes, I saw them.*

- The agreement is optional with the direct object pronouns **mi**, **ti**, **ci**, and **vi**.

Non ci hanno vist**o**/vist**i**.	*They did not see us.*

Exercise 14.8

Translate the sentences into Italian.

1. I read many books.

   _____

2. I read them.

   _____

3. We bought many eggs.

   _____

4. We bought them.

   _____

5. You (*sing.*) saw them.

   _____

6. You (*sing.*) didn't see us.

_____

7. She called her friends.

_____

8. She called them.

_____

9. You (*sing.*) waited for your family.

_____

10. You (*sing.*) waited for them.

_____

11. I bought a new watch.

_____

12. I bought it at the jewelry store.

_____

Present Perfect with *essere*

The present perfect of intransitive verbs—verbs that do not take a direct object—is formed by using the present tense of **essere** and the past participle of the verb showing the action. Many of these verbs express movement, including **andare** (*to go*), lack of movement, such as **stare** (*to stay*), or a process of change, e.g., **invecchiare** (*to age*).

Regular past participles of verbs conjugated with **essere** are formed the same way as verbs conjugated with **avere**, and they must agree in gender and number with the subject of the verb.

	andare	**cadere**	**partire**
io	sono andato/a	sono caduto/a	sono partito/a
tu	sei andato/a	sei caduto/a	sei partito/a
lui/lei	è andato/a	è caduto/a	è partito/a
noi	siamo andati/e	siamo caduti/e	siamo partiti/e
voi	siete andati/e	siete caduti/e	siete partiti/e
loro	sono andati/e	sono caduti/e	sono partiti/e

Luigi è arrivato tardi.   *Luigi arrived late.*
Luisa è arrivata tardi.   *Luisa arrived late.*

Luigi e Carlo sono arrivati tardi   *Luigi and Carlo arrived late.*
Luisa e Maria sono arrivate tardi. *Luisa and Maria arrived late.*

Verbs Conjugated with *essere* in the Present Perfect

Infinitive		Past Participle	
andare	*to go*	andato	*gone*
arrivare	*to arrive*	arrivato	*arrived*
cadere	*to fall*	caduto	*fallen*
diventare	*to become*	diventato	*become*
entrare	*to enter*	entrato	*entered*
essere	*to be*	stato	*been*
morire	*to die*	morto	*died*
nascere	*to be born*	nato	*born*
partire	*to leave*	partito	*left*
restare	*to remain*	restato	*remained*
ritornare	*to return*	ritornato	*returned*
salire	*to go up*	salito	*went up*
scendere	*to go down*	sceso	*gone down*
stare	*to stay*	stato	*stayed*
tornare	*to return*	tornato	*returned*
uscire	*to go out*	uscito	*went out*
venire	*to come*	venuto	*come*
vivere	*to live*	vissuto	*lived*

Exercise 14.9

Rewrite the sentences in the present perfect tense.

1. Ritorno a letto perchè fa freddo.

   _____

2. Le ragazze vengono a casa mia.

   _____

3. I parenti arrivano con il treno.

   _____

4. Porto la mia amica all'aeroporto.

   _____

5. Michele va in Peru.

_____

6. Andiamo alla festa.

_____

7. L'aereo non parte.

_____

8. Vengono a vedere il neonato.

_____

9. Ritorniamo a casa tardi.

_____

10. Lei studia medicina.

_____

11. La nonna cammina con il bastone.

_____

12. La mia gioventù è bella.

_____

Additional Rules for Using _essere_ in the Present Perfect

This section addresses other rules for using **essere** in the present perfect.

- All reflexive verbs use **essere** in the present perfect tense.

Mi sono svegliato tardi questa mattina.	_I woke up late this morning._
Mi sono divertita alla festa.	_I had fun at the party._

- Impersonal verbs also require **essere** in the present perfect tense. Remember that impersonal verbs take indirect object pronouns, and therefore the past participle does not agree in number and gender. Some of the most common impersonal verbs follow.

accadere	_to happen_	dispiacere	_to regret, to be sorry_
bastare	_to be enough_	piacere	_to please_
capitare	_to happen_	sembrare	_to seem_
costare	_to cost_	succedere	_to happen_

Vi è sembrato un bel film?   *Did it seem a good movie to you?*
Ci è dispiaciuto non venire.   *We were sorry not to have come.*

- The auxiliary **essere** is used in the present perfect when referring to the weather. However, today it is common to hear the use of **avere**.

È piovuto tutta la settimana.   *It has rained all week.*
Ha piovuto tutta la settimana.   *It has rained all week.*

- With the verbs **dovere, volere,** and **potere,** it is preferable to use **essere** if the following infinitive requires **essere**. This is especially true in writing. In speech, however, **avere** is used more frequently.

Sono dovuta stare a letto tutto   *I had to stay in bed all day long.*
   il giorno.
Non **sono potuti partire** per   *They could not leave, because of*
   la neve.   *the snow.*

 When to Use *essere* or *avere*
Some verbs can use either **essere** or **avere** depending on whether they are used transitively or intransitively.

Transitive

I negozianti hanno aumentato i prezzi.   *The store owners have raised*
                                             the prices.

Intransitive

Tutti i prezzi sono aumentati. *All the prices have gone up.*

 Exercise 14.10

Translate the sentences into Italian using the present perfect tense.

1. An accident happened on the highway.

   _____

2. Why couldn't they come?

   _____

3. They couldn't come because the children were sick.

   _____

4. They woke up late and arrived late at work.

_____

5. Yesterday, it snowed in Colorado.

_____

6. The cat went up on the roof.

_____

7. The food was enough for everybody.

_____

8. This house cost a lot.

_____

9. She got dressed in a hurry.

_____

10. She stayed at home because her car is broken.

_____

 # Reading Comprehension
La moda italiana

Chi non conosce la moda italiana? Il nome «Italia» è sinonimo di moda e buon gusto. Tutti conoscono i nomi di Armani, Ferrè, Gucci, Fendi, Valentino, Versace e Furla, e tutti desiderano avere un capo firmato. Gli stilisti italiani sono fra i più rinomati e i più ricercati del mondo. Milano, città nel Nord Italia, è il centro della moda italiana.

La moda italiana è simbolo di qualità e finezza. Le industrie di abbigliamento sono economicamente fondamentali per l'Italia. Garantiscono milioni di posti di lavoro e hanno un ruolo molto importante nelle esportazioni. Il «made in Italy» è ricercato e richiesto in molte parti del mondo.

La Benetton è la maggiore azienda nel campo dell'abbigliamento ed ha sede a Treviso, una piccola città nell'Italia del Nord. È un'azienda a gestione famigliare, ma è conosciuta in tutto il mondo.

Non tutti possono permettersi di acquistare capi di questi stilisti, ma tutti possono dilettarsi a fermarsi davanti alle sontuose vetrine degli eleganti negozi dove si vendono questi capi oggetto di tanti desideri e sospiri. Molte aziende in paesi fuori dall'Italia cercano di imitare gli stilisti italiani senza molto successo, perchè non hanno il senso del colore, della qualità e dello stile italiano.

Nelle vetrine dei negozi e dei grandi magazzini, possiamo leggere le seguenti parole: prezzi fissi, liquidazione, vendita promozionale, svendita, saldi, saldi di fine stagione, sconti, aperto, chiuso, chiuso per ferie e orario continuato.

I negozi più esclusivi ed eleganti, molto raramente svendono la merce. Le case di moda producono in quantità limitata e vendono sempre a prezzi pieni.

I commessi e le commesse dei negozi di moda, di solito, sono giovani, belli, snelli e vestiti molto bene. Sono ragazzi e ragazze che invogliano la gente a comprare.

Nomi (Nouns)

l'abbigliamento	*the clothing*	la moda	*the fashion*
l'azienda	*the company*	l'orario	*the timetable*
il capo	*the piece*	il ruolo	*the task*
il commesso	*the clerk*	il saldo	*the sale*
l' esportazione	*the export*	la sede	*the headquarters*
le ferie	*the vacation*	il sinonimo	*the synonym*
la finezza	*the finesse*	il sospiro	*the sigh*
la gestione	*the management*	la/lo stilista	*the designer*
il gusto	*the taste*	la vendita	*the sale*
la liquidazione	*the sale*	la vetrina	*the shopwindow*

Aggettivi (Adjectives)

esclusivo	*exclusive*	ricercato	*wanted*
fondamentale	*fundamental*	rinomato	*renowned*
maggiore	*biggest*	snello	*slender*
promozionale	*promotional*	sontuoso	*sumptuous*

Verbi (Verbs)

acquistare	*acquire*	imitare	*to imitate*
desiderare	*to wish*	invogliare	*to tempt*
dilettarsi	*to take pleasure*	permettere	*to allow*
garantire	*to guarantee*	svendere	*to liquidate*

Domande (Questions)

After you have read the selection, answer the questions in Italian repeating your answers aloud.

1. Chi sono gli stilisti di moda più conosciuti in Italia e nel mondo?

   _____

2. Che cos'è Milano?

   _____

3. Qual'è l'azienda di abbigliamento più grande in Italia?

   _____

4. Che cosa si vede scritto sulle vetrine dei negozi italiani?

   _____

5. Perchè sono fondamentali le aziende di abbigliamento in Italia?

   _____

15

The Imperfect Tense

The imperfect tense expresses an action or actions that happened in the past and are not completed. The imperfect is used in the following ways.

- To express a situation, a narration, or background in the past
- To express repeated and habitual actions in the past
- To express a description in the past
- To express a continuous action in the past
- To express age, time of day, and weather conditions in the past
- To express color, size, and personal qualities in the past
- To express an ongoing action in the past with the preposition **da**

Formation of the Imperfect

The imperfect tense is formed by adding the imperfect endings to the stem of the **-are**, **-ere**, and **-ire** verbs. There are very few irregular verbs in the imperfect.

Regular *-are* Verbs

To conjugate an **-are** verb in the imperfect tense, drop the infinitive **-are** ending and add to the stem the imperfect endings **-avo**, **-avi**, **-ava**, **avamo**, **-avate**, **-avano**.

accompagnare		dare	
io accompagnavo	noi accompagnavamo	io davo	noi davamo
tu accompagnavi	voi accompagnavate	tu davi	voi davate
lui/lei accompagnava	loro accompagnavano	lui/lei dava	loro davano

lavorare		parlare	
io lavoravo	noi lavoravamo	io parlavo	noi parlavamo
tu lavoravi	voi lavoravate	tu parlavi	voi parlavate
lui/lei lavorava	loro lavoravano	lui/lei parlava	loro parlavano

ricordare		stare	
io ricordavo	noi ricordavamo	io stavo	noi stavamo
tu ricordavi	voi ricordavate	tu stavi	voi stavate
lui/lei ricordava	loro ricordavano	lui/lei stava	loro stavano

A Word About the Imperfect

The imperfect is usually preceded or followed by expressions such as **di solito**, **qualche volta**, **spesso**, **la domenica**, **il lunedì**, **di frequente**, and **mentre**. They all indicate repetition and habitual actions.

Regular -*ere* Verbs

To conjugate regular **-ere** verbs in the imperfect, drop the infinitive **-ere** ending and add to the stem the endings **-evo**, **-evi**, **-eva**, **-evamo**, **-evate**, **evano**.

avere		chiedere	
io avevo	noi avevamo	io chiedevo	noi chiedevamo
tu avevi	voi avevate	tu chiedevi	voi chiedevate
lui/lei aveva	loro avevano	lui/lei chiedeva	loro chiedevano

potere		sapere	
io potevo	noi potevamo	io sapevo	noi sapevamo
tu potevi	voi potevate	tu sapevi	voi sapevate
lui/lei poteva	loro potevano	lui/lei sapeva	loro sapevano

tenere		vedere	
io tenevo	noi tenevamo	io vedevo	noi vedevamo
tu tenevi	voi tenevate	tu vedevi	voi vedevate
lui/lei teneva	loro tenevano	lui/lei vedeva	loro vedevano

Regular *-ire* Verbs

To conjugate regular **-ire** verbs in the imperfect, drop the infinitive **-ire** ending and add to the stem the endings **-ivo**, **-ivi**, **-iva**, **-ivamo**, **-ivate**, **-ivano**.

aprire

io aprivo	noi aprivamo
tu aprivi	voi aprivate
lui/lei apriva	loro aprivano

capire

io capivo	noi capivamo
tu capivi	voi captivate
lui/lei capiva	loro capivano

finire

io finivo	noi finivamo
tu finivi	voi finivate
lui/lei finiva	loro finivano

scoprire

io scoprivo	noi scoprivamo
tu scoprivi	voi scoprivate
lui/lei scopriva	loro scoprivano

sentire

io sentivo	noi sentivamo
tu sentivi	voi sentivate
lui/lei sentiva	loro sentivano

venire

io venivo	noi venivamo
tu venivi	voi venivate
lui/lei veniva	loro venivano

Pronunciation Tip

Practice the pronunciation of the imperfect. There are one-syllable, two-syllable, three-syllable, and four-syllable verbs. Be sure to pronounce the imperfect tense in this way: **io parlavo**, **tu parlavi**, **lui/lei parlava**, **noi parlavamo**, **voi parlavate**, **loro parlavano**.

Irregular Verbs

bere

io bevevo	noi bevevamo
tu bevevi	voi bevevate
lui/lei beveva	loro bevevano

dire

io dicevo	noi dicevamo
tu dicevi	voi dicevate
lui/lei diceva	loro dicevano

essere

io ero	noi eravamo
tu eri	voi eravate
lui/lei era	loro erano

fare

io facevo	noi facevamo
tu facevi	voi facevate
lui/lei faceva	loro facevano

porre		**produrre**	
io ponevo	noi ponevamo	io producevo	noi producevamo
tu ponevi	voi ponevate	tu producevi	voi producevate
lui/lei poneva	loro ponevano	lui/lei produceva	loro producevano

Irregular Verbs in the Imperfect

The verbs **fare**, **dire**, **bere**, **produrre**, **porre**, and **essere** take their root for the imperfect tense from the original Latin infinitives, but the conjugations are regular. For these verbs add the imperfect endings to **fac-** (for **fare**), **dic-** (for **dire**), **bev-** (for **bere**), **produc-** (for **produrre**), **pon-** (for **porre**), **er-** (for **essere**).

Exercise 15.1

Rewrite the sentences in the imperfect tense.

1. Di solito io vado a letto tardi.

   _____

2. Tu vai spesso in Italia.

   _____

3. Il sabato mattina mi piace dormire.

   _____

4. Vediamo di frequente i nostri amici.

   _____

5. Ogni giorno dobbiamo fare i compiti.

   _____

6. Mangiate sempre la pasta.

   _____

7. Loro non sanno parlare l'italiano.

   _____

8. Di solito loro fanno tante fotografie ai bambini.

   _____

9. Lei parla spesso con i suoi genitori.

_____

10. Di tanto in tanto, la chiamo al telefono.

_____

11. I bambini dicono sempre la verità.

_____

12. Di solito bevo molta acqua.

_____

Uses of the Imperfect

The imperfect tense expresses actions in the past that are not seen as completed. It is used to indicate past situations or actions without referring to the beginning or to the end.

To Express a Narration, a Situation, or a Background in the Past

La neve cadeva e tutto era silenzioso e calmo. Il sole splendeva, gli uccelli cantavano e la gente camminava nei boschi.	*The snow was falling and everything was quiet and calm. The sun was shining, the birds were singing, and the people were walking in the woods.*

To Express Repeated, Habitual Actions in the Past

Tutti gli inverni, io andavo a sciare con la mia famiglia.	*Every winter, I used to go skiing with my family.*
Ogni sera prima di andare a letto, la mamma cantava una canzone alle bambine.	*Every night before going to sleep, their mother used to sing a song to the girls.*
Tutte le estati, andavamo al mare.	*Every summer we used to go to the seaside.*

To Express a Description in the Past

La casa era bella.	*The house was beautiful.*
La pasta era buona.	*The pasta was good.*
I bambini erano buoni.	*The children were good.*

To Express a Continuous Action in the Past

Roberto scriveva e Paola leggeva.	*Roberto was writing and Paola was reading.*
Marco suonava il piano e suo padre cantava.	*Marco was playing the piano and his father was singing.*
Io parlavo al telefono quando arrivò mia figlia.	*I was talking on the phone when my daughter arrived.*
Io parlavo al telefono quando è arrivata mia figlia.	*I was talking on the phone when my daughter arrived.*
Voi tagliavate l'erba quando suonò (è suonato) il telefono.	*You were cutting the grass when the phone rang.*

In the last three examples, the imperfect, the preterit, and the present perfect are used. The first part of the sentence is the ongoing action and it is expressed in the imperfect; the second part of the sentence is a completed action and it requires the preterit or the present perfect. The imperfect is used as a continuous action that is interrupted by another action—while something is going on or something else starts.

To Express Age, Time of Day, and Weather in the Past

Mia zia aveva 108 anni quando morì (è morta).	*My aunt was 108 years old when she died.*
Erano le dieci e la banca era ancora chiusa.	*It was ten o'clock, and the bank was still closed.*
Volevamo andare in montagna ma pioveva.	*We wanted to go to the mountains, but it was raining.*

To Express Size, Color, and Personal Qualities in the Past

Mia madre era molto bella.	*My mother was very beautiful.*
La giacca era troppo grande.	*The jacket was too big.*
Il vestito era rosso.	*The dress was red.*

To Express an Ongoing Action in the Past with the Preposition *da*

Lei era a letto da un mese con la polmonite.

She was in bed for a month with pneumonia.

Loro studiavano l'italiano da quattro anni.

They studied Italian for four years.

 ## Exercise 15.2

Translate the sentences into Italian using the imperfect tense.

1. Yesterday it was raining.

   _____

2. What was the weather like in Italy?

   _____

3. It was sunny and warm.

   _____

4. It had been cloudy for a week.

   _____

5. The mother was sleeping and the children were playing.

   _____

6. He took a shower every morning.

   _____

7. Carlo used to call me often.

   _____

8. Usually on Sunday afternoon we went for a walk in the park.

   _____

9. I used to see the geese every evening.

   _____

10. I was studying and my sister was playing.

    _____

11. What time was it when you came back?

    _____

12. In the past they used to make olive oil.

_____

13. The children used to eat only fish.

_____

14. The train left every day at nine o'clock.

_____

15. They were not tired, only hungry.

_____

16. Your (*sing.*) mother was very ambitious.

_____

Preterit, Present Perfect, and Imperfect Compared

The preterit, the present perfect, and the imperfect are all past tenses. They can be used in the same sentence to express something that was going on when something else happened. Deciding whether the imperfect or the preterit (or the present perfect) should be used is not always easy, since in English there is no distinction between these tenses. In Italian they express different types of actions and the imperfect and the preterit, or the imperfect and the present perfect, cannot be used interchangeably.

Compare the difference in meaning in the following sentences where the present perfect or the preterit and the imperfect are used.

Lei è partita ieri.	*She left yesterday.*
Lei partì ieri.	
Di solito lei partiva alle cinque.	*She used to leave at five.*
Io sono andata al supermercato.	*I went to the supermarket.*
Io andai al supermercato.	
Io andavo al supermercato tutti i giorni.	*I went the supermarket every day.*
Che cosa hai comprato al supermercato?	*What did you buy at the supermarket?*
Che cosa comprasti al supermercato?	
Che cosa compravi di solito?	*What did you used to buy?*

Abbiamo ricevuto una lettera.	*We received a letter.*
Ricevemmo una lettera.	
Ricevevamo sempre delle lettere.	*We always received letters.*
Abbiamo camminato nel parco oggi.	*We walked in the park today.*
Camminammo nel parco oggi.	
Camminavamo nel parco tutti i giorni.	*We walked in the park every day.*
Lui ha visto molte oche.	*He saw many geese.*
Lui vide molte oche.	
Lui vedeva le oche nel campo.	*He used to see the geese in the field.*

Practice Makes Perfect

Practice as often as you can the different uses of the present perfect, the preterit, and the imperfect. Keep in mind that the preterit is used more in literature and in southern Italy, and that the present perfect is used more in speech and in northern Italy. Both tenses express an action that is completed in the past, but the imperfect expresses actions in the past with no specific reference to their beginning or end.

Volere, potere, sapere

Affirmative

Io volevo andare allo zoo.	
Io volli andare allo zoo.	*I wanted to go to the zoo.*
Ho voluto andare allo zoo.	
Potevamo ascoltare la musica.	
Potemmo ascoltare la musica.	*We were able to listen to the music.*
Abbiamo potuto ascoltare la musica.	
Lei sapeva dove era suo fratello.	
Lei seppe dove era suo fratello.	*She knew where her brother was.*
Lei ha saputo dove era suo fratello.	

For the verbs **volere** and **potere**, the English translations of the example sentences above show that the preterit, the present perfect, and the imperfect are the same. However, the preterit and the present perfect **volli** and

ho voluto (from **volere**), **potemmo** and **abbiamo potuto** (from **potere**), and **seppe** and **ha saputo** (from **sapere**) indicate that the action is over.

Negative

Perchè non sei voluto andare con me?	*Why didn't you want to go with me?*
Non potevo fare i miei compiti.	*I could not do my homework.*
Non ho potuto fare i compiti ieri.	*I could not do my homework yesterday.*
Non sapevo che voi eravate a casa.	*I did not know that you were at home.*
Non ho saputo che tu eri ammalata.	*I did not know that you were sick.*

 Exercise 15.3

Translate the sentences into Italian using the preterit or imperfect.

1. The children wanted to go to the park.

   _____

2. I knew it.

   _____

3. What did you tell Franco?

   _____

4. We were eating when you came home.

   _____

5. Why did you call him?

   _____

6. Why did you used to call him?

   _____

7. Where did you go yesterday?

   _____

8. Where was he going when I saw him?

   _____

9. She had an accident.

_____

10. She used to have car accidents often.

_____

11. Did you give her the good news?

_____

12. You (*sing.*) used to bring her good news.

_____

 Exercise 15.4

Translate the sentences into Italian using the present perfect or imperfect.

1. Last week I went to the lake.

_____

2. I used to go to the lake.

_____

3. You met your friends in Rome.

_____

4. You were meeting your friends in Rome.

_____

5. You (*sing.*) turned off the TV, because I was studying.

_____

6. When you (*sing.*) came home they were sleeping.

_____

7. He was in the hospital for ten days.

_____

8. He went to the hospital last week.

_____

9. She took the children to the zoo.

_____

10. She took the children to the zoo every summer.

_____

11. I lost my umbrella.

_____

12. I always forgot my umbrella at home.

_____

 Exercise 15.5

Translate the sentences into Italian using the correct form of the imperfect or the present perfect.

1. I used to ski every winter.

_____

2. I skied a lot.

_____

3. You (*pl.*) went to Africa with your parents.

_____

4. You (*sing.*) used to go to Africa for work.

_____

5. They wrote me a long letter.

_____

6. They used to write me long letters.

_____

7. He used to conduct the orchestra.

_____

8. He conducted the orchestra for ten years.

_____

9. Last night he went to bed late.

_____

10. He used to go to bed late every night.

_____

11. She cooked for the whole family.

_____

12. She cooked for the whole family every Sunday.

_____

Exercise 15.6

Complete the sentences with the correct form of the verbs in parentheses. Use the imperfect or the present perfect and the preterit.

EXAMPLE   *Io dormivo quando sei ritornato. (ritornai)*

1. Tu _____ a casa quando io _____.
   (essere, telefonare)

2. Noi _____ a tavola quando _____ un forte temporale.
   (essere, venire)

3. Mentre loro _____ qualcuno _____ alla porta.
   (dormire, bussare)

4. Marco _____ la partita di pallone quando _____ la
   notizia. (guardare, arrivare)

5. Noi _____ andare in Italia, ma non _____ posto
   sull'aereo. (dovere, trovare)

6. Mentre loro _____ al cinema, _____ gli zii a visitarci.
   (essere, venire)

7. Lei non _____ l'ombrello quando _____ a piovere.
   (avere, cominciare)

8. Il ciclista _____ molto allenamento e _____ tutte le
   gare. (fare, vincere)

9. Io _____ mal di testa e il raffreddore così _____ a letto
   tutto il giorno. (avere, stare)

10. Io _____ di dormire fino a tardi, ma mi _____ presto,
    così _____ di alzarmi. (sperare, svegliarsi, decidere)

11. Voi _____ una scatola di cioccolatini che _____ portare ai vostri parenti. (comprare, volere)

12. Quando noi _____ di casa, _____ un gatto nero. (uscire, vedere)

13. Carla non _____ le scarpe in Italia, perchè _____ troppo. (comprare, costare)

14. Ieri il mio computer non _____, oggi funziona perchè il tecnico l'_____. (funzionare, riparare)

15. Mentre gli uomini _____ la partita di pallone, le donne _____ nei negozi di abbigliamento. (guardare, andare)

16. Quando voi _____ in Africa, non _____ dal dentista. (essere, andati)

Double Object Pronouns

In Italian a direct object pronoun and an indirect object pronoun can be combined.

- Positions of the double object pronouns are the same as with single object pronouns. They are either placed directly before the first verb or they can be attached to the infinitive.

- In most cases, the indirect object pronoun precedes the direct object pronoun.

- In a negative sentence, the word **non** (or any other word of negation) comes directly before the first pronoun when this is placed in front of the verb (but not when the object pronouns are attached to the infinitive).

- The indirect object pronouns **mi**, **ti**, **gli**, **ci**, and **vi** change to **me**, **te**, **glie**, **ce**, and **ve** when they are combined with the direct object pronouns.

Me lo, me la, me li, me le

The indirect object pronoun **mi** changes to **me** when combined with the direct object pronouns **lo**, **la**, **li**, and **le** as follows:

Giovanni porta il libro.	*Giovanni brings the book.*
Me lo porta.	*He will bring it to me.*
Lui legge la lettera.	*He reads the letter.*
Me la legge.	*He reads it to me.*

Lei presta i libri.	*She loans the books.*
Me li presta.	*She loans them to me.*

Carlo compra le rose.	*Carlo buys the roses.*
Carlo **me le** compra.	*Carlo buys them for me.*

In the second position, the object pronouns are attached to the infinitive and become one word. The accent is placed on the vowel preceding the **-r-** of the infinitive ending to maintain the natural stress of the infinitive. Whether the object pronouns are placed in front of the first verb or attached to the infinitive, the meaning of the sentence is the same.

Giovanni mi porta il libro.	*Giovanni will bring me the book.*
Giovanni vuole portar**melo**.	*He wants to bring it to me.*

Maria mi scrive la lettera.	*Maria writes me the letter.*
Maria vuole scrivermela.	*Maria wants to write it to me.*

Lui mi fa la fotografia.	*He takes pictures of me.*
Lui vuole farmela.	*He wants to take it.*

Tu mi ordini le pizze.	*You order me pizza.*
Tu puoi ordinarmele.	*You can order them for me.*

Exercise 15.7

Translate the sentences into English.

1. Io vorrei bere un caffè. Me lo fai?

_____

2. Roberto mi ha comprato una maglia. Me l'ha comprata per il mio compleanno.

_____

3. Ho bisogno di matite colorate. Voglio comprarmele.

_____

4. Preparo la colazione. Me la preparo tutte le mattine.

_____

5. Vorrei comprare gli sci. Me li compro dopo le Feste.

_____

6. Il postino ha le mie lettere. Me le porta domani.

_____

7. Avevamo bisogno di arance. Sono andata a comprarmele.

_____

8. Non vuole portarmi l'insalata. Non vuole portarmela.

_____

NOTE: Practice all the previous examples aloud. The more you practice, the
easier it becomes.

_Te lo, te la, te li, te le_

The indirect object pronoun **ti** changes to **te** when combining with the direct
object pronouns **lo**, **la**, **li**, and **le** as follows:

Ti dò il mio scialle, perchè fa freddo.	_I'll give you my shawl because it is cold._
Grazie, **te lo** restituisco domani.	_Thank you, I will return it tomorrow._
Perchè non mi hai comprato l'acqua?	_Why didn't you buy me water?_
Te la compro domani.	_I'll buy it for you tomorrow._
Dove hai messo i miei calzini?	_Where did you put my socks?_
Te li ho messi nel cassetta.	_I put them in the drawer._
Hai spedito le lettere?	_Did you mail the letters?_
Te le ho spedite ieri.	_I mailed them yesterday._
Vogliamo mandarti un regalo.	_I want to send you a gift._
Voglio mandar**telo**.	_I want to send it to you._

Exercise 15.8

Translate the sentences into English.

1. Maria non ti porta il vino. Te lo porta Giovanni.

_____

2. Voglio regalarti una pianta. Voglio regalartela.

_____

3. Tu aspetti il conto. Spero che il cameriere te lo porti in fretta.

_____

4. Ti voglio comprare una bicicletta. Te la porto a casa.

_____

5. Maria legge tanti giornali. Quando ha finito di leggerli, te li impresto.

_____

6. Ti mandiamo le cartoline dall'Europa. Te le mandiamo da Roma.

_____

7. Possiamo noleggiare dei video. Te li noleggiamo noi.

_____

8. Maria ti disse di andare a cena da lei? Sì, me lo disse ieri.

_____

9. Volevo dirti di venire da me alle 20,00. Volevo dirtelo ieri.

_____

10. Io ti leggo il libro. Te lo leggo.

_____

Glielo, gliela, glieli, gliele

The indirect pronoun **gli** becomes **glie** and combines with the direct object
pronouns **lo**, **la**, **li**, **le**, and **ne** to form one word: **glielo**, **gliela**, **glieli**, **gliele**,
and **gliene**. In these cases the indirect object pronoun **glie-** is used for the
masculine and the feminine.

Glielo porto. $\begin{cases} \textit{I bring it to her.} \\ \textit{I bring it to you. (sing. form., m. or f.)} \\ \textit{I bring it to them.} \end{cases}$

A Word About *glie-*

When you use **glie-** + the direct object pronoun, keep in mind that you already have to know if the indirect object is masculine or feminine, singular or
plural. Also, **glie-** in modern Italian is used when referring to *them* as well.
The alternative would be **loro**, **a loro**, which is rarely used today.

Glielo compro.	*I buy it for him (for you/for them).*
Lo compro a loro.	*I buy it for them.*

NOTE: **Loro** always follows the verb.

Porto il giornale a mio padre.	*I bring the newspaper to my father.*
Glielo porto.	*I bring it to him.*
Compro la gonna a Maria.	*I buy a skirt for Maria.*
Gliela compro.	*I buy it for her.*
Mandiamo i biscotti al ragazzo.	*We send the cookies to the kid.*
Glieli mandiamo.	*We'll send them to them.*
Gli leggiamo le lettere.	*We'll read him the letters.*
Gliele leggiamo.	*We'll read them to him.*
Portiamo i giochi ai bambini.	*We'll bring the toys to the children.*
Glieli portiamo.	*We'll bring them to them.*
Li portiamo **a loro**.	
Non posso portare il libro a Luigi.	*I cannot bring the book to Luigi.*
Non **glielo** posso portare.	*I cannot bring it to him.*
Non posso portar**glielo**.	

Exercise 15.9

Complete the sentences with the correct double object pronouns.

EXAMPLE   Le compriamo le rose. *Gliele* compriamo.

1. Non trovo il libro. Se lo trovo _____ porto. (*to you, sing.*)

2. Io darei il mio libro a Luca. Io _____ darei. (*to him*)

3. Maria insegna la danza classica a Lara. Maria _____ insegna. (*to her*)

4. Io insegno l'italiano a Luigi. Io _____ insegno. (*to him*)

5. Io insegno lo spagnolo a Paolo e Luigi. Io _____ insegno. (*to them*)

6. Lui mi ha scritto molte lettere. Lui _____ ha scritte. (*to me*)

7. Ti darò la risposta domani. _____ darò domani. (*to you, sing.*)

8. Voi portate la torta alla nonna. _____ portate. (*to her*)

9. Loro hanno bisogno di soldi. _____ impresto io. (*to them*)

10. Maurizio porta la maglietta ai gemelli. Maurizio _____ porta. (*to them*)

11. Noi ti portiamo il biglietto per il treno. _____ portiamo. (*to you, sing.*)

12. Io vorrei far vedere le fotografie alle mie amiche. Io vorrei _____ vedere. (*to them*)

13. Vorrei la ricetta per il dolce. Potresti mandar _____ per posta elettronica? (*to me*)

14. Io _____ mando la ricetta quando la trovo. (*to you, sing.*) _____ mando presto.

15. Ti sei comprata il vestito? No, non _____ sono comprato costava troppo. (*to me*)

16. Quando gli dai il regalo? _____ do domani. (*to him*)

Ce lo, ce la, ce li, ce le

The indirect object pronouns **ci** and **vi** change to **ce** and **ve** when combined with the direct object pronouns **lo**, **la**, **li**, and **le** as follows:

I nostri amici ci portano il giornale.	*Our friends bring us the newspaper.*
I nostri amici **ce lo** portano.	*Our friends will bring it to us.*
Maria ci dà la ricetta.	*Maria will give us the recipe.*
Maria **ce la** dà.	*Maria will give it to us.*
Noi ci compriamo gli sci.	*We'll buy ourselves skis.*
Noi **ce li** compriamo.	*We'll buy them for ourselves.*
Noi ci portiamo le biciclette.	*We'll bring the bicycles.*
Noi **ce le** portiamo.	*We'll bring them for ourselves.*
Vorresti darci il libro, ma non puoi.	*You would like to give us the book, but you can't.*
Vorresti dar**celo**, ma non puoi.	*You would like to give it to us, but you can't.*
Non puoi portarci i CD.	*You cannot bring us the CDs.*
Non puoi portar**celi**.	*You cannot bring them to us.*

Ve lo, ve la, ve li, ve le

The indirect object pronoun **vi** changes to **ve** when combined with the direct objects **lo**, **la**, **li**, and **le** as follows:

Quando vi vedo, vi dò il biglietto.	*When I see you, I'll give you the ticket.*
Quando vi vedo, **ve lo** dò.	*When I see you, I'll give it to you.*
Vi porterò la maglia domani.	*I will bring you the sweater tomorrow.*
Ve la porterò domani.	*I will bring it to you tomorrow.*
Vi regalo gli orecchini.	*I will give you the earrings.*
Ve li regalo.	*I will give them to you.*
Io non vi faccio le lasagne.	*I will not make lasagna for you.*
Non **ve le** faccio.	*I will not make it for you.*
Non voglio dirvi che cosa ho fatto.	*I don't want to tell you what I did.*
Non voglio dir**velo**.	*I don't want to tell you.*

NOTE: The direct/indirect object pronoun combinations are written as two words, except for **glielo**, **gliela**, **glieli**, **gliele** and all the pronoun combinations when they are attached to the infinitive.

Exercise 15.10

Translate the sentences into Italian.

1. I told you yesterday.

_____

2. I gave a computer to my niece. I gave it to her.

_____

3. I will tell her the news when she comes.

_____

4. Your aunt wants you to read the article to her.

_____

5. You don't want to read it to her.

_____

6. Giovanni loaned him the car. He loaned it to him.

_____

7. Maria read a good book and she gave it to me to read.

_____

8. He wanted to give him the violin.

_____

9. She wanted to send them the present.

_____

10. The doctor gave us the medicines.

_____

11. The doctor gave them to us.

_____

12. The doctor wanted to give us the medicines.

_____

13. The doctor wanted to give them to us.

_____

14. We gave the children many toys.

_____

15. We gave them to them.

_____

16. We didn't want to give them to them.

_____

17. After visiting her, they went to the restaurant.

_____

18. I will ask her to go with me.

_____

19. You will tell her to do it.

_____

20. You will tell her today when you see her.

_____

Reflexive Pronouns with Direct Object Pronouns

The combination is common with reflexive verbs expressing the action of putting on and taking off clothes (**mettersi la maglia**, **togliersi la maglia**), with verbs that are used with parts of the body (**lavarsi**, **pettinarsi**, **truccarsi**), and with some idiomatic verbs (**mangiarsi**, **bersi**). The reflexive pronouns precede a direct object pronoun when they occur together.

The objects are either placed before the first verb or attached to the infinitive.

Ti sei lavato la faccia?	_Did you wash your face?_
Te la sei lavata?	_Did you wash it?_
Non si sono pettinati.	_They did not comb their hair._
Non **se li** sono pettinati.	_They did not comb it._
Carlo si allaccia le scarpe.	_Carlo ties his shoes._
Carlo **se le** allaccia.	_Carlo ties them._
La bambina si mette il vestito da sola.	_The girl puts the dress on by herself._
La bambina **se lo** mette da sola.	_The girl puts it on by herself._
Mi sono mangiata tutto il dolce.	_I ate up the whole cake._
Me lo sono mangiato tutto.	_I ate it all up._
Il bambino si è tagliato i capelli.	_The boy cut his own hair._
Se li è tagliati lui.	_He cut it himself._
L'uomo si è bevuto una bottiglia di vino.	_The man drank a bottle of wine._
L'uomo **se l'**è bevuta tutta.	_The man drank it all._

Reminder

In Italian, when reflexive verbs are used with parts of the body or clothes, the possessive adjective is not used.

Exercise 15.11

Complete the second sentence using the object pronouns and the correct verb forms.

EXAMPLE   *Tu hai venduto le scarpe a Luisa. Gliele hai vendute.*
        You sold the shoes to Luisa. You sold them to her.

1. La nonna ha dato molti giocattoli ai nipoti. La nonna
   _____.

2. Abbiamo chiesto al ragazzo di cantare. _____.

3. I bambini vanno a lavarsi le mani. Vanno a _____.

4. Francesca legge il libro a sua figlia. Francesca _____
   legge.

5. Francesca vuole leggere il libro a sua figlia.
   Vuole _____.

6. La donna si trucca molto bene. La donna vuole _____
   bene.

7. Il marito spala la neve. _____ sempre il marito.

8. I ragazzi si comprano giochi elettronici. _____ con i
   loro soldi.

9. Non si è ricordata il condimento per l'insalata. _____
   dimenticato.

10. Devo comprare un regalo per tua sorella. Devo _____.

11. Non si lavano mai la faccia prima di andare a scuola. _____.

12. Si lavano i capelli tutti i giorni. _____ tutti i giorni.

 ## Exercise 15.12

Translate the sentences into English.

1. Le è piaciuto il dolce e se l'è mangiato tutto.

   _____

2. Si chiedevano perchè i loro amici non venivano a trovarli.

   _____

3. Se lo chiedevano spesso.

_____

4. Hanno mangiato tutta la pizza. Se la sono mangiata tutta.

_____

5. Gli (*sing.*) devo chiedere a che ora viene. Glielo chiedo per telefono.

_____

6. Comprano il giornale e se lo leggono tutto.

_____

7. Lei non ha ancora preso la patente. La prenderà fra due mesi.

_____

8. Si è comprata una macchina e se l'è pagata tutta lei.

_____

9. I ragazzi hanno trovato un gatto. Se lo sono portato a casa.

_____

10. Non mi aspettavo che tu venissi. Non me lo aspettavo proprio.

_____

 ## Exercise 15.13

On a separate sheet of paper, write the English translation of the following infinitives from Part III.

1. acquistare	10. disegnare
2. arrangiare	11. distrarre
3. attrarre	12. distruggere
4. bastare	13. imitare
5. cadere	14. influire
6. cercare	15. invogliare
7. concludere	16. liquidare
8. contraddire	17. masticare
9. dilettarsi	18. pensare

19. pescare	27. spingere
20. porre	28. spolverare
21. prevenire	29. succedere
22. pubblicare	30. supplicare
23. ridere	31. svendere
24. ripetere	32. tradurre
25. scegliere	33. vagare
26. scoprire	34. votare

 # Reading Comprehension
Il traffico in Italia

Spesso, i turisti americani che ritornano dall'Italia sono allibiti da come guidano gli italiani. Li definiscono autisti pazzi, e molti hanno paura a mettersi al volante quando viaggiano in Italia.

Come in tutti i paesi industrializzati, la congestione del traffico nelle città italiane è diventata un problema molto serio. Questo è causato dal fatto che il 60% degli italiani abita in città e tutti vogliono la macchina, anzi due o tre.

La macchina più usata in Italia è la FIAT, le cui lettere stanno per Fabbrica Italiana Automobili Torino. Le Fiat sono popolari, ma non molto lussuose e agli italiani piacciono le macchine di lusso, con motore potente e apparenza sofisticata come le Ferrari, le Maserati, le Lamborghini, le Alfa Romeo tutte simbolo di incredibile ingegnosità e buon gusto. Si vedono anche molte macchine straniere come la BMW e la Mercedes.

L'età minima per prendere la patente di guida è di 18 anni. Per ottenere la patente bisogna fare un corso di scuola guida, poi bisogna sostenere un esame di teoria e uno di pratica. Entrambi abbastanza difficili, costosi e complessi.

In Italia la benzina è molto cara, ma dal numero di macchine per le strade nessuno ci crederebbe. Oltre alle macchine, sulle autostrade c'è un incredibile numero di camion che trasportano le merci in tutta Italia e in Europa. Ai camion è proibito viaggiare durante il fine settimana, dal venerdì a mezzanotte fino alla domenica a mezzanotte. Questo per agevolare la gente che vuole viaggiare durante i fine settimana.

Il limite di velocità sulle autostrade italiane e di 130 km, o circa 78 miglia all'ora, ma sono poche le persone che ubbidiscono a questa regola. Tutti, o quasi tutti, eccedono il limite di velocità e a volte ci sono degli incidenti orribili, proprio causati da questi eccessi.

La polizia italiana da qualche anno non perdona gli autisti che guidano follemente, parlano al cellulare mentre guidano e sono in stato di inebriatezza. È stato istituito un sistema di punteggio sulla patente, e man mano che i punti vengono tolti, gli autisti vengono penalizzati, fino a rimanere senza patente se rimangono senza punti. Questo ha aiutato un po', ma c'è bisogno di consistente vigilanza e di senso di responsabilità da parte di tutti.

Nomi (Nouns)

l'apparenza	*the appearance*	l'ingegnosità	*the ingeniousness*
la congestione	*the congestion*	il limite	*the limit*
l'inebriatezza	*the intoxication*	la sofisticatezza	*the sophistication*

Aggettivi (Adjectives)

complesso	*complex*
pazzo	*crazy*
sofisticato	*sophisticated*

Avverbi (Adverbs)

follemente	*madly, insanely*

Espressioni (Expressions)

mettersi al volante	*to drive*
scuola guida	*drivers' education*
stato di inebriatezza	*drunk*

Verbi (Verbs)

agevolare	*to make it easy*	penalizzare	*penalize*
allibire	*to horrify*	prendere	*to get*
definire	*to define*	sostenere	*to endure;*
eccedere	*to exceed*		*to support*
ottenere	*to obtain*	trasportare	*to transport*

Domande (Questions)

After you have read the selection, answer the questions in Italian repeating your answers aloud.

1. Quanti italiani vivono in città?

   _____

2. Da che cosa è causato il problema nei paesi industrializzati?

   _____

3. Che cosa significa FIAT?

   _____

4. Quali macchine piacciono agli italiani?

   _____

5. Perchè?

   _____

6. A che età si può prendere la patente in Italia?

   _____

7. Che cosa bisogna fare per prendere la patente?

   _____

8. Ubbidiscono al limite di velocità gli italiani?

   _____

Answer Key

Chapter 1
Nouns, Articles, and Descriptive Adjectives

1.1   1. casa   2. ragazzo   3. zaino   4. scuola   5. specchio   6. penna
7. giornale   8. sapone   9. pane   10. ciliegia   11. fico   12. sale

1.2   1. lettere   2. pere   3. stelle   4. sport   5. lezioni   6. vini   7. alberi
8. musiche   9. sali   10. canzoni   11. altalene   12. fiori   13. dee   14. amiche
15. amici   16. film

1.3   1. un, una   2. un', un   3. uno, una   4. uno, una   5. una, un   6. un, una
7. uno, un   8. un, una   9. un, un'   10. uno, un   11. uno, una   12. un, un'

1.4   1. l'(lo)   2. la   3. l'(la)   4. lo   5. il   6. l'(la)   7. la   8. la   9. la
10. il   11. il   12. l'(la)   13. la   14. lo   15. il   16. il   17. il   18. la   19. il
20. lo

1.5   1. gli   2. le   3. gli   4. i   5. i   6. le   7. le   8. le   9. gli   10. i
11. le   12. le   13. le   14. le   15. i   16. i   17. i   18. le   19. i   20. i

1.6   1. the book   2. the house   3. the flowers   4. the wine   5. the brother
6. the coffee   7. the train   8. the dentist   9. the window   10. the apple tree
11. the planes   12. the lessons   13. the goose   14. the legs   15. the throat   16. a
lesson   17. an idea   18. a friend   19. a child   20. a girlfriend   21. a car   22. a
plane

1.7   1. lo, uno   2. lo, uno   3. l' (lo), un   4. il, un   5. la, una   6. l'(lo), un
7. la, una   8. il, un   9. lo, uno   10. un, l'(lo)   11. la, una   12. il, un   13. il, un
14. la, una   15. l'(la), un'(una)   16. l'(la), un'(una)   17. l'(la), un'(una)   18. la, una
19. lo, uno   20. lo, uno

1.8   1. carina   2. difficile   3. profumato   4. bianco   5. fragile   6. piccolo
7. nuova   8. pulito   9. caro   10. fantastico   11. magra   12. povero   13. verde
14. interessante   15. vecchio   16. verde   17. piccolo   18. grande   19. bianca
20. freddo

1.9   1. le lampade nuove   2. gli amici intelligenti   3. i gatti neri   4. i ragazzi giovani   5. le rose bianche   6. i vestiti gialli   7. i giorni meravigliosi   8. le automobili moderne   9. le ragazze eleganti   10. i libri vecchi   11. le torte deliziose   12. le famiglie ricche

1.10   1. l'erba verde   2. le nuvole bianche   3. la canzone nuova   4. l'oca grassa   5. il cane piccolo   6. le scarpe care   7. il cibo eccellente   8. il bambino triste   9. i bambini felici   10. l'uomo forte   11. la casa grande   12. l'amico sincero

1.11   1. Mi piacciono le scarpe rosse.   2. Questo libro è nuovo.   3. Loro hanno genitori molto vecchi.   4. Lei è la mia cara amica.   5. Lei è una brava pittrice.   6. Ha una piccola ferita sulla testa.   7. Lei è l'unica regina.   8. Lui è il suo unico figlio.   9. Lei è l'unica donna in questa casa.   10. È un uomo diverso.   11. Cè un povero uomo nel parco.   12. Il Presidente è un bravo uomo.

Chapter 2
Subject Pronouns, *Essere*, and *Stare*

2.1   1. sto (health)   2. sta (location)   3. sta (location)   4. sta (location)   5. stanno (health)   6. state (location)   7. stai (location)   8. sta (personal opinion about appearance)   9. stanno (location)   10. sta (health)   11. sta (personal opinion about appearance)   12. stiamo (location)

2.2   1. è (description)   2. sono (profession)   3. sono (point of origin)   4. è (description)   5. siamo (identification)   6. è (material)   7. sono (point of origin)   8. sono (description)   9. è (description)   10. è (location)   11. è (physical status)   12. è (description)   13. è (location)   14. siete (description)   15. è (date)

2.3   1. sono (nationality)   2. è (physical status)   3. sta (health)   4. è (description)   5. sta (location)   6. siamo (mood)   7. sta (health)   8. è (location)   9. è (description)   10. è (description)   11. siete (point of origin)   12. sta (location)   13. siamo (location)   14. sta (location)   15. è (location)

2.4   1. Non sto molto bene.   2. È a casa.   3. Sì, sta ancora a Napoli.   4. No, non è facile.   5. Sì, vogliamo stare in casa.   6. Siamo molto stanchi.   7. No, è lontano.   8. La mia amica sta in Italia.   9. Stiamo due settimane.   10. È di Roma.

2.5   1. Siamo amici.   2. Il mio amico è in Cina.   3. La sua amica è in Italia per tre settimane.   4. Gli animali sono allo zoo.   5. I bambini stanno al parco per tre ore.   6. L'Italia è in Europa.   7. Suo marito è un architetto.   8. Lo zio Marco è in piscina.   9. Lo zio Marco sta in piscina tutto il giorno.   10. Il cibo è delizioso.   11. Il cane è marrone.   12. Il cane sta in casa.   13. Mia nonna è in ospedale.   14. Lei non sta molto bene.

2.6   1. state   2. stiamo   3. siamo   4. è   5. sono   6. è   7. sono   8. sono   9. stiamo

Chapter 3
C'è and *ci sono*, Interrogative Words, and the Calendar

3.1   1. Ci sono due cani nel giardino.   2. Ci sono tre grandi aeroporti.   3. Ci sono dieci studenti in classe.   4. Ci sono due musei vicino a casa mia.   5. Ci sono molte piante in casa.   6. Ci sono due macchine nel garage.   7. Ci sono tre gatti neri.   8. Ci sono molte parole difficili nel libro.   9. Ci sono due frasi che non capisco.   10. Ci sono le tue quattro amiche.   11. Non ci sono due italiani qui.   12. Non ci sono tre finestre.

3.2   1. Ecco il bar!   2. Ecco il giornale!   3. Ecco il supermercato!   4. Ecco la pizza!   5. Ecco il gelato!   6. Ecco il bicchiere!   7. Ecco l'orologio!   8. Ecco l'ospedale!   9. Ecco la televisione!   10. Ecco lo zoo!   11. Ecco lo scoiattolo!   12. Ecco la pianta!

3.3.   1. There is a plant in the house.   2. There are many stars in the sky.   3. There are many chairs in your house.   4. Today it is sunny (there is the sun).   5. There is no telephone.   6. Here is your sister!   7. Here is the telephone!   8. Here is Mother!   9. How is the restaurant?   10. How is the bread?   11. How beautiful is the song!   12. How big is the universe!

3.4   1. Com'è buono questo vino!   2. Come sono buoni questi gelati!   3. Come sono belle queste fotografie!   4. Com'è interessante questo libro!   5. Com'è bionda questa bambina!   6. Com'è piccola questa casa!   7. Com'è forte questo caffè!   8. Come sono deliziosi questi panini!   9. Com'è grande questo aereo!   10. Com'è brava questa studentessa!   11. Com'è veloce questa macchina!   12. Com'è fredda questa birra!

3.5   1. dove   2. dove   3. quanta   4. chi   5. quale   6. quanto   7. come   8. quando   9. perchè   10. di chi   11. quanti   12. quanti   13. quanti   14. come

3.6   1. Mia zia non sta molto bene.   2. Vicino a casa mia.   3. È di mio fratello.   4. Io sono americana.   5. No, non ci sono cani a casa mia.   6. Sto davanti alla TV.   7. C'é mio marito.   8. Si, ci sono ancora le foglie sugli alberi.   9. No, ci sono poche persone alla festa.   10. Lavoro molto.   11. Ti sta bene.   12. Ci sono 15 (quindici).

3.7   1. In   2. Di   3. Con   4. Di   5. In   6. Con

3.8   1. Lunedì vado a visitare Luisa.   2. Venerdì è il mio giorno favorito della settimana.   3. Vado a scuola il mercoledì.   4. Andiamo al cinema il sabato sera.   5. Vediamo i nostri genitori ogni domenica.   6. La domenica andiamo in chiesa.   7. Ogni venerdì sto a casa dal lavoro.   8. Giovedì siamo con i nostri figli.   9. Il venerdì lei pulisce la casa.   10. Il sabato andiamo a teatro o al ristorante.   11. Mercoledì vedo la mia amica Mary.   12. Lisa gioca al pallavolo martedì pomeriggio.

3.9   1. Che giorno è oggi?   2. Oggi è martedì.   3. Gennaio è un mese freddo.   4. In maggio ci sono molti fiori.   5. Il compleanno di mia mamma è il tredici maggio.   6. In luglio e in agosto fa molto caldo.   7. Il mese di ottobre è in autunno.   8. Viaggiamo in marzo e in settembre.   9. Le scuole in Italia cominciano il quindici settembre.   10. La primavera e l'autunno sono le mie stagioni preferite.   11. Mi sveglio presto alla mattina.   12. La sera, guardo la televisione.

3.10A. 1. the faithful dog   2. the clean shirt   3. the high price   4. the new car
5. the moving opera   6. the low building   7. the clean beach   8. the big bus   9. the
fast plane   10. the fantastic day

3.10B. 1. la bella pianta   2. la strada pericolosa   3. il mese corto   4. la bella spiaggia
5. l'uomo orgoglioso   6. la bambina cieca   7. il bambino affettuoso   8. la donna bassa
9. il libro divertente   10. il cane amichevole

3.11   Answers will vary.

3.12   1. è   2. c'è   3. ci sono   4. stai   5. stiamo   6. sta   7. sta   8. ci
sono   9. ci sono, ci sono   10. state   11. stiamo   12. è   13. ci sono   14. è
15. ci sono   16. sta

Chapter 4
Numbers, Time, and Dates

4.1   1. sette   2. trentun   3. trecentosessantacinque   4. cinquantadue
5. tremila   6. duecentotrentacinque   7. venti   8. trecentoottantasette
9. milleduecento   10. settecentoottantacinque

4.2   1. primo   2. secondo   3. quinta   4. seconda   5. quinto   6. terza
7. ottava   8. quindicesimo   9. trentaseiesimo   10. sedicesimo   11. decimo
12. dodicesimo   13. decima

4.3   1. ventesimo secolo   2. dodicesimo   3. seconda   4. quindicesimo secolo
5. diciottesimo secolo   6. tredicesimo secolo   7. diciannovesimo secolo   8. ventesimo
secolo   9. ventunesimo secolo   10. diciottesimo secolo

4.4   1. mercoledì, ventitré, gennaio   2. sabato   3. ventisette, novembre   4. lunedì
5. domenica   6. quattordici, marzo   7. venerdì   8. febbraio, ventinove

4.5   1. Sono le undici.   2. Sono le tredici.   3. Io pranzo alle dodici.   4. Vado a
lavorare alle otto (di mattina).   5. È mezzanotte.   6. La banca apre alle otto e trenta.
7. I negozi chiudono alle diciannove e trenta.   8. Ceniamo alle venti e trenta.   9. Esco
alle sei e trenta.   10. Gioco la partita di football alle undici.   11. Pranzo a mezzogiorno.
12. Sono le tredici.

4.6   1. È l'una e venti.   2. Sono le quattro e trenta di pomeriggio.   3. Sono le nove
e un quarto (e quindici).   4. Sono le sei in punto.   5. Sono le due e quarantacinque di
pomeriggio.   6. Sono le otto di mattina.   7. Sono le tre di pomeriggio.   8. Sono le
dodici esatte.

Chapter 5
Regular Verbs

5.1   1. nuota   2. ritornano   3. camminiamo   4. abitano   5. aspetta
6. nuotano   7. domanda   8. arrivano   9. domanda   10. riposo   11. ascoltano
12. ordini   13. comprate   14. lavorate   15. entri   16. aspettate

5.2   1. chiudo   2. chiedi   3. crede   4. legge   5. perdiamo   6. piangete
7. ripetono   8. scrive   9. vende   10. viviamo   11. perdi   12. vende
13. vivono   14. risponde   15. rompe   16. rispondiamo

5.3   1. apro   2. copri   3. offre   4. dorme   5. partiamo   6. scoprono
7. seguite   8. sentono   9. servono   10. veste   11. dormono   12. partite
13. apri   14. ascoltate

5.4   1. pulisco   2. preferisci   3. capiscono   4. spediamo   5. costruiscono
6. preferiscono   7. preferisce   8. finisci   9. costruite   10. ubbidisci
11. capiscono   12. finiamo   13. restituisco   14. impedisci

5.5   1. chiama   2. dovete   3. prende   4. prendono   5. passare
6. prendiamo   7. chiamano   8. passate   9. prendiamo, passiamo   10. chiamare

Chapter 6
Irregular Verbs

6.1   1. vado   2. stai   3. dà   4. andate   5. faccio   6. vanno   7. vanno
8. stanno   9. danno   10. faccio   11. va   12. stiamo

6.2   1. fare una passeggiata   2. fare la spesa   3. fare il pieno   4. faccio colazione
5. fare i biglietti   6. facciamo un viaggio   7. fare presto   8. fare la fila (coda)
9. fanno i compiti   10. fare ginnastica   11. fanno finta   12. faccio da mangiare

6.3   1. paghiamo   2. comincio   3. mangi   4. cerca   5. lascia   6. studi
7. paghi   8. comincia   9. avvii   10. strisciano   11. taglia 12. pigli

6.4   1. sa, sa   2. devo (debbo)   3. devi   4. puoi   5. vuole   6. vogliono
7. deve   8. vogliamo   9. devono (debbono)   10. devo (debbo)

6.5   1. Non so il tuo nome.   2. Tu conosci i miei genitori.   3. Tu sai suonare molto
bene il piano.   4. Lei conosce bene Parigi.   5. Lei sa parlare il francese.   6. Loro
sanno il suo nome.   7. Io non conosco i tuoi amici.   8. Claudia conosce un bravo dottore.
9. Loro non sanno che io sono qui.   10. Non conoscono un ristorante pulito in questo
villaggio.   11. Lui conosce Roma molto bene.   12. Lei sa che c'è molto traffico a Roma.
13. Noi sappiamo che sei felice.   14. Voi conoscete molte persone.

6.6   1. Pietro ha sempre fretta.   2. Ho freddo. Ho bisogno di una coperta.   3. Hai
sonno. Vai a letto.   4. Lui ha molta sete. Vuole un bicchiere di acqua.   5. Lei ha voglia di
un gelato.   6. Abbiamo paura del buio.   7. Hanno molta fortuna.   8. Avete bisogno di
andare al supermercato.   9. Ho caldo. Ho bisogno di fare un bagno.   10. Non aspettarmi
se hai fretta.

6.7   1. ho   2. ha   3. abbiamo   4. hanno, hai   5. hai, ha   6. avete
7. hanno   8. avete   9. hanno   10. ha

6.8   1. Dico la verità.   2. Diciamo una storia.   3. Vengo a casa con te.   4. Vieni
a visitare Maria presto.   5. Il postino viene tardi oggi.   6. I fiori muoiono con il freddo.
7. I soldati muoiono in guerra.   8. Appaiono dal buio.   9. Io appaio all'improvviso.
10. Lei sale la scala.   11. Escono tardi.   12. Oggi, la gente non muore di tubercolosi.

6.9   1. vengono, escono, ritornano   2. vanno, giocano   3. vado   4. sappiamo
5. suoni, preferisci   6. dormono   7. siamo   8. spiega, capiamo, dice   9. dimentico
10. incontriamo, ricorda   11. vanno, hanno, fanno   12. sento, vengono   13. vado
14. pranzi, pranziamo

Chapter 7
Andare and the Future

7.1   1. vanno   2. vado   3. va   4. andiamo   5. andate   6. vanno   7. vanno
8. andate

7.2   1. vado; I am going to visit my grandmother.   2. vai; You are going to eat at your
friends for Easter.   3. lui va; He goes to speak to the director.   4. andiamo; We are going
to visit Rome by bus.   5. andate; You are going to the library to get the books.   6. vanno;
They are going to ski in the mountains during the holidays.   7. andate; You are going to eat
at the restaurant.   8. vanno; They are going to plant the flowers in the garden.   9. andate;
You are going to see the new movie.   10. vai; Are you going to the movies this evening?

7.3   1. Berrò acqua in bottiglia.   2. Andrai dal dottore.   3. (Lei) mangerà al
ristorante.   4. (Lui) riposerà tutto il pomeriggio.   5. Erica visiterà la sua amica domani.
6. Parleremo al telefono.   7. Andrai con la nave.   8. Aspetteremo il treno.   9. Lucia
studierà in Italia.   10. Scriverò il libro di grammatica.   11. (Lei) suonerà il violino.
12. Marco pagherà il conto.

7.4   1. partiremo   2. leggeremo   3. noleggerà   4. parlerete   5. arriveranno
6. starai   7. andrò   8. andrai   9. venderà   10. arriverete   11. studieremo
12. ceneremo

7.5   1. useranno   2. cambierà   3. firmeranno   4. spiegherò   5. fermerà
6. celebreremo   7. ripasserà   8. guiderà   9. pitturerai   10. preparerete

7.6   1. Io so che lei studia molto.   2. Per chi è la domanda?   3. La risposta è
per Maria.   4. Il libro che mi occorre è in macchina.   5. Il cappotto è per l'inverno.
6. Noi sappiamo che per vedere la partita dobbiamo andare al bar.   7. Giulia studia
medicina per fare la pediatra.   8. Avete una camera per due persone?   9. Per vivere qui,
abbiamo bisogno di molti soldi.   10. So che a voi piace molto viaggiare.

7.7   1. vado   2. parliamo   3. ascoltate   4. chiudi   5. cucina   6. lavorate
7. prenotiamo   8. fa   9. volete   10. finiscono   11. vedranno   12. pulisce
13. abiterà   14. usciamo   15. perdete   16. vivete   17. bevete   18. sento

7.8   1. spalla   2. occhi   3. collo   4. dita   5. polmoni   6. cuore   7. denti
8. gomito   9. gambe   10. ginocchia   11. piedi   12. cervello   13. sangue
14. cuore

7.9   1. genitori   2. fratelli   3. sorella   4. figlio   5. mamma   6. nipote
7. cugina   8. suocera   9. suocero   10. zii   11. genero   12. sorelle, fratello
13. zia, zie   14. cugina   15. nonno   16. nonna

7.10   1. per   2. che   3. per   4. che   5. che   6. che   7. per   8. per
9. che, per   10. da   11. che   12. che, per

Chapter 8
Adjectives and Adverbs

8.1   1. il mio   2. le tue   3. i tuoi   4. le tue   5. il suo   6. la sua   7. il
nostro   8. la nostra   9. le vostre   10. i loro   11. il mio   12. le tue   13. i nostri
14. la mia   15. il tuo   16. il loro   17. tua   18. la mia   19. il suo   20. le nostre

8.2   1. Sua sorella è in Italia.   2. La sua casa è grande.   3. Le loro amiche sono
molto gentili.   4. Le sue macchine sono tutte antiche.   5. I suoi bambini non si
comportano bene.   6. Il mio amico perde sempre il portafoglio.   7. I suoi libri sono molto
difficili da leggere.   8. Le sue parole sono molto gentili.   9. Suo fratello è molto bello.
10. Le sue ragioni sembrano incomprensibili.   11. Non ho visto il suo anello di diamanti.
12. I loro nonni sono molto vecchi, ma molto attivi.

8.3   1. Questa macchina è nuova.   2. Questo computer è veloce.   3. Questa
mattina gioco al tennis.   4. Quel giardino ha molti fiori.   5. Queste ragazze sono molto
felici.   6. Questi ragazzi sono intelligenti.   7. Quella casa è di mio fratello.   8. Quel
piano è vecchio.   9. Quegli alberi sono alti.   10. Quei libri sono cari.   11. Quello zaino
è pesante.   12. Questo negozio ha molte cose.   13. Questi negozi sono pieni di gente.
14. Quei fiori sono molto profumati.

8.4   1. Il vino è francese.   2. L'opera è italiana.   3. La signora è messicana.   4. La
seta è cinese.   5. I suoi antenati sono scozzesi.   6. Il marito di Maria è indiano.   7. I
turisti sono tedeschi.   8. La studentessa è svedese.   9. la mia cara amica è messicana.
10. La bandiera è brasiliana.   11. La sua automobile è giapponese.   12. Il nuovo aereo è
americano.

8.5   1. bel   2. buon   3. giovane   4. vera   5. caro   6. begli   7. brava
8. generoso   9. bravi   10. buoni   11. brutte   12. educate   13. belle
14. intelligenti   15. belle

8.6   1. molto   2. molti   3. molta   4. molti   5. altra   6. molte   7. tutte
8. poca, molta   9. tutte   10. tutti   11. prossimo   12. ultima   13. ultimi
14. l'ultima   15. primi   16. pochi

8.7   1. più, della   2. più, delle   3. più, della   4. meno, degli   5. meno, degli
6. tanta, quanto   7. tanto, quanto   8. meno, del   9. tanto, quanto   10. meno, della
11. tanto, quanto   12. più, che   13. più, che   14. meno, che   15. più, della
16. più, delle   17. tanto, quanto   18. meno, del   19. più, di   20. tanto, quanto

8.8   1. Gli sport sono importantissimi nella vita dei giovani.   2. La mia casa è nuovissima.   3. Questa novella è interessantissima.   4. Ho due cani piccolissimi. 5. Questi sono uomini molto importanti.   6. Sono donne importantissime.   7. Loro sono le persone più importanti qui.   8. Alla sera sono stanchissima.   9. Io sono molto stanca ogni sera.   10. Questo pasto è eccellente.   11. Quando il cane è entrato era bagnato fradicio.   12. Dopo la partita i giocatori erano stanchi morti.   13. Il gelato italiano è il migliore di tutti.   14. L'aereo è molto pieno.   15. Il profumo francese è il migliore di tutti.   16. I laghi americani sono enormi.

8.9   1. infinito   2. immenso   3. magnifici   4. enormi   5. meravigliose 6. eccellenti   7. colossali   8. incantevoli   9. divina   10. eterna

8.10   1. Ti chiamerò certamente quando arrivo.   2. La folla era silenziosa dopo la partita. 3. Aspettiamo silenziosamente.   4. Loro sono molto fortunate.   5. Mia mamma è gentile. 6. Mi parla gentilmente.   7. Il cibo è cattivo.   8. Lui si sente male.   9. Lei vive felicemente.   10. Lei è felice.

8.11   1. sempre   2. mai   3. sempre   4. troppo   5. bene   6. ancora 7. adesso   8. dietro   9. dappertutto   10. indietro   11. adesso   12. molto 13. sotto   14. oggi   15. molto, molto

8.12   1. quasi   2. sicuro   3. come   4. assieme   5. approssimativamente 6. sempre   7. cosi   8. a destra, poi, a sinistra   9. sempre, assieme   10. in alto 11. appena   12. quasi   13. un poco   14. neppure

8.13   1. Ogni anno per Natale cuciniamo e mangiamo troppo.   2. Erica perde sempre la sciarpa.   3. Impariamo molto nella classe di italiano.   4. Ascoltiamo le solite vecchie canzoni ogni giorno in macchina.   5. L'uomo cammina velocemente.   6. I giovani mangiano molto.   7. Oggi spero di andare al museo.   8. Suo fratello piange sempre quando vede un film triste.   9. La tua cartolina è appena arrivata.   10. Lei parla molto gentilmente.   11. Loro parlano troppo velocemente.   12. Oggi il bambino non sta bene. 13. Se vai a sinistra, troverai il museo.   14. Quasi ogni giorno arrivo tardi al lavoro.

Chapter 9
Negatives and Prepositions

9.1   1. No, non vedo nessuno.   2. No, non le ascolta mai.   3. No, non parla con nessuno.   4. No, non hanno molti figli.   5. No, non studiamo sempre.   6. No, non viaggio con le mie amiche.   7. No, non ho nessuna idea.   8. No, non penso a nessuno.

9.2   1. Non studio mai il sabato.   2. Non vedo mai il tramonto.   3. Non viene nessuno.   4. Questo programma non è mai interessante.   5. Non vogliono mai giocare. 6. La ragazza non è mai pronta.   7. Non ho mai visto quella commedia.   8. Non mi sveglio mai presto alla mattina.   9. Il treno non arriva mai in orario.   10. Non mangio nè pane nè formaggio.   11. Non ho niente da mangiare.   12. Non compro niente per nessuno.   13. Loro non sciano mai in inverno.

9.3   1. per   2. per   3. per caso   4. per favore   5. per conto mio   6. per caso 7. per caso   8. per   9. per   10. per   11. per   12. per   13. per   14. per adesso

9.4 1. La scuola è accanto al teatro.   2. L'autobus si ferma davanti alla scuola.
3. Lui si siede dietro di me.   4. La chiesa è dietro al museo.   5. Chiamami, prima
di venire.   6. La mia casa è vicino all'autostrada.   7. Il teatro è di fronte al parco.
8. Siamo vicino alla scuola.   9. Giochiamo ogni giorno dopo la scuola.   10. Per me è
un gran sacrificio non parlare.   11. I fiori sono gelati per il freddo.   12. Per guidare la
macchina, è necessario avere la patente.

9.5 1. Don't go against the wall.   2. During the lesson, it is necessary to turn off the
cell phone.   3. I will stay here until tomorrow.   4. There are no discussions between us.
5. According to them, the earth is not being abused.   6. We are going toward the house.
7. I work every day except for Saturday and Sunday.   8. Except for you and I, everybody
else talks too much.   9. The birds are on the roof.   10. They are one against the other.
11. The deer sleeps in the bushes.   12. We'll go to the end of the road.

9.6 1. per   2. di   3. per ora   4. dopo   5. con   6. per   7. lontano
8. vicino a   9. per   10. per

9.7 Answers will vary.

9.8 1. parla, studia   2. va   3. fai   4. suona, suona   5. finisce   6. usciamo
7. state   8. stirare, cucinare   9. sono   10. vengono   11. dai   12. vanno
13. può   14. brillano   15. faccio   16. piace

9.9 1. dobbiamo   2. leggono, prima, di   3. invece di, andate, a   4. vuole, per
5. visitiamo, veniamo   6. per, per   7. vado, per la prima volta   8. abitiamo, vicino
9. lontana dal   10. per adesso   11. per, preferisce, in   12. per conto mio

9.10 1. quinta   2. prima di, due   3. arrivo, alle dodici e trenta   4. terza
5. non...mai, prima di   6. fino alle dieci di mattina   7. tardi   8. più strette
9. migliore   10. più vecchia   11. peggiore   12. più alto del   13. moltissimo
14. nessun

9.11 1. Mia nipote compie sedici anni la prossima settimana.   2. La lezione comincia
alle sette. Dobbiamo arrivare in orario.   3. Devo camminare ogni giorno per essere in
forma.   4. Quella casa è molto vecchia. È molto più vecchia di quella accanto.   5. Luigi
è molto intelligente.   6. Lisa e Kyria sono brave bambine.   7. In questa casa a nessuno
piace cucinare.   8. Lisa deve prendere lezioni di guida per poter guidare.   9. Io ho paura
di andare dal dentista.   10. La mia amica passa molto tempo nei negozi, ma non compra
mai niente.   11. Adesso devo andare a comprare i regali per i bambini.   12. Elena e sua
sorella mangiano più che i ragazzi.   13. Devi studiare l'italiano tutti i giorni per poterlo
parlare.   14. Quanti uragani ci sono in Florida ogni anno?

9.12 1. to live   2. to turn on   3. to accept   4. to accompany   5. to shorten
6. to attend   7. to raise (to get someone up)   8. to admire   9. to go   10. to appear
11. to applaud   12. to open   13. to arrive   14. to listen   15. to leave
16. to agree   17. to absorb   18. to wait   19. to have   20. to start   21. to drink
22. to need to   23. to walk   24. to sing   25. to understand   26. to have supper,
dinner   27. to look for   28. to call   29. to ask   30. to close   31. to start
32. to fill in (a document)   33. to buy   34. to cost   35. to build   36. to believe
37. to give   38. to lose weight   39. to paint   40. to tell   41. to become
42. to ask   43. to sleep   44. must; ought to   45. to enter   46. to be   47. to avoid
48. to do; make   49. to stop   50. to finish   51. to fix (an appointment)   52. to play

53. to turn   54. to earn   55. to look at   56. to prevent   57. to meet
58. to swallow   59. to start   60. to wash   61. to work   62. to read   63. to eat
64. to lie   65. to put   66. to die   67. to be born   68. to swim   69. to feed
70. to order   71. to pay   72. to leave   73. to pass by; to spend (time)   74. to lose
75. to like   76. to cry   77. to be able   78. to have lunch   79. to prefer
80. to prepare   81. to clean   82. to return   83. to receive   84. to laugh
85. to repeat   86. to answer   87. to break   88. to know   89. to discover
90. to write   91. to follow   92. to hear   93. to serve   94. to send, ship
95. to turn off   96. to sneeze   97. to iron   98. to rub   99. to play   100. to wake
up   101. to cut   102. to cough   103. to study   104. to obey   105. to go out
106. to see 107. to sell   108. to come   109. to travel   110. to live   111. to fly
112. to want

Chapter 10
The Indirect Object

10.1   Pronunciation exercise only.

10.2   1. mi/a me piace   2. mi/a me piace   3. ti/a te piacciono   4. vi/a voi non
piacciono   5. gli/a lui piace   6. gli/a lui piace   7. le/a lei piacciono   8. le/a lei
piace   9. ci/a noi piace   10. ci/a noi piacciono   11. vi/a voi piace   12. vi/a voi
piacciono   13. gli/a loro piace   14. a loro ...piacciono   15. a ...piace   16. a...
piacciono   17. ai...piace   18. a...piacciono   19. gli/a loro piace   20. ai...piacciono

10.3   1. gli/a lui   2. ti/a te   3. mi/a me   4. gli/a loro   5. ci/a noi   6. mi/a me
7. ai miei   8. agli   9. ti/a te   10. vi/a voi   11. gli/a loro   12. mi/a me

10.4   1. Mi piacciono le sue piante.   2. Ti piacciono i programmi.   3. A loro piacciono
i meloni.   4. Le affascinano gli strumenti musicali.   5. Gli interessano i giornali.   6. Le
dolgono le gambe.   7. Ci servono i bicchieri.   8. I panini vi bastano.   9. A loro
occorrono le palle.   10. Mi interessano i musei.

10.5   1. I like to watch the movie.   2. I have a headache.   3. He needs a glass.
4. Why don't you like skiing?   5. Tropical fish fascinate us.   6. Daily news interests you.
7. Are they interested in going shopping?   8. Mario doesn't like to drive in fog.   9. Erica
needs a pencil.   10. Nothing ever happens here.   11. Everybody needs a computer.
12. Young people like modern music.   13. Young people like new songs.   14. They like
to travel.

10.6   Answers will vary.

10.7   1. gli   2. gli   3. le   4. gli   5. le   6. gli   7. le   8. gli   9. le
10. le   11. mi   12. ti   13. le   14. ci   15. mi   16. ti

10.8   1. mi vuole dare   2. mi vuole comprare   3. mi vuole dare   4. ci vuole
chiamare   5. vi vuole insegnare   6. ci può insegnare   7. vi può insegnare   8. ci deve
portare   9. gli vogliono chiedere   10. mi vuole comprare

10.9   1. vuole dirmi   2. vogliamo vendergli   3. vuole imprestarle   4. deve scriverle
5. deve preparargli   6. voglio mandarti   7. volete imprestarmi

10.10 1. vuole insegnarci/ci vuole insegnare   2. ti dò   3. ti scriviamo   4. vuoi mandarmi/mi vuoi mandare   5. voglio comprargli/gli voglio comprare

10.11 1. Could you tell me why you don't want to go with us?   2. My friend has to lend me four chairs.   3. Lucia wants to give him a small glass of liquor.   4. I am very interested in learning how to play the piano.   5. The doctor wants to talk to me.   6. I am sending a gift to the children.   7. I want to send a gift.   8. I don't feel like talking to him.   9. I have to call her.   10. The professor asks him a question.   11. Did you call Giovanni? Yes, I called him.   12. I want to call her as soon as I can.   13. Maria doesn't like coffee, but she likes cappuccino.   14. The waiter brings her a bottle of mineral water.   15. I have to tell her that she reads very well.

10.12 1. Sì, mi piace questa lezione.   2. Sì, mi piace andare al mare.   3. No, non gli piace andare a ballare.   4. No, ma devi portarle un regalo.   5. Sì, gli mando un invito.   6. Sì, voglio farle una sorpresa.   7. Sì, voglio scrivergli una lettera.   8. Sì, gliel'ho detto.   9. Sì, voglio imprestarglielo.   10. Sì, ti voglio fare una domanda.   11. Sì, glielo dico.   12. Sì, me li devi imprestare.   13. No, non voglio che tu mi insegni a dipingere.   14. No, non mi piace cucinare.

10.13 1. Le dà un anello di diamanti ogni anno.   2. Luisa non mi dice mai niente.   3. Le impresteremo i nostri libri.   4. Ti porto il vino se tu mi porti la birra.   5. Ti voglio portare la pasta.   6. Lui le vuole dire molte cose.   7. Quando risponderai alla mia lettera?   8. I compiti mi sembrano molto difficili.   9. Amo i miei figli.   10. Ti dico che il treno è in orario.   11. Perchè non rispondi alle mie domande?   12. Maria mi dice che vuole andare a Venezia.   13. Maria vuole dirmi dove vuole andare.   14. Devo prepararmi.   15. La bambina assomiglia a suo padre.

Chapter 11
The Direct Object

11.1 1. bacia suo marito   2. chiama la sua amica   3. raccogliamo i fiori   4. guardo   5. ascoltiamo l'insegnante   6. aiuti la zia   7. porta una tazza di tè   8. invita gli amici   9. ascolta l'insegnante   10. invita tutti i suoi amici   11. aspettiamo   12. conoscete bene   13. vede molti uccelli   14. aiuta la vecchia signora   15. accompagna i bambini   16. ascoltano la predica

11.2 1. lo aspetta   2. lo ricordo   3. lo vedo   4. la conosci   5. la ama   6. visitarli   7. la ascoltano   8. li ascoltate   9. la bacia   10. la penso   11. lo invito   12. lo so   13. li accompagniamo   14. la conosciamo   15. aiutarlo   16. voglio vederla

11.3 1. The boy appears to be sick. We need to help him.   2. When you see her, you have to hug her.   3. Maria is late all the time, and we are not going to wait for her anymore.   4. We call our parents to tell them that we are going to visit them.   5. I want to invite Mario and Nadia for dinner. I will call them this evening.

11.4 1. le metto, le vedo   2. vuole pulirla   3. posso usarla, la vendo   4. devo portare   5. voglio leggerli   6. dobbiamo comprarli, dobbiamo spedirli   7. studiarla, capirla   8. lo prende   9. voglio leggerlo   10. li voglio invitare

11.5   1. la conosco   2. la vedi   3. li compra   4. la   5. gli   6. li   7. gli,
gli   8. lo capisci   9. invitarlo, portarlo   10. le scrivo, la trova   11. mi parli, ti capisco
12. mi chiede, darle   13. le compro, le vuole, le fanno male   14. mi chiama, mi trova
15. la sente, gli   16. gli mandiamo   17. gli, gli   18. le   19. le   20. li

11.6   Answers will vary.

11.7   1. Lisa aspetta i suoi fratelli che arrivano sempre in ritardo.   2. Andiamo al cinema
ogni settimana. Ci piace andare al cinema.   3. I verbi italiani sono difficili, ma li studiamo e
li impariamo.   4. Vuoi accompagnarlo alla partita di football? Non gli piace andare da solo.
5. Quando lui la vede, la abbraccia, la bacia e le parla per molto tempo.   6. Gli chiedo
quanto costa il biglietto, ma lui non lo sa.   7. Mangiano sempre la pizza. Io non la mangio
perchè non mi piace.   8. A loro piace la spiaggia. A me non piace perchè è troppo affollata.
9. Ha un costume da bagno nuovo, ma non lo mette mai.   10. Le parli sempre? La vedi
spesso?

Chapter 12
Reflexive Verbs

12.1   1. si sveglia   2. si abituano   3. mi sveglio   4. ci divertiamo   5. si chiama
6. sedervi   7. prepararsi   8. mi addormento   9. ti dimentichi   10. riposarmi

12.2   1. si mette   2. fermarci   3. mi spavento   4. mi preoccupo   5. si alzano
6. truccarsi   7. mi spazzolo   8. si fa   9. mi rilasso   10. si ferma   11. mi rallegro
12. si spaventa   13. mettersi   14. si pettinano

12.3   1. comincio   2. si rende conto   3. si brucia   4. si ricorda   5. mi fido
6. si burla   7. si sente bene   8. ricordarti   9. si mette   10. si lamentano   11. si
brucia   12. ci rendiamo conto   13. ti lamenti   14. ci incontriamo   15. si incontrano
16. mi fido

12.4   1. si sveglia   2. si veste   3. si sveste   4. si fa la doccia   5. si fa la barba
6. si prepara   7. si salutano   8. si incontra   9. si siedono   10. si scambiano
11. si annoia   12. si chiede   13. radunarsi

Chapter 13
The Present Subjunctive

13.1   1. vengano   2. chiuda   3. sappia   4. studiate   5. stia   6. dia   7. vada
8. portino   9. arrivi   10. comprino   11. scriva   12. abbia   13. capiscano
14. spieghi

13.2   1. dica   2. ascolti   3. studiate   4. stia   5. sia   6. aspettino   7. sappia
8. chiami   9. vedano   10. paghi   11. viaggi   12. sia   13. faccia   14. possiate

13.3   Answers will vary.

13.4   1. visitiamo   2. parliamo   3. capisce   4. capisca   5. sia   6. è
7. viaggino   8. ama   9. sposi   10. vivono

13.5 1. deve 2. sono 3. è 4. prepara 5. mangino 6. va 7. piaccia
8. impari 9. parli

13.6 1. a meno che, venga 2. così che, impari 3. a meno che, piova 4. senza
che, inviti 5. malgrado, abbiano freddo 6. così che, possa 7. a meno che, voglia
8. senza che, inviti 9. malgrado, sia 10. prima che, arrivino

13.7 1. sia 2. siano 3. scriva 4. sia 5. affittiate 6. chiami 7. voglia
8. sia 9. ascoltiate 10. sia 11. compri 12. andiate

13.8 1. ascoltiate 2. studiate 3. è 4. sia 5. piace 6. parli 7. parla
8. dormono 9. dormano 10. vieni 11. venga 12. vai 13. vada 14. abbia
15. facciano 16. fa 17. lavori 18. lavorate

13.9 1. sposarsi 2. vendano 3. comprare 4. leggere 5. andiate
6. andate 7. andare 8. mangiare 9. mangiate 10. impariamo 11. imparare
12. imparino 13. leggiate 14. leggere 15. piace 16. mangiare 17. mangi
18. mangi 19. sono 20. compri 21. siano 22. comprare

13.10 1. Lei è contenta di portare i dolci a suo marito. 2. Spero che voi veniate da noi
la prossima settimana. 3. Lei spera che voi siate contenti di venire. 4. Pensiamo che
faccia bel tempo. 5. Speriamo che il film sia bello. 6. Penso che il treno arrivi in ritardo.
7. So che i miei amici stanno bene. 8. Spero che i miei amici stiano bene. 9. So che
siete bravi studenti. 10. Penso che voi siate bravi studenti. 11. Maria dice che qualche
volta l'aereo arriva in ritardo. 12. Maria pensa che qualche volta il treno arrivi in ritardo.
13. Giovanni spera che le fotografie siano belle. 14. Giovanni è contento che le fotografie
sono belle.

13.11 1. Spero che tu stia meglio. 2. Christine insiste che Lara metta la giacca invernale.
3. Mario spera che ti piaccia il vino italiano. 4. Sono contenta di conoscerti. 5. Puoi
chiamarmi quando arrivi a casa? 6. Lei spera che il cibo sia buono. 7. Speriamo che
sabato non nevichi. 8. Sappiamo che parti per l'Italia il prossimo venerdì.

13.12 1. to hug 2. to get used to 3. to happen 4. to accompany
5. to fascinate 6. to get sick 7. to take advantage 8. to open
9. to look like 10. to get wet 11. to dance 12. to need 13. to get burned
14. to make fun 15. to catch 16. to calm down 17. to erase 18. to understand
19. to search 20. to ask someone 21. to ask oneself 22. to know 23. to suggest
24. to continue 25. to run 26. to build 27. to believe 28. to cook
29. to forget 30. to hurt 31. to donate 32. must, ought to 33. to doubt
34. to last 35. to avoid 36. to stop 37. to trust 38. to gesticulate 39. to play
40. to look at 41. to drive 42. to employ 43. to mind 44. to meet
45. to wear 46. to teach 47. to insist 48. to interest 49. to invite 50. to get
washed 51. to tie 52. to quarrel 53. to send 54. to meditate 55. to put
56. to modify 57. to move 58. to snow 59. to need 60. to organize
61. to observe 62. to allow 63. to like 64. to rain 65. to put, to place
66. to take 67. to worry 68. to prepare 69. to get ready 70. to prohibit
71. to protect 72. to clean 73. to gather 74. to tell 75. to rejoice 76. to give
a gift 77. to laugh 78. to fill 79. to remain 80. to regret 81. to repeat
82. to rest 83. to answer 84. to ascend; to go up 85. to greet 86. to know
87. to choose 88. to get down 89. to joke 90. to ski 91. to shine 92. to sit

92. to sit   93. to follow   94. to hear   95. to serve   96. to rise   97. to get scared
98. to brush   99. to ship   100. to happen   101. to suggest   102. to wake up
103. to undress   104. to call each other   105. to fear   106. to keep   107. to touch
108. to set (of the sun)   109. to tranquilize   110. to transport   111. to put makeup on
112. to scream

Chapter 14
The Preterit and the Present Perfect Tenses

14.1   1. cantò   2. chiudemmo   3. andarono   4. lavorai   5. andasti
6. vendeste   7. ricevette   8. ripeté   9. diede   10. facemmo   11. andammo
12. pensaste   13. ricordai   14. viaggiarono   15. finì   16. stemmo

14.2   1. Ascoltai la radio.   2. Perchè ritornasti tardi?   3. Andai a visitare il museo.
4. Tu lavorasti sempre.   5. Non camminai molto.   6. Ogni giorno ascoltai le notizie
italiane.   7. Maria non dormì molto bene.   8. Il concerto cominciò alle otto.

14.3   1. studiai   2. andai, noleggiai   3. telefonai, trovai   4. arrivò
5. comprammo   6. pensaste   7. giocarono   8. vide   9. preferirono   10. finisti
11. capimmo   12. telefonaste   13. visitarono   14. parlò

14.4   1. Io mangiai bene.   2. Tu venisti a casa presto.   3. Lei visitò Milano.
4. Carlo chiese la ricetta per il dolce.   5. Luigi lesse il libro.   6. Monica mi portò un
regalo.   7. Lei pregò sempre.   8. Noi stemmo a casa.   9. Voi viaggiaste in treno.
10. Loro temerono (temettero) il freddo.   11. Io vidi il mare.   12. La guerra distrusse
tutto.   13. La vita fu difficile.   14. Diedi l'acqua agli assetati.

14.5   1. stetti   2. fummo   3. stette   4. fu   5. stette   6. furono   7. fu
8. stette   9. stettero   10. fu

14.6   1. cadde   2. vidi   3. ricevemmo   4. visse   5. entraste   6. chiesero
7. ricevetti   8. facesti   9. bevve (bevette)   10. chiuse   11. vinse   12. perse
13. dicesti   14. persi

14.7   1. ho viaggiato   2. hai cantato   3. ha giocato   4. abbiamo ordinato
5. hanno letto   6. abbiamo mangiato   7. ha suonato   8. ha visto   9. hanno imparato
10. hanno comprato   11. hanno acceso   12. abbiamo spento   13. ha vinto   14. ha
bevuto   15. ho fatto

14.8   1. Ho letto molti libri.   2. Li ho letti.   3. Abbiamo comprato molte uova.
4. Le abbiamo comprate.   5. Tu li hai visti.   6. Tu non ci hai visti.   7. Lei ha chiamato
i suoi amici.   8. Li ha chiamati.   9. Tu hai aspettato la tua famiglia.   10. Tu li hai
aspettati.   11. Ho comprato un orologio nuovo.   12. L'ho comprato dal gioielliere.

14.9   1. Io sono ritornata a letto perchè fa freddo.   2. Le ragazze sono venute a casa
mia.   3. I parenti sono arrivati con il treno.   4. Ho portato la mia amica all'aeroporto.
5. Michele è andato in Perù.   6. Noi siamo andati alla festa.   7. L'aereo non è partito.
8. Sono venuti a vedere il neonato.   9. Siamo ritornati a casa tardi.   10. Lei ha studiato
medicina.   11. La nonna ha camminato con il bastone.   12. La mia gioventù è stata bella.

14.10   1. È successo un incidente sull'autostrada.   2. Perchè non sono potuti venire?
3. Non sono potuti venire perchè i bambini erano ammalati.   4. Si sono svegliati tardi e
sono arrivati tardi al lavoro.   5. Ieri, è nevicato in Colorado.   6. Il gatto è salito sul tetto.
7. Il cibo è stato sufficiente per tutti.   8. Questa casa è costata molto.   9. Si è vestita in
fretta.   10. È stata a casa perchè la sua macchina è rotta.

Chapter 15
The Imperfect Tense

15.1   1. Di solito andavo a letto tardi.   2. Tu andavi spesso in Italia.   3. Il sabato
mattina mi piaceva dormire.   4. Vedevamo di frequente i nostri amici.   5. Ogni giorno
dovevamo fare i compiti.   6. Mangiavate sempre la pasta.   7. Loro non sapevano parlare
l'italiano.   8. Di solito facevano tante fotografie ai bambini.   9. Lei parlava spesso con
i suoi genitori.   10. Di tanto in tanto, la chiamavo al telefono.   11. I bambini dicevano
sempre la verità.   12. Di solito bevevo molta acqua.

15.2   1. Ieri pioveva.   2. Che tempo faceva in Italia?   3. C'era il sole e faceva
caldo.   4. Era nuvoloso do una settimana.   5. La madre dormiva e i bambini giocavano.
6. Faceva la doccia tutte le mattine.   7. Carlo mi chiamava spesso.   8. Di solito, la
domenica pomeriggio andavamo a camminare nel parco.   9. Vedevo le oche tutte le
sere.   10. Io studiavo e mia sorella giocava.   11. Che ora era quando sei ritorna to a casa?
12. In passato, facevano l'olio d'oliva.   13. I bambini mangiavano solo pesce.   14. Il treno
partiva tutti i giorni alle nove.   15. Non erano stanchi, avevano solo fame.   16. Tua madre
era molto ambiziosa.

15.3   1. I bambini volevano andare al parco.   2. Lo sapevo.   3. Che cosa dicesti a
Franco?   4. Mangiavamo quando entrasti.   5. Perchè lo chiamasti?   6. Perchè lo
chiamavi?   7. Dove andasti ieri?   8. Dove andava quando lo vidi?   9. Lei ebbe un
incidente.   10. Lei aveva spesso degli incidenti di macchina.   11. Le desti la buona
notizia?   12. Le portavi delle buone notizie.

15.4   1. La settimana scorsa sono andato al lago.   2. Andavo al lago.   3. Hai
incontrato i tuoi amici a Roma.   4. Incontravi i tuoi amici a Roma.   5. Tu hai spento la
televisione perchè io studiavo.   6. Quando sei venuto a casa, loro dormivano.   7. Era in
ospedale per dieci giorni.   8. È andato in ospedale la settimana scorsa.   9. Ha portato
i bambini allo zoo.   10. Portava i bambini allo zoo ogni estate.   11. Ho perso il mio
ombrello.   12. Mi dimenticavo sempre l'ombrello a casa.

15.5   1. Sciavo ogni inverno.   2. Ho sciato molto.   3. Sei andato in Africa con i
tuoi genitori.   4. Tu andavi in Africa per lavoro.   5. Mi hanno scritto una lunga lettera.
6. Mi scrivevano delle lunghe lettere.   7. Dirigeva l'orchestra.   8. Ha diretto l'orchestra
per dieci anni.   9. Ieri sera è andato a letto tardi.   10. Andava a letto tardi ogni sera.
11. Ha cucinato per tutta la famiglia.   12. Cucinava per tutta la famiglia ogni domenica.

15.6   1. eri, ho telefonato, telefonai   2. eravamo, è venuto, venne   3. dormivano, ha
bussato, bussò   4. guardava, è arrivata, arrivò   5. dovevamo, abbiamo trovato, trovammo
6. erano, sono venuti, vennero   7. aveva, è cominciato, cominciò   8. faceva, ha vinto,
vinse   9. avevo, sono stata, stetti   10. speravo, sono svegliato, svegliai, ho deciso, decisi
11. avete comprato, compraste, volevate   12. siamo usciti, uscimmo, abbiamo visto

13. ha comprato, comprò, costavano   14. funzionava, ha riparato, riparò   15. guardavano, sono andate, andarono   16. eravate, siete andati, andaste

15.7   1. I would like to have a coffee. Will you make it for me?   2. Roberto bought me a sweater. He bought it for my birthday.   3. I need coloring pencils. I want to buy them myself.   4. I make breakfast. I make it every morning.   5. I would like to buy the skis. I will buy them after the holidays.   6. The mailman has my letters. He will bring them to me tomorrow.   7. We needed some oranges. I went to buy them.   8. He doesn't want to bring me salad. He doesn't want to bring it to me.

15.8   1. Maria doesn't bring you wine. Giovanni will bring it to you.   2. I want to give you a plant. I want to give it to you.   3. You are waiting for the bill. I hope the waiter brings it quickly.   4. I want to buy you a bicycle. I'll bring it to your house.   5. Maria reads many newspapers. When she has finished reading them, I will lend them to you.   6. We will send you postcards from Europe. We'll send them to you from Rome.   7. We can rent some videos. We will rent them for you.   8. Has Maria told you to go to her house for dinner? Yes, she told me yesterday.   9. I wanted to tell you to come to my house at 8:00 P.M. I wanted to tell you yesterday.   10. I read you the book. I read it to you.

15.9   1. te lo   2. glielo   3. gliela   4. glielo   5. glielo   6. me le   7. te la   8. gliela   9. glieli   10. gliela   11. te lo   12. fargliele   13. me la   14. ti, te la   15. me lo   16. glielo

15.10   1. Te l'ho detto ieri.   2. Ho dato un computer a mia nipote. Gliel'ho dato.   3. Le darò la notizia quando viene.   4. Tua zia vuole che tu le legga l'articolo.   5. Non vuoi leggergliela.   6. Giovanni gli ha imprestato la macchina. Gliel'ha imprestata.   7. Maria ha letto un buon libro e me l'ha dato da leggere.   8. Gli voleva dare il violino.   9. Gli voleva mandare il regalo.   10. Il dottore ci ha dato le medicine.   11. Il dottore ce le ha date.   12. Il dottore ci voleva dare le medicine.   13. Il dottore voleva darcele.   14. Abbiamo dato molti giocattoli ai bambini.   15. Glieli abbiamo dati.   16. Non volevamo darglieli.   17. Dopo averle fatto visita, sono andati al ristorante.   18. Le chiederò di andare con me.   19. Le dirai di farlo.   20. Glielo dirai oggi quando la vedi.

15.11   1. glieli ha dati.   2. glielo abbiamo chiesto   3. lavarsele   4. glielo   5. leggerglielo   6. truccarsi   7. la spala   8. se li comprano   9. se l'è   10. comprarglielo   11. non se la lavano   12. se li lavano

15.12   1. She liked the cake, and she ate it all.   2. They were asking themselves why their friends were not coming to see them.   3. They were asking themselves often.   4. They ate the whole pizza. They ate it all.   5. I have to ask him at what time he will come. I'll ask him by phone.   6. They buy the newspaper and read it all.   7. She has not gotten her driver's license yet. She will get it in two months.   8. She bought herself a car and she paid for it all herself.   9. The boys found a cat. They took it home.   10. I didn't expect you to come. I really didn't expect it.

15.13   1. to acquire   2. to arrange   3. to attract   4. to be enough   5. to fall   6. to search   7. to conclude   8. to contradict   9. to enjoy   10. to draw   11. to distract   12. to destroy   13. to imitate   14. to influence   15. to allure   16. to liquidate   17. to chew   18. to think   19. to fish   20. to put   21. to prevent   22. to publish   23. to laugh   24. to repeat   25. to choose   26. to discover   27. to push   28. to dust   29. to happen   30. to beg   31. to undersell   32. to translate   33. to roam   34. to vote

Index

313

Put Your Italian Language into Practice!

At busuu, you can practice your Italian skills through graded courses and a broad range of engaging activities. And as you study, busuu encourages direct interaction with native speakers through video and audio chat.

With busuu, you can:

- Practice with exercises that hone all four skills (reading, writing, speaking, listening).
- Enjoy flexible language learning—anytime, anywhere—to fit into your busy schedule.
- Receive personalized feedback on your exercises, talk with native speakers via an integrated chat, and get to know people from all over the world.

With over 55 million registered users, busuu is the largest social network for language learning in the world!

Special Offer: 20% off Premium membership

McGraw-Hill Education has partnered with busuu to provide an exclusive discount on busuu's award-winning Premium service.

Discount: 20% off any plan
Access code: BUSUUITA20
Code expiry date: June 30, 2018

Or Try A New Language!

busuu offers courses in eleven other languages, specially designed by educational experts. With programs ranging from Beginning to Upper Intermediate, you'll quickly find the level that works for you!

Sign up or log in on **www.busuu.com** and enter your discount code on the payment page to get your exclusive discount!